今注本二十四史

# 宋書

梁　沈約　撰

朱紹侯　主持校注

一一　傳〔四〕

中國社會科學出版社

# 宋書　卷六二

## 列傳第二十二

## 羊欣　張敷　王微

　　羊欣字敬元，泰山南城人也。[1]曾祖忱，[2]晋徐州刺史。[3]祖權，[4]黃門郎。[5]父不疑，[6]桂陽太守。[7]

　　[1]泰山：郡名。治所在今山東泰安市東南。　南城：縣名。治所在今山東平邑縣南。

　　[2]忱：人名。即羊忱。本書僅此一見，《晋書》不見此人。

　　[3]徐州：治所在今江蘇徐州市。

　　[4]權：人名。即羊權。本書僅此一見，《晋書》不見此人。

　　[5]黃門郎：官名。給事黃門郎的省稱，侍中省或門下省次官，與侍中共掌門下衆事及平議尚書省奏事，侍從皇帝，顧問應對，職任顯要，多以重臣和外戚子弟充任。五品。

　　[6]不疑：人名。即羊不疑。本書僅此一見，《晋書》不見此人。

　　[7]桂陽：郡名。治所在今湖南郴州市。

欣少靖默，無競於人，美言笑，善容止。汎覽經籍，尤長隸書。不疑初爲烏程令，[1]欣時年十二，時王獻之爲吳興太守，[2]甚知愛之。獻之嘗夏月入縣，欣著新絹帢晝寢，獻之書帢數幅而去。欣本工書，因此彌善。起家輔國參軍，[3]府解還家。隆安中，[4]朝廷漸亂，欣優游私門，不復進仕。會稽王世子元顯每使欣書，[5]常辭不奉命，元顯怒，乃以爲其後軍府舍人。[6]此職本用寒人，[7]欣意貌恬然，不以高卑見色，論者稱焉。欣嘗詣領軍將軍謝混，[8]混拂席改服，然後見之。時混族子靈運在坐，[9]退告族兄瞻曰：[10]“望蔡見羊欣，遂易衣改席。”欣由此益知名。桓玄輔政，[11]領平西將軍，[12]以欣爲平西參軍，[13]仍轉主簿，[14]參預機要。欣欲自疏，時漏密事，玄覺其此意，愈重之，以爲楚臺殿中郎。[15]謂曰：“尚書政事之本，殿中禮樂所出。卿昔處股肱，方此爲輕也。”欣拜職少日，稱病自免，屏居里巷，十餘年不出。

[1]烏程：縣名。治所在今浙江湖州市吳興區南下菰城。

[2]王獻之：人名。字子敬，琅邪臨沂（今山東臨沂市）人，晋代著名書法家，與其父王羲之共稱“二王”。《晋書》卷八〇有附傳。　吳興：郡名。治所在今浙江湖州市吳興區南下菰城。

[3]起家：入仕後第一次授予官職。　輔國參軍：官名。即輔國將軍府參軍事。掌參謀府中軍務。

[4]隆安：晋安帝司馬德宗年號（397—401）。

[5]會稽王：王爵名。王國在今浙江紹興市。此會稽王爲司馬道子。　世子：王公侯伯的嫡長子，或其諸子中被確定爲繼承爵位的人。　元顯：人名。即司馬元顯。司馬道子的嫡長子，官至侍

中、征虜將軍、揚州刺史，加錄尚書事，尚書令，權重一時。爲與王恭爭權，發東土諸郡免奴爲客者當兵，引起孫恩起事反晉，後爲桓玄所誅。《晉書》卷六四有附傳。

[6]後軍府舍人：官名。後將軍府屬官，掌府中文檄之事。

[7]寒人：與門閥士族相對而言，指門第低微的官僚士人。

[8]領軍將軍：官名。掌禁衛軍及京都諸軍。三品。　謝混：人名。字叔源，小字益壽，謝安孫，謝琰子，陳郡陽夏（今河南太康縣）人，襲父爵望蔡公，歷官中書令、中領軍、尚書左僕射，以黨劉毅被誅。《晉書》卷七九有附傳。

[9]靈運：人名。即謝靈運。一代文豪。本書卷六七有傳。

[10]瞻：人名。即謝瞻。字宣遠。本書卷五六有傳。

[11]桓玄：人名。字敬道，一名靈寶，譙國龍亢（今安徽懷遠縣）人，桓溫庶子，占有荊州，篡晉建楚。劉裕起兵討玄，玄戰敗逃入四川，爲馮遷所殺。《晉書》卷九九有傳。

[12]平西將軍：官名。四平將軍之一，持節都督或監某一地區軍事，有時也作爲刺史等地方官兼理軍務的加官。三品。

[13]平西參軍：官名。平西將軍府屬官，掌參謀府中軍務。

[14]主簿：官名。從中央到州、郡、縣及諸公府皆置此官，主管文書典籍及經辦事務。

[15]殿中郎：官名。即殿中郎將。尚書省殿中曹長官通稱，掌擬詔，多用文學之士。六品。

義熙中，[1]弟徽被遇於高祖。[2]高祖謂諮議參軍鄭鮮之曰：[3]“羊徽一時美器，世論猶在兄後，恨不識之。”即板欣補右將軍劉藩司馬，[4]轉長史，中軍將軍道憐諮議參軍，[5]出爲新安太守。[6]在郡四年，簡惠著稱。除臨川王義慶輔國長史，[7]廬陵王義真車騎諮議參軍，[8]並不就。太祖重之，[9]以爲新安太守，前後凡十三年，游玩山水，甚得適性。轉在義興，[10]非其好也。頃之，又稱病篤自免歸，除中散大夫。[11]

[1]義熙：晉安帝司馬德宗年號（405—418）。

[2]高祖：宋武帝劉裕廟號。

[3]諮議參軍：官名。即諮議參軍事。丞相府、公府、位從公府及州、軍府的僚屬，職掌不定，位在列曹參軍上。　鄭鮮之：人名。字道子，滎陽開封（今河南開封市）人。本書卷六四有傳。

[4]板：官制用語。又稱板職或板授，不由吏部正式任命，而由地方軍政長官自行選用的官職，由州、郡戶曹行板文委派者。右將軍：官名。軍府名號，常用作加官。三品。　劉藩：人名。劉毅之弟，因討桓玄、盧循功，官至益州刺史、右將軍，後與劉毅共反劉裕，被殺。　司馬：官名。即右將軍府司馬。掌府中武職，參贊軍務，地位次於長史。

[5]中軍將軍：官名。重號將軍，與鎮軍、撫軍、冠軍合稱四軍將軍，可出任持節都督，坐鎮一方。三品。　道憐：人名。即劉道憐。劉裕之弟，封長沙王。本書卷五一有傳。

[6]新安：郡名。治所在今浙江淳安縣西北。

[7]臨川王：王爵名。王國在今江西撫州市臨川區。　義慶：人名。即劉義慶。本書卷五一有附傳。　輔國長史：官名。輔國將軍府幕僚長，掌府中衆務。

[8]盧陵王：王爵名。王國在今江西吉水縣東北。　義真：人名。即劉義真。本書卷六一有傳。　車騎諮議參軍：官名。車騎將軍府屬官，職掌不定，位在列曹參軍上。

[9]太祖：宋文帝劉義隆廟號。

[10]義興：郡名。治所在今江蘇宜興市。

[11]中散大夫：官名。掌顧問應對，無固定職掌，唯詔令所使。七品。

　　素好黄老，[1]常手自書章，有病不服藥，飲符水而已。[2]兼善醫術，撰《藥方》十卷。[3]欣以不堪拜伏，辭不朝覲，高祖、太祖並恨不識之。自非尋省近親，不妄行詣，行必由城外，未嘗入六關。[4]元嘉十九年，卒，[5]時年七十三。子俊，早卒。

　　[1]黄老：指黄帝、老子，這裏代指黄老學説和黄老道。

　　[2]符水：把符籙焚化於水中，或向水中畫符誦咒。以服這種水給群衆治病，是黄老道、天師道、五斗米道欺騙群衆的一種手段。

　　[3]撰《藥方》十卷：據中華本考證，《御覽》卷七二二作“三十卷”，《隋書・經籍志》著録《羊中散藥方》三十卷，《南史》作“數十卷”，所記與此均不同。

　　[4]六關：指臺城之六門（大司馬門、萬春門、東華門、西華門、太陽門、承明門）。見《通鑑》卷一四六胡三省注。

　　[5]元嘉十九年：各本並作“元嘉九年”，脱“十”字。中華本據《南史》補，又《建康實録》記爲“元嘉十九年正月乙未，中散大夫羊欣卒”，較爲準確。元嘉，宋文帝劉義隆年號（424—453）。

　　弟徽字敬猷，世譽多欣。高祖鎮京口，[1]以爲記室參軍掌事。[2]八年，遷中書郎，[3]直西省，[4]後爲太祖西中郎長史、河東太守。[5]子瞻，元嘉末爲世祖南中郎長史、尋陽太守，[6]卒官。

　　[1]京口：地名。又稱京城、北府，在今江蘇鎮江市京口區。

　　[2]記室參軍：官名。王、公府、持節都督府皆置，掌文疏

表奏。

　　[3]中書郎：官名。中書侍郎的省稱。掌詔命轉呈並宣讀奏章，經皇帝同意，可代皇帝批閱意見。

　　[4]直西省：在西省值勤。西省，即侍中省，在建康西部神虎門外，故曰西省。

　　[5]西中郎長史：官名。西中郎將府幕僚長，掌府中衆事。河東：郡名。僑置，治所在今湖北松滋市西北。

　　[6]南中郎長史：官名。南中郎將府幕僚長，掌府中衆事。尋陽：郡名。治所在今江西九江市西南。


　　張敷字景胤，吳郡人，[1]吳興太守邵子也。[2]生而母没，年數歲，問母所在，家人告以死生之分，敷雖童蒙，便有思慕之色。年十許歲，求母遺物，而散施已盡，唯得一畫扇，乃緘録之，每至感思，輒開笥流涕。見從母，常悲感哽咽。性整貴，風韻甚高，好讀玄書，[3]兼屬文論。少有盛名，高祖見而愛之，以爲世子中軍參軍，[4]數見接引。永初初，[5]遷秘書郎，[6]嘗在省直，[7]中書令傅亮貴宿權要，[8]聞其好學，過候之，敷卧不即起，亮怪而去。


　　[1]吳郡：治所在今江蘇蘇州市。

　　[2]邵：人名。即張邵。本書卷四六有傳。

　　[3]玄書：時稱《易經》《老子》《莊子》爲“三玄”，玄書即指此。

　　[4]中軍參軍：官名。中軍將軍府屬官，掌參謀府中軍務。

　　[5]永初：宋武帝劉裕年號（420—422）。

　　[6]秘書郎：官名。掌整理典籍，考核舊文，删省浮穢，隸秘

書監，爲高級士族起家之官。

　　[7]嘗在省直：曾經在西省值勤。

　　[8]中書令：官名。中書省長官之一，在納奏、擬詔之權歸中書舍人之後，中書令、監均爲閑職，品秩升高，實權下降，多用作重臣的加官。三品。　傅亮：人名。字季友，北地靈州（今寧夏靈武市）人。本書卷四三有傳。

　　父邵爲湘州，[1]去官侍從。太祖版爲西中郎參軍。[2]元嘉初，爲員外散騎侍郎，[3]秘書丞。[4]江夏王義恭鎮江陵，以爲撫軍功曹，[5]轉記室參軍。時義恭就太祖求一學義沙門，[6]比沙門求見發遣，會敷赴假還江陵，太祖謂沙門曰：“張敷應西，當令相載。”及敷辭，上謂曰：“撫軍須一意懷道人，[7]卿可以後艑載之，道中可得言晤。”敷不奉旨，曰：“臣性不耐雜。”上甚不説。

　　[1]湘州：治所在今湖南長沙市。

　　[2]西中郎參軍：官名。西郎將府參軍事，掌參謀府中軍務。

　　[3]員外散騎侍郎：官名。初爲正員散騎常侍之外的添差，後成爲定員官，爲閑散之職，初以公族、功臣子弟充任，後常以安置閑散官員，爲榮譽頭銜。

　　[4]秘書丞：官名。秘書省次官，掌圖書典籍的管理與整理核定，多由門閥士族充任，被稱爲“天下清官”“清要之官”。六品。

　　[5]撫軍功曹：官名。撫軍將軍府屬官，掌管府中人事，位在主簿下。

　　[6]學義沙門：有學問的和尚。原爲印度反婆羅門教思潮各教派出家者的通稱，佛教盛行後，纔成爲僧侶的專稱。

　　[7]意懷道人：心意相投的和尚，實指學義沙門。道人，有道之人，修道之人。在漢魏兩晉南北朝，道人並不專指道士，和尚也

統稱爲道人。

　　遷正員郎。[1]中書舍人秋當、周赳並管要務。[2]以敷同省名家，欲詣之。赳曰：“彼若不相容，便不如不往，詎可輕往邪？”當曰：“吾等並已員外郎矣，[3]何憂不得共坐。”敷先設二牀，[4]去壁三四尺，二客就席，酬接甚歡，既而呼左右曰：“移我遠客。”赳等失色而去。其自摽遇如此。善持音儀，[5]盡詳緩之致，與人別，執手曰：“念相聞。”餘響久之不絕。張氏後進，至今慕之，其源流起自敷也。

　　[1]正員郎：官名。本書卷四六作“正員中書郎”。正員，官制用語。指正式編制內的官員。

　　[2]中書舍人：官名。中書通事舍人的省稱。掌收納並轉呈皇帝奏章，後漸奪中書侍郎草擬詔令之職，品低而權重，是皇帝的親信。七品。　秋當：人名。各本並作“狄當”，中華本據《南齊書》卷四六《陸慧曉傳》、《南齊書》卷五六《倖臣傳》改。《通鑑》胡三省注：“秋當，人姓名。《姓譜》：秋姓，秋胡之後。”狄當誤，今改正。　周赳：人名。亦作“周糾”。秋、周二人，本書皆五見，均稱其爲中書舍人，餘事不詳。

　　[3]員外郎：官名。員外散騎侍郎的省稱。

　　[4]牀：古代坐具，相當於後世的凳子、椅子。《禮記·內則》：“少者執牀與坐。”陳澔《集說》云：“床，《說文》云：‘安身之几坐。’非今之臥床也。”

　　[5]音儀：說話有很強的節奏感，令人聽之悅耳。

　　遷黃門侍郎，[1]始興王濬後軍長史，司徒左長史。[2]

未拜，父在吳興亡，報以疾篤，敷往奔省。自發都至吳
興成服，凡十餘日，始進水漿。葬畢不進鹽菜，遂毀瘠
成疾。世父茂度每止譬之，[3] 輒更感慟，絕而復續。茂
度曰："我冀譬汝有益，但更甚耳。"自是不復往。未朞
而卒，時年四十一。琅邪顏延之書弔茂度曰：[4] "賢弟
子少履貞規，長懷理要，清風素氣，得之天然。言面以
來，便申忘年之好，比雖艱隔成阻，而情問無睽。薄莫
之人，[5] 冀其方見慰説，豈謂中年，奄爲長往，聞問悼
心，有兼恒痛。足下門教敦至，兼實家寶，一旦喪失，
何可爲懷。"其見重如此。

[1] 黃門侍郎：官名。給事黃門侍郎的省稱。

[2] 始興王：王爵名。王國在今廣東韶關市東南蓮花嶺下。
濬：人名。即劉濬。字休明。本書卷九九有傳。　後軍長史：官
名。後將軍府幕僚長。主持府中衆務。　司徒左長史：官名。與右
長史並爲司徒府幕僚長，總管府内諸曹及管理州郡農桑、户籍和官
吏考課等事。六品。

[3] 茂度：人名。即張茂度。名裕，因避劉裕諱，以字行。本
書卷五三有傳。

[4] 琅邪：郡名。治所在今山東臨沂市。　顏延之：人名。字
延年。本書卷七三有傳。

[5] 薄莫：垂老之年。莫，同"暮"。

世祖即位，[1] 詔曰："司徒故左長史張敷，貞心簡
立，幼樹風規。居哀毁滅，孝道淳至，宜在追甄，[2] 於
以報美，可追贈侍中。"[3] 於是改其所居爲孝張里。
無子。

　　[1]世祖：宋孝武帝劉駿廟號。

　　[2]追甄：整修昭顯墳墓。

　　[3]侍中：官名。侍中省長官，管理門下眾事，兼統宮廷內侍諸署，侍從皇帝，出行護駕，顧問應對，拾遺補闕，諫諍糾察，平議尚書奏事，有異議得駁奏。或加予宰相、尚書等高級官員，可出入宮禁議政。三品。


　　　王微字景玄，琅邪臨沂人，太保弘弟子也。[1]父孺，[2]光禄大夫。[3]


　　[1]太保：官名。位列上公，名義尊榮，無職掌，常用作贈官，或用以安置元老勳舊大臣。一品。　弘：人名。即王弘。字休元。本書卷四二有傳。

　　[2]孺：人名。即王孺。王弘四弟，官至侍中。

　　[3]光禄大夫：官名。常作爲在朝顯職或王公等大臣致仕的加官，亦用作大臣死後的贈官，以示尊崇。三品。


　　微少好學，無不通覽，善屬文，能書畫，兼解音律、醫方、陰陽、術數。[1]年十六，州舉秀才，[2]衡陽王義季右軍參軍，[3]並不就。起家司徒祭酒，[4]轉主簿，始興王濬後軍功曹，[5]記室參軍，太子中舍人，[6]始興王友。[7]父憂去官。服闋，除南平王鑠右軍諮議參軍。[8]微素無宦情，稱疾不就。仍除中書侍郎，又擬南琅邪、義興太守，[9]並固辭。吏部尚書江湛舉微爲吏部郎，[10]微與湛書曰：

　　[1]陰陽、術數：中華本"陰陽術數"間沒有頓號，是作爲一個學科，其實是兩個學科。陰陽是指陰陽五行及天地間化行萬物的學説。術數是指天文、曆法及占卜等方面的學説。

　　[2]秀才：選舉科目名。由州郡薦舉，一般州歲舉一人。被舉爲秀才者，多出任要職。當時此項選舉多爲門閥士族所壟斷。

　　[3]衡陽王：王爵名。王國在今湖南株洲市西南。　義季：人名。即劉義季。本書卷六一有傳。　右軍參軍：官名。右將軍府屬官，掌參謀府中軍務。

　　[4]司徒祭酒：官名。司徒府屬官，主管府中閣内諸事，分東閣祭酒與西閣祭酒。

　　[5]後軍功曹：官名。後將軍府屬官，掌府中人事，位在主簿下。

　　[6]太子中舍人：官名。東宮屬官，侍從規諫太子，糾正違闕，償相威儀，綜典奏事文書，監督醫藥，檢校更值名册。位在太子中庶子上、洗馬下。六品。

　　[7]始興王友：官名。始興王國屬官，掌侍從游處，規諷道義。六品。

　　[8]南平王：王爵名。王國在今湖北公安縣西北。　鑠：人名。即劉鑠。本書卷七二有傳。

　　[9]南琅邪：郡名。治所在今江蘇句容市西北。

　　[10]吏部尚書：官名。尚書省吏部曹長官，位在列曹尚書之上，掌文官任免考選，兼典法制，其任極重。三品。　江湛：人名。字徽淵，濟陽考城（今河南民權縣）人。本書卷七一有傳。吏部郎：官名。尚書省吏部曹長官的通稱，屬吏部尚書。主管官吏選任、銓叙、調動事務。對五品以下官吏任免有建議權，如加"參掌大選"名義，可參議高級官吏的任免，職位高於尚書省列曹郎。六品。

　　弟心病亂度，非但蹇蹙而已，[1]此處朝野所共知。驛騎忽扣蓽門，[2]閭里咸以爲祥怪，君多識前世之載籍，[3]天植何其易傾，[4]弟受海内駭笑，不過如燕石、禿鶖邪，[5]未知君何以自解於良史邪。今雖王道鴻邑，[6]或有激朗於天表，[7]必欲潛淵探寶，[8]傾海求珠，[9]自可卜肆巫祠之間，[10]馬棧牛口之下，[11]賞劇孟於博徒，[12]拔卜式於芻牧。[13]亦有西戎孤臣，[14]東都賤士，[15]上窮範馳之御，下盡詭遇之能，[16]魚鱗雜襲者，[17]必不乏於世矣。且廬於承明，[18]署乎金馬，[19]皆明察之官，又賢於管庫之末。[20]何爲劫勒通家疾病人，[21]塵穢難堪之選，將以靖國，不亦益囂乎。　《書》云：“任官維賢才。”[22]而君擢士先疹廢，芃芃棫樸，[23]似不如此。且弟曠違兄姊，迄將十載，姊時歸來，終不任輿曳入閤，兄守金城，[24]永不堪扶抱就路，若不懘疾，非性僻而何。此君日見表裏，[25]無假長目飛耳也。[26]

[1]蹇蹙：忠正剛直，不阿諛順從。

[2]驛騎：駕馭車馬的騎士。此指快速傳達中央旨令的差役。“騎”各本並作“會”，中華本據《元龜》卷八一三改。

[3]載籍：書籍，典籍。各本並脱“籍”字，中華本據《元龜》卷八一三補。

[4]天植：各本並作“天值”，中華本據《元龜》卷八一三改。孫彪《考論》云：“當作天植。《管子》曰：天植者，心也。天植正，則不私近親。”

[5]燕石：一種似玉的石頭。《御覽》卷五一引《闕子》："宋之愚人得燕石於梧臺之東，歸西藏之，以爲大寶……客見之，盧胡而笑曰：'此燕石也，與瓦甓不異。'主人大怒，藏之愈固。"後世遂以燕石喻不珍貴之物，並諷刺愚人以燕石爲寶的愚昧無知。 禿鶖：水鳥名。頭項無毛，狀似鶴而大，色蒼灰，好吃蛇，性貪惡。《古今注》："扶老，禿秋也。狀如鶴而大，大者頭高八尺，善與人鬪，好啖蛇。"燕石禿鶖，都有以假亂真之意。

[6]鴻鬯（chàng）：鴻大暢達。

[7]激朗：激切明朗。《元龜》卷八一三作"激昂"。 天表：天外。

[8]潛淵探寶：各本並作"探援潛寶"，語義不清，中華本據《元龜》卷八一三改。

[9]傾海：吸盡海水。

[10]卜肆：典出《華陽國志》：漢代蜀人嚴君平名遵，卜筮於成都市，每天祇占卜幾個人，得百錢足以自養，就閉肆下簾。喜讀《老子》，揚雄少年時曾從君平學習。益州牧李强想請君平出任州從事，但見面後沒敢提出來。年九十卒，著《老子指歸》，已佚。這個典故是說要尋求賢人，須到占卜算卦的鋪子去找。 巫祠：典出《後漢書》卷八二上《許楊傳》："許楊字偉君，汝南平輿人也。少好術數。王莽輔政，召爲郎，稍遷酒泉都尉。及莽篡位，楊乃變姓名爲巫醫，逃匿它界。莽敗，方還鄉里。"東漢初年，汝南鄧晨召聘許楊爲都水掾，爲修復鴻郤陂做出貢獻。"百姓得其便，累歲大稔"。從殷到漢，出自巫祠的賢人，不勝枚舉。

[11]馬棧牛口之下：比喻地位低下的人，其中却有難得的人才。馬棧，典出《管子·小問》：齊桓公"觀於厩，問厩吏曰：'厩何事最難?'厩吏未對。管仲對曰：'夷吾嘗爲圉人矣。傅馬棧（床）最難。'"接著就講了鋪馬棧時曲木直木不能並用的道理，以比喻君子用，小人退，君子小人不能並用的道理。牛口，典出《史記》卷六八《商君列傳》。五羖大夫百里奚，原爲荆之鄙人，自賣

於秦。秦穆公發現百里奚是個人才，就“舉之牛口之下，而加之百
姓之上，秦國莫敢望焉”。

　　[12]賞劇孟於博徒：典出《史記》卷一二四《游俠列傳》。劇
孟，西漢洛陽人，好博戲，以任俠顯諸侯。吳楚反時，絳侯周勃爲
太尉，乘傳車將兵至洛陽，得劇孟。喜曰：“吳楚舉大事而不求孟，
吾知其無能爲已矣。”這是絳侯周勃對博徒劇孟的贊賞。

　　[13]拔卜式於芻牧：典出《漢書》卷五八《卜式傳》。卜式，
西漢時人，以田畜爲事。武帝發動對匈奴反擊戰，卜式以家財二十
萬錢助官。武帝召拜卜式爲中郎，賜爵關內侯，賞田五十頃。説明
芻牧之中，也有人才。

　　[14]西戎孤臣：典出《史記》卷五《秦本紀》。由余本是晋
人，後逃亡入西戎。戎王聽説秦穆公賢明，就派由余去秦國考察。
秦穆公與由余交談，知他是個人才，因留不遣。後來由余爲秦穆公
謀劃伐戎之策，秦得益國十二，開地千里，遂霸西戎。西戎孤臣對
秦國的發展，起了重要作用。

　　[15]東都賤士：此指婁敬諫劉邦西都長安的典故。劉邦消滅項
羽後，欲建都洛陽。齊人婁敬適戍隴西，拉車路過洛陽，求見劉
邦，陳説放棄洛陽、西都長安的利弊。劉邦接受了婁敬的意見，即
日西去關中，定都長安。爲此劉邦賜婁敬爵奉春君，官拜郎中，並
賜姓劉氏。事見《漢書》卷四三《婁敬傳》。賤士，各本並作“戒
士”，中華本據《元龜》卷八一三改。

　　[16]上窮範馳之御，下盡詭遇之能：上邊想盡辦法按禮制規定
射獵路綫，下邊儘量違背禮法驅車橫射禽獸。喻用不正當手段謀取
某種利益。典出《孟子·滕文公下》：“（王良）曰：吾爲之範我馳
驅，終日不獲一；爲之詭遇，一朝而獲十。”趙岐注：“王良曰：我
爲之法度之御，應禮之射，正殺之禽，不能得一；橫而射之，曰詭
遇，非禮之射，則能獲十。”

　　[17]魚鱗雜襲：形容紛雜密集的狀況。“魚鱗”各本均作“兼
鱗”，據《元龜》卷八一三改。《史記》卷九二《淮陰侯列傳》：

"天下之士，雲合霧集，魚鱗雜遝。"《漢書》卷四五《蒯通傳》引此文作"魚鱗雜襲"。顔師古注："雜襲猶雜沓，言相雜而累積。"

[18]廬於承明：在承明廬值班，意爲在朝當官。《漢書》卷六四上《嚴助傳》："君厭承明之廬。"顔師古注引張晏曰："承明廬在石渠閣外。直宿所止曰廬。"

[19]署乎金馬：在金馬署工作。金馬，即金馬署。西漢的國家藏書機構，借指集書省、翰林院等官署，在此工作的都是才學之士。《文選》陸厥《奉答内兄希叔》："屬叨金馬署，又點銅龍門。"李善注："叨金馬署，謂爲秀才也。"

[20]管庫之末：管理倉庫的小吏。《禮記·檀弓下》："（文子）所舉於晉國管庫之士，七十有餘家。"鄭玄注："管庫之士，府史以下官長所置也，舉之於君，以爲大夫士也。"按：《禮記》此文的原意爲管庫之士也有資格被舉爲士大夫，此處王微反其義而用之。

[21]通家：姻親。郝懿行《書故》云："漢魏以師友爲通家……晉宋以姻親爲通家。"據此知王微與江湛有姻親關係。

[22]任官維賢才：此句出自《尚書·咸有一德》。"維"作"惟"。

[23]芃芃棫樸：山木茂盛。語出《詩·大雅·棫樸》："芃芃棫樸，薪之槱之。"毛傳："山木茂盛，萬民得而薪之；賢人衆多，國家得用蕃興。"

[24]金城：地名。在今江蘇句容市北。

[25]此君日見表裏：各本並作"比君曰表裏"，文義不通，據《元龜》卷八一三改。"此君日見表裏"，與下文"無假長目飛耳也"，文義連貫，不解自明。

[26]長目飛耳：千里眼、順風耳。謂能看得很遠的眼睛，聽得很遠的耳朵。《管子·九守》："一曰長目，二曰飛耳，三曰樹明；明知千里之外，隱微之中，曰動姦。"長目，各本並作"長因"，中華本據《元龜》卷八一三、九〇五改。

常謂生遭太公，將即華士之戮；[1]幸遇鮑叔，必蒙管仲之養。[2]光武以馮衍才浮其實，故棄而不齒。[3]諸葛孔明云：“來敏亂群，過於孔文舉。”[4]況無古人之才概，敢干周、漢之常刑。彼二三英賢，足爲曉治與否？恐君逢此時，或亦不免高閣，[5]乃復假名不知己者，豈欲自比衛賜邪？[6]君欲高敦山公，而以仲容見處。[7]徒以搪提禮學，本不參選，[8]鄙夫瞻彼，固不任下走，未知新沓何如州陵耳。[9]而作不師古，坐亂官政，誣飾蚯蚓，冀招神龍，如復託以真素者，[10]又不宜居華留名，有害風俗。君亦不至期人如此，若交以爲人賜，舉未以己勞，則商販之事，又連所不忍聞也。[11]豈謂不肖易擢，貪者可誘，[12]凡此數者，君必居一焉。雖假天口於齊駟，[13]藉鬼説於周季，[14]公孫碎毛髮之文，[15]莊生縱澔瀁之極，[16]終不能舉其契，爲之辭矣。子將明魂，必靈咍於蒿里，[17]汝、潁餘彦，將拂衣而不朝，浮華一開，風俗或從此而爽。鬼谷以揣情爲最難，[18]何君忖度之輕謬。

[1]常謂生遭太公，將即華士之戮：常説我此生如遇到齊太公，將要受到狂人華士那樣的誅戮。典出《韓非子·外儲説右上》。狂人華士，東海人，立議“不臣天子，不友諸侯”。姜太公封在齊國，聞其賢，三至其門而不見，執而殺之。

[2]幸遇鮑叔，必蒙管仲之養：見《史記》卷六二《管晏列傳》：“管仲夷吾者，潁上人也。少時常與鮑叔牙游，鮑叔知其賢。管仲貧困，常欺鮑叔，鮑叔終善遇之，不以爲言。”此句各本並作

"幸遇管叔，必蒙僻儒之養"，語義不通，今據《元龜》卷八一三改。

[3]光武以馮衍才浮其實，故棄而不齒：典出《後漢書》卷二八《馮衍傳》。馮衍字敬通，京兆杜陵人，"幼有奇才，年九歲，能誦詩，至二十而博通群書"。時值王莽末年天下大亂，馮衍先後投靠過莽軍將領更始將軍廉丹、更始政權的尚書僕射鮑永和上黨太守田邑。他曾勸廉丹反莽，勸鮑永、田邑投靠劉秀，但都没被接受。直到更始政權垮臺後，纔和鮑永投奔劉秀。劉秀却因他來得太遲，不肯重用，先任曲陽令，後雖官至司隸，又因得罪外戚而被貶，直到明帝即位，仍"以文過其實，遂廢於家"。

[4]來敏亂群，過於孔文舉："群"各本並作"郡"，據《元龜》卷八一三及《諸葛亮集》改。今本《諸葛亮集》在"來敏亂群"之後無"過於孔文舉"句。來敏，人名。字敬達，義陽新野人。劉備定益州，署來敏典學校尉，及立太子，任爲家令。劉禪即位，爲虎賁中郎將。諸葛亮屯駐漢中，任爲軍祭酒，輔國將軍，坐事去職。《三國志》卷四二有傳。孔文舉，人名。即孔融。魯國（今山東曲阜市）人，少有俊才，獻帝時爲北海相，立學校，表儒術，頗有政績，因遷太中大夫。時值漢室衰微，權臣當道，孔融雖有靖難之志，而無所作爲，後爲曹操所殺。《後漢書》卷七○有傳。

[5]高閣：即束之高閣。指對不好處理的事置之不顧。

[6]衛賜：人名。即孔子弟子子貢。姓端木，名賜，因其是衛國人，故稱衛賜。子貢善經商，發家後，所到之處與諸侯抗禮，但受到後世儒家的輕視。馮衍《顯志賦》："卑衛賜之阜貨兮，高顏回之所慕。"

[7]君欲高敦山公，而以仲容見處：您欲高尚己志效仿山濤，而把我當成了阮咸。山公，即山濤。字巨源，河内懷（今河南武陟縣西南）人，爵新沓伯，長期擔任吏部尚書，注重爲國家選拔人才。《晉書》卷四三有傳。仲容，阮咸的字，陳留尉氏人。任達放浪、不拘禮法，官至散騎常侍，與山濤、阮籍等共爲竹林之游。

《晋書》卷四九有附傳。山濤曾推薦阮咸進入吏部主持選舉，晋武帝以阮咸耽酒浮虚而不用。王微所言即指此事。

[8]徒以搥（duī）提禮學，本不參選：衹因抛棄禮學，本來就不應該參與選舉。此句仍指山濤薦阮咸事，王微的言外之意爲江湛不該薦舉自己（指王微）。

[9]未知新沓何如州陵：不知道新沓伯山濤比州陵侯江夷怎麽樣。州陵，指州陵縣侯江夷。字茂遠，濟陽考城人，因討桓玄功，封爲州陵縣五等侯。江夷和山濤一樣兩次任吏部尚書，以和簡著稱，與山濤積極推薦人才形成鮮明對照。

[10]真素：率真自然，本來面貌。

[11]則商販之事，又連所不忍聞也：事見《史記》卷八三《魯仲連鄒陽列傳》。連即魯仲連，戰國時齊人。魯仲連游趙，正趕上秦軍攻趙，形勢危急，魯仲連幫助趙國計退秦兵。平原君趙勝要封賞魯仲連，魯仲連堅決不要，並笑著説："所貴於天下之士者，爲人排患釋難解紛亂而無取也。即有取者，是商賈之事也，而連不忍爲也。"

[12]貪者可誘：中華本校勘記云："可"《永樂大典》卷六八三一，《元龜》卷八一三、九〇五皆作"易"。

[13]雖假天口於齊駢：雖然借給田駢一張能言善辯的嘴巴。齊駢，《漢書·藝文志》有《田子》二十五篇。並云："名駢，齊人，游稷下，號天口駢。"據此可知齊駢即田駢。

[14]藉鬼説於周季：蘇秦假借鬼谷子學説。蘇秦字季子，東周洛陽人，故稱周季。曾師事鬼谷先生，回家後博覽群書，"期年以出揣摩"。《鬼谷子》樂壹注曰："蘇秦欲神秘其道，故假名鬼谷也。"

[15]公孫碎毛髮之文：典故待考。

[16]莊生縱漭瀁之極：莊子的文章汪洋恣肆，氣派鴻偉。莊生，即莊子。名周，戰國時宋國蒙（今河南商丘市）人，有《莊子》一書傳世。爲道家學派代表之一。

[17]子將明魂，必靈咍於蒿里：許劭顯魂，要求改葬，必是他的靈魂在墓地受到譏笑。典出《御覽》卷五五六引《豫章記》：許劭，字子將，逃難至豫章，死後葬於離郡城四里處。太守吳興沈季白日在廳上夢見許子將要求改葬，但不知原葬於何處，遂招魂以葬之。郡文學施遅作《招魂》以兹紀念。蒿里，本爲山名，相傳在泰山南，爲死人葬地，後泛指墓地、陰間。各本並作"萬里"，中華本據《元龜》卷九〇五改。

[18]鬼谷以揣情爲最難：鬼谷子以揣度人情爲最難的事。鬼谷，即鬼谷子、鬼谷先生。戰國時楚人。相傳是蘇秦、張儀、孫臏、龐涓的老師，因隱居於鬼谷而得名。著有《鬼谷子》傳世，一説爲後人僞托。揣情，《鬼谷子》中的篇名，也稱《揣篇》，闡述揣度人情的方法及其在謀略中的重要性。

今有此書，非敢叩擬中散，[1]誠不能顧影負心，純盜虛聲，所以綿絡累紙，本不營尚書虎爪板也。[2]成童便往來居舍，晨省復經周旋，加有諸甥，亦何得頓絶慶吊。然生平之意，自於此都盡。君平公云：[3]"生我名者殺我身。"[4]天爵且猶滅名，[5]安用吏部郎哉！其舉可陋，其事不經，非獨搢紳者不道，僕妾皆將笑之。忽忽不樂，自知壽不得長，且使千載知弟不詐諼耳。

[1]非敢叩擬中散：並不是敢於模仿嵇康。中散，指嵇康。字叔夜，譙國銍（今安徽濉溪縣南境）人，官至中散大夫，與山濤共爲竹林之游。山濤任選曹郎，舉嵇康以自代，嵇康作《與山巨源絶交書》表示拒絶。見《晋書》卷四九《嵇康傳》。

[2]本不營尚書虎爪板也：本來就不謀求尚書臺召辟人的虎爪板。意爲不謀求當官。虎爪板，古時用虎爪書寫在木板上的委任

狀。《初學記》卷二一《文字》引摯虞《決疑要注》曰："尚書臺召人用虎爪書，告下用偃波書，皆不可卒學，以防矯詐。"按：虎爪書、偃波書皆書體。虎爪書字形似虎爪，偃波書狀如連文，皆很難學，以防僞造。

〔3〕君平公：即嚴遵。見本書前注。

〔4〕生我名者殺我身：隱士的名言，見《漢書補注》卷七二王先謙注。上一句爲"益我貨者損我神"，使文義更爲明白。

〔5〕天爵：由於天然的道德修養而産生的尊貴與名望。語出《孟子·告子上》："仁義忠信，樂善不倦，此天爵也。"　滅名：毀滅性命。名，即命。

微既爲始興王濬府吏，濬數相存慰，微奉答牋書，輒飾以辭采。微爲文古甚，頗抑揚，袁淑見之，[1]謂爲訴屈，微因此又與從弟僧綽書曰：[2]

〔1〕袁淑：人名。字陽源，陳郡陽夏人。本書卷七〇有傳。
〔2〕僧綽：人名。即王僧綽。王曇首子。本書卷七一有傳。

吾雖無人鑒，要是早知弟，每共宴語，前言何嘗不以止足爲貴。且持盈畏滿，自是家門舊風，何爲一旦落漠至此，當局苦迷，[1]將不然邪！詎容都不先聞，或可不知耳。衣冠胄胤，[2]如吾者甚多，才能固不足道，唯不傾側溢詐，士頗以此容之，至於規矩細行，難可詳料。疹疾日滋，縱恣益甚，人道所貴，廢不復脩。幸值聖明兼容，置之教外，且舊恩所及，每蒙寬假。吾亦自揆疾疹重侵，難復支振，民生安樂之事，心死久矣。所以視日偷存，[3]

盡於大布糲粟，半夕安寢，便以自度，血氣盈虛，不復稍道，[4]長以大散爲和羹，[5]弟爲不見之邪？疾廢居然，且事一已，上不足敗俗傷化，下不至毀辱家門，泊爾尸居，無方待化。凡此二三，皆是事實。吾與弟書，不得家中相欺也。州陵此舉，爲無所因，反覆思之，了不能解，豈見吾近者諸戔邪，良可怪笑。

[1]當局苦迷：《元龜》卷八三一作"當局者迷"。

[2]衣冠胄胤：門閥士族的後代。衣冠，一般泛指縉紳士大夫，魏晉南北朝時期特指門閥士族。

[3]視日偷存："視"各本作"解"，中華本據《元龜》卷九〇五改。

[4]不復稍道：三朝本、北監本、殿本"不"字空白，中華本據《元龜》卷九〇五改。道，導引。

[5]大散：藥名。粉末狀的藥物，沖水服食，可治病。琅邪王氏多信五斗米道，大散是五斗米道徒服用的藥物。《元龜》卷九〇五作"九散"。　和羹：配以不同的調料而製成的湯。

吾少學作文，又晚節如小進，使君公欲民不偷，[1]每加存飾，酬對尊貴，不厭敬恭。且文詞不怨思抑揚，則流澹無味。文好古，貴能連類可悲，一往視之，如似多意。當見居非求志，清論所排，[2]便是通辭訴屈邪。爾者真可謂真素寡矣。其數旦見客小防，自來盈門，亦不煩獨舉吉也。此輩乃云語勢所至，非其要也。弟無懷居今地，[3]萬物初不以相非，然魯器齊虛，[4]實宜書紳。[5]今三署六府之人，[6]誰表裏此内，儻疑弟豫有力，於素論何如哉。則吾長陙不死，終誤盛壯也。

[1]使君公：對州郡長官的尊稱，此指始興王劉濬。　不偷：不苟且，不懈怠。《周禮·地官·大司徒》：“以俗教安，則民不偷。”賈公彥疏：“偷，苟且也。”

[2]清論：評論和輿論。是魏晉南北朝時的一種社會風尚。當時每發生一件事，都有很多人發表評論，時稱“清論”。

[3]無懷居今地：沒有打算占居現在的官位。

[4]魯器齊虛：魯國的禮器，齊國的遺址。魯器，爲武王封周公時所贈，是周代禮器的典範。在周器失傳後，魯器就更顯得重要。齊虛，即齊墟。指臨淄遺址，是周代典型都城遺址。

[5]書紳：把需要牢記的話寫在紳帶上。

[6]三署：五官署、左署、右署的合稱。三署各置中郎將以領郎官，中郎、侍郎、郎中皆屬之。　六府：六種掌管府庫官府的合稱。《禮記·曲禮下》：“天子之六府，曰司土、司木、司水、司草、司器、司貨，典司六職。”鄭玄注：“府，主藏六物之稅者，此亦殷時制也。”此處所謂三署六府，乃王微沿用古名，不是實指宋中央的具體機構，而是泛指某些職能部門。

江不過强吹拂吾，[1]云是巖穴人。巖穴人情所高，吾得當此，則雞鶩變作鳳皇，何爲干飾廉隅，[2]秩秩見於面目，所惜者大耳。諸舍閽門皆蒙時私，此既未易陳道，故常因含聲不言。至兄弟尤爲叨竊，[3]臨海頻煩二郡，[4]謙亦越進清階。[5]吾高枕家巷，遂至中書郎，此足以闔棺矣。又前年優旨，自弟所宣，雖夏后撫辜人，[6]周宣及鰥寡，[7]不足過也。語皆循檢校迹，不爲虛飾也。作人不阿諛，無緣頭髮見白，稍學諂詐。且吾何以爲，足不能行，自不得出户；頭不耐風，故不可扶曳。家本貧餒，至於惡衣蔬食，設使盜跖居此，[8]亦不能兩展其足、[9]妄意珍藏也。[10]正令選官設作此舉，於吾亦無劍戟之傷，所以懃懃畏人之多言也。管子晉賢，[11]乃關人主之輕重，[12]此何容易哉。州陵亦自言視明聽聰，而返區區飾吾，何辯致而下英俊。夫奇士必龍居深藏，[13]與蛙蝦爲伍，放勳其猶難之，[14]林宗輩不足識也。[15]似不肯睒睒奉牋記，彫琢獻文章，居家近市廛，親戚滿城府，吾猶自知袁陽源輩當平此不？飾詐之與直獨，兩不關吾心，又何所耿介。弟自宜以解塞群賢矣，兼悉怒此言自爾家任兄故能也。

[1]江：即吏部尚書江湛。　强吹拂吾：硬要吹噓我。

[2]廉隅：端正不苟的行爲、品行。《禮記·儒行》：“近文章，砥厲廉隅。”

[3]叨竊：不該得而得。

[4]臨海：從上下文意看，臨海應是王微兄弟輩中人。王微兄弟中無有名臨海者，可能是官稱。王微親兄王遠，字景舒，官至光禄勳，是否任過臨海太守，史無明文。王微從兄王錫（王弘子）於元嘉二十五年（448）前後任過臨海太守。此處所指之臨海，疑是王錫。

[5]謙亦越進清階：僧謙也進入了清貴的品級。謙，人名。即王微弟王僧謙。

[6]夏后撫辜人：夏禹愛撫罪人。典出《尸子》：“堯養無告，

禹愛辜人。"

[7]周宣及鰥寡：周宣王愛及鰥寡無依無靠之人。周宣，即周宣王。名靜，周厲王子，共和十四年（前828）即位，在位四十六年，號稱中興。事見《史記》卷四《周本紀》。鰥寡，男老無妻曰鰥，女老無夫曰寡。

[8]盜跖：人名。亦稱盜蹠。跖乃其名。"盜"是統治者對跖的蔑稱，相傳是柳下惠之弟，古代的造反英雄。《莊子·盜跖》："盜跖從卒九千人，橫行天下，侵暴諸侯。"《荀子·不苟》："盜跖貪凶，名聲若日月，與舜禹俱傳而不息。"

[9]亦不能兩展其足：典出《莊子·盜跖》。孔子去見盜跖，跖"兩展其足"，批評了孔子的虛偽。

[10]妄意珍藏：典出《莊子·胠篋》。跖的門徒問跖："盜亦有道乎？"跖答曰"有"，其中第一條就是"夫妄意室中之藏，聖也"。意爲能猜測出施盜對象室中的珍貴貯藏，就是聖人。

[11]管子晉賢：管仲推薦賢人。晉賢，即進賢。

[12]乃關人主之輕重：乃關係到國君的財政大事。輕重，調節商品、貨幣流通和控制物價等經濟問題和理論。《管子》中有《輕重篇》，專門闡述經濟問題。

[13]龍居深藏：莊子假借孔子的話，稱隱者李耳（老子）爲龍，此後隱士多以龍、人中龍自居。指隱士居處深藏不露，不過問政事。

[14]放勳：即帝堯。陶唐氏。據傳堯曾打算將帝位傳給隱士許由、子州支父，均遭拒絕，此處所説的"放勳其猶難之"似指此。

[15]林宗：人名。即郭泰。字林宗，後漢界休（今山西介休市東南）人，博通典籍，有弟子數千人。嘗游洛陽，與李膺相友善，名震京師。後歸鄉里，送者車千乘。舉有道不就，善品評海內人士，但不爲危言覈論，故未遭黨錮之禍。《後漢書》卷六八有傳。

日日望弟來，屬病終不起，何意向與江書，粗布胸心，無人可寫，比面乃具與弟。書便覺成，本以當半日相見，吾既惡勞，不得多語，樞機幸非所長，[1]相見亦不勝讀此書也。親屬欲見自可示，無急付手。

[1]樞機：一般作"關鍵、機要"解，此處釋爲語言。《易·繫辭上》："言行，君子之樞機。"後世因以樞機喻語言。

時論者或云微之見舉，廬江何偃亦豫其議，[1]慮爲微所咎，與書自陳。微報之曰：

卿昔稱吾於義興，吾常謂之見知，然復自怪鄙野，不參風流，未有一介熟悉於事，何用獨識之也。近日何見綽送卿書，[2]雖知如戲，知卿固不能相哀，苟相哀之未知，何相期之可論。

[1]廬江：郡名。治所在今安徽舒城縣。　何偃：人名。字仲弘，廬江灊（今安徽霍山縣）人。本書卷五九有傳。

[2]何見綽：人名。本書僅此一見，其所送書，不見於《全宋文》，已失傳。

卿少陶玄風，[1]淹雅修暢，自是正始中人。[2]吾真庸性人耳，自然志操，不倍王、樂。[3]小兒時尤粗笨無好，常從博士讀小小章句，竟無可得。口吃不能劇讀，[4]遂絕意於尋求。至二十左右，方復就觀小說，[5]往來者見牀頭有數帙書，便言學問，試就檢，當何有哉。乃復持此擬議人邪。尚獨愧笑揚子之褒贍，[6] 猶恥辭賦爲君子，若吾篆刻，菲亦甚矣。卿諸人亦當尤以此見議。或謂言深博，作一段意氣，鄙薄人世，初不敢然。是以每見世人文賦書論，無所是非，不解處即日借問，此其本心也。

[1]玄風：談論玄學的風尚。談玄之風起於曹魏，盛於東晋。本書卷六七《謝靈運傳》："有晋中興，玄風獨振。爲學窮於柱下，博物止乎七篇。"說明東晋時老莊玄學盛極一時。

[2]正始中人：正始時期的人物。正始，三國魏齊王芳年號（240—249）。當時玄學漸興，以何晏、王弼爲首的士大夫以老莊思想解析儒家經義，談玄析理，這些人被稱爲正始中人。

[3]不倍：不背。倍，同"背"。 樂：即樂廣。字彥輔，南陽清陽（今河南南陽市南）人，善談論，能約言析理，爲王戎所重視，舉爲秀才，累遷至侍中、河南尹，在職時聲望不高，去職後則爲人所思，官至尚書令。《晋書》卷四三有傳。

[4]口吃不能劇讀：此句仿《漢書》卷八七上《揚雄傳上》：雄"口吃不能劇談"。王微用此語，有自比揚雄之意。

[5]小說：與現代小說的含義不同。《漢書·藝文志》稱："小說家者流，蓋出於稗官，街談巷語，道聽塗説者之所造也。"即不見於經傳的叢雜著作，如《四庫全書總目·小說家類》所說"迹其流別，凡有三派：其一叙述雜事，其一記録異聞，其一綴輯瑣語也"。

[6]揚子之褒贍：揚雄的文章言辭繁盛，爲人所瞻仰。揚子，對揚雄的尊稱。揚雄，字子雲，蜀郡成都人，漢代文學家、思想家。歷經成、哀、平三朝，任給事黃門郎。王莽建新，轉大中大夫。天鳳五年（18）卒，年七十一。一生著作頗豐，有《方言》十三卷、《法言》十三卷、《太玄經》十九卷。《漢書》卷八七

有傳。

　　至於生平好服上藥，[1]起年十二時病虛耳。所撰服食方中，粗言之矣。自此始信攝養有徵，故門冬、昌术，[2]隨時參進，寒溫相補，欲以扶護危羸，見冀白首。家貧乏役，至於春秋令節，輒自將兩三門生，[3]入草采之。吾實倦遊醫部，頗曉和藥，尤信《本草》，[4]欲其必行，是以躬親，意在取精。世人便言希仙好異，矯慕不羈，不同家頗有罵之者。又性知畫績，[5]蓋亦鳴鵠識夜之機，[6]盤紆糾紛，或記心目，故兼山水之愛，一往跡求，皆仿像也。不好詣人，能忘榮以避權右，宜自密應對舉止，因卷慚自保，不能勉其所短耳。由來有此數條，二三諸賢，因復架累，[7]致之高塵，[8]詠之清壑。[9]瓦礫有資，不敢輕厠金銀也。

[1]上藥：上品仙藥。《神農本草經》卷三：“上藥令人身安命延，昇爲天神，遨游上下。”

[2]門冬：草藥名。麥門冬或天門冬的省稱，根似麥而有鬚，可入藥，有開心暖胃的作用。　昌术：草藥名。即蒼术。一名山薊，多年生草本植物，莖高二三尺，葉爲橢圓形，秋日開花，色白或淡紅，狀類覆瓦，根如姜，蒼黑色，肉白，可入藥。

[3]門生：與主人有很强的人身依附關係，但地位高於家奴，且有機會進入仕途。郝懿行《書故》：“勳戚勢家私人冗從，依附户籍，視同家奴，謂之門生，江左以來，此風尤盛。”

[4]《本草》：書名。《神農本草經》的省稱，古代著名藥書，共收藥三百六十五種，原書已佚，清時孫星衍有輯本。

[5]畫繢：亦作"畫繪""繪畫"。《周禮·考工記·畫繢》："畫繢之事，雜五色。"顏之推《顏氏家訓·雜藝》："畫繪之工，亦爲妙矣，自古名士，多或能之。"

[6]鳴鵠：即天鵝。形似鵝而大，生活在海湖之濱，善飛，以植物昆蟲爲食。

[7]架累：推舉，推薦。

[8]高塵：崇高的風範。

[9]清壑：清雅淡泊。

而頃年嬰疾，沉淪無已，區區之情，竭於生存，自恐難復，而先命猥加，魂氣褰蕭，常人不得作，常自處疾苦，正亦臥思已熟，謂有記自論。既仰天光，不禾庶類，兼望諸賢，共相哀體，而卿首唱誕言，[1]布之翰墨，萬石之慎，[2]或未然邪。好盡之累，豈其如此。綽大駭嘆，[3]便是闇朝見病者。吾本儜人，[4]加疹意悁，一旦聞此，便惶怖矣。五六日來，復苦心痛，引喉狀如胸中悉腫，甚自憂。力作此答，無復條貫，貴布所懷，落漠不舉。卿既不可解，立欲便別，且當笑。

[1]誕言：虛誇不實的言辭。

[2]萬石之慎：萬石君石奮的謹慎。萬石，指萬石君石奮，趙人，趙亡徙溫，年十五爲小吏，侍劉邦，孝文帝時官至大中大夫。有四子，亦官至二千石，故景帝賜號萬石君。一生敦厚，訥於言，慎於行。《史記》卷一〇三有傳。

[3]綽：人名。即何見綽。　大駭嘆：何見綽給何偃信中所表達的感受。

[4]儜人：怯弱的人。

微常住門屋一間，尋書玩古，如此者十餘年。太祖以其善筮，賜以名箸。弟僧謙亦有才譽，爲太子舍人，[1]遇疾，微躬自處治，而僧謙服藥失度，遂卒。微深自咎恨，發病不復自治，哀痛僧謙不能已，[2]以書告靈曰：

[1]太子舍人：官名。東宮屬官，掌文章書記。七品。

[2]哀痛僧謙不能已：各本脱“僧”字，中華本據《御覽》卷五五五引補。按不補亦可。兩字的人名祇寫一個字，乃當時習慣，如本文中的何見綽祇稱“綽”，便是一例。前文“謙亦越進清階”，也不書僧謙。

弟年十五，始居宿於外，不爲察慧之譽，獨沉浮好書，聆琴聞操，輒有過目之能。討測文典，斟酌傳記，寒暑未交，便卓然可述。吾長病，或有小間，輒稱引前載，不異舊學。自爾日就月將，著名邦黨，方隆夙志，嗣美前賢，何圖一旦冥然長往，酷痛煩冤，心如焚裂。

尋念平生，裁十年中耳，然非公事，無不相對，一字之書，必共詠讀，一句之文，無不研賞，濁酒忘愁，圖籍相慰，吾所以窮而不憂，實賴此耳。奈何罪酷，煢然獨坐。憶往年散發，極目流涕，吾不舍日夜，又恒慮吾羸病，豈圖奄忽，先歸冥冥。反覆萬慮，無復一期，音顏髣髴，觸事歷然，弟今何在，令吾悲窮。昔仕京師，分張六旬耳，其中三過，誤云今日何意不來，鍾念懸心，無物能譬。方欲共營林澤，以送餘年，念茲有何罪戾，見此夭酷，没於吾手，觸事痛恨。吾素好醫術，不使弟子得全，又尋思不精，致有枉過，念此一條，特復痛酷，痛酷奈何！吾罪奈何！

弟爲志，奉親孝，事兄順，雖僮僕無所叱咄，可謂君子不失色於人，不失口於人。[1]沖和淹通，内有皁白，[2]舉動尺寸，吾每咨之。常云：“兄文骨氣，可推英麗以自許，又兄爲人矯介欲過，宜每中和。”道此猶在耳，萬世不復一見，奈何！唯十紙手迹，封拆儼然，至於思戀不可懷。及聞吾病，肝心寸絶，謂當以幅巾薄葬之事累汝，奈何反相殯送。

[1]君子不失色於人，不失口於人：語出《禮記·表記》。原意爲君子應容貌莊嚴，不故作親昵之色，語言安穩，不説諂私曲媚的話。此處意爲不給人以顏色看，不對人説難聽的話，與原意不同。

[2]内有皁白：内心是非分明。皁白，黑白，是非。錢大昕《恒言録》：“皁白，猶黑白也。”《抱朴子·自叙》：“以顧護太多，不能明辯臧否，使皁白區分。”

弟由來意，[1]謂“婦人雖無子，不宜踐二庭。此風若行，便可家有孝婦”。仲長《昌言》，[2]亦其大要。劉新婦以刑傷自誓，[3]必留供養。殷太妃感栢舟之節，[4]不奪其志。僕射篤順，[5]范夫人知禮，[6]求得左率第五兒，[7]廬位有主，[8]此亦何益冥然之痛，爲是存者意耳。

[1]由來意：一貫認爲。

[2]仲長《昌言》：仲長統的著作《昌言》。仲長，人名。即仲長統。字公理，山陽高平（今山東微山縣西北）人，建安中任尚書郎，尋參丞相軍事。後漢著名學者，著有《昌言》二十卷及其他著作。《全後漢文》錄有部分遺文。《後漢書》卷四九有傳。

[3]劉新婦：從上下文意看，應是王錫、王微的兄弟媳婦，疑即王僧謙之妻。本書僅此一見，其事不詳。新婦，王利器注《風俗通·怪神》"樓上新婦"條曰："漢魏六朝人通稱婦爲新婦。"又古時稱弟妻爲新婦。《爾雅·釋親》："女子謂兄之妻爲嫂，弟之妻爲婦。"郭璞注曰："猶今言新婦是也。"

[4]殷太妃：張忱石《南朝五史人名索引》認爲是殷淑儀，即孝武帝的殷貴妃，大誤。按：殷貴妃乃南郡王劉義宣之女，劉義宣反孝武帝失敗後，被孝武帝收入宮中。王微此文寫於元嘉三十年（453），不可能涉及此後孝武帝時的殷貴妃。根據史實考察，此殷太妃應是文帝妃殷修華，竟陵王劉誕的母親，在王國內當然是太妃。大明三年（459）竟陵王劉誕反孝武帝失敗被誅，殷修華亦自殺。　栢舟之節：典出《詩·鄘風·柏舟》，其序曰："柏舟，共姜自誓也。衛世子共伯蚤死，其妻守義，父母欲奪而嫁之，誓而弗許，故作是詩以絕之。"後世遂稱夫死不嫁的婦女爲柏舟節。

[5]僕射：孫虨《考論》謂僕射即王僧達。按：王僧達元嘉三十年任左僕射，故稱。

[6]范夫人：太子左衛率王錫妻。王錫爲王孺長子，范夫人爲主婦，主持家務。事見本書卷五七《蔡興宗傳》。各本並作"范夫"，脫"人"字。中華本據孫虨《考論》補。

[7]求得左率第五兒：意爲求得太子左衛率王錫的第五子，過繼給劉新婦。左率，官名。太子左衛率的省稱，掌東宮宿衛，亦任征伐。此左率指王錫，時任此官。本書卷四二有附傳。

[8]廬位有主：意爲守墓有人。古禮，父母喪，孝子應於墓旁建廬（小屋），守墓三年。

吾窮疾之人，平生意志，弟實知之，端坐向窗，有何慰適，正賴弟耳。過中未來，已自惕望，今云何得立，自省惛毒，無復人理。比煩冤困憊，不能作刻石文，若靈響有識，不得吾文，豈不爲恨。儻意慮不遂，謝能思之如狂，[1]不知所告訴，明書此數紙，無復詞理，略道阡陌，[2]萬不寫一。阿謙！何圖至此！誰復視我，誰復憂我。他日寶惜三光，[3]割嗜好以祈年，今也唯速化耳。吾豈復支，冥冥中竟復云何。弟懷隨、和之寶，[4]未及光諸文章，欲收作一集，不知忽忽當辦此不？今已成服，[5]吾臨靈，取常共飲杯，酌自釀酒，寧有仿像不？冤痛！冤痛！

[1]謝能思之如狂：此句艱澀，或有奪誤，但其大意尚可理解。中華本校勘記云：“句有脫訛，不可解。”

[2]阡陌：原義爲田間縱橫小道，魏晉南北朝人喻作途徑、門路。顏之推《顏氏家訓·風操》：“所見互稱長短，然其阡陌亦自可知。”盧文弨補注：“阡陌，猶言途徑。”

[3]寶惜三光：珍視、愛惜時間。三光，日、月、星，此處引申爲時間。

[4]弟懷隨、和之寶：弟弟擁有珠玉般的高尚才德。隨，隨侯

之珠。和，和氏之璧。此處喻爲高尚才德。

[5]成服：在喪禮大斂之後，親屬按其與死者的親疏關係，穿上不同喪服。王讜《唐語林·補遺四》：“三日成服，聖人之制。”

　　元嘉三十年卒，時年三十九。[1]僧謙卒後四旬而微終。遺令薄葬，不設轜、旐、鼓、挽之屬，[2]施五尺牀，爲靈二宿便毀。以嘗所彈琴置牀上，何長史來，[3]以琴與之。何長史者，偃也。無子，家人遵之。所著文集傳於世。世祖即位，詔曰：“微棲志貞深，文行惇洽，生自華宗，[4]身安隱素，足以賁茲丘園，[5]惇是薄俗。不幸蚤世，朕甚悼之。可追贈秘書監。”[6]

[1]元嘉三十年卒，時年三十九：“三十年”各本並作“二十年”，“三十九”各本並作“二十九”，孫鄔《考論》云：“以江湛爲尚書及下文何偃稱長史參勘之，蓋元嘉三十年卒也。王僧綽二十八年爲侍中，年二十九，亦三十年卒，年三十一。微爲其兄，年二十九當作年三十九。”孫説是，據改。

[2]不設轜、旐、鼓、挽之屬：不用靈車、冥旐、鼓吹、挽幛之類的喪具。

[3]何長史：指何偃，時任始興王劉濬征北長史，故稱。

[4]生自華宗：出生在高門士族家庭。曹植《上疏陳審舉之義》：“二南之輔，求不必遠，華宗、貴族、藩王之中，必有應斯舉者。”華宗與藩王、貴族並舉，可見應指高門士族。

[5]賁茲丘園：賁飾丘園。語出《易·賁卦》。金景芳《周易全解》云丘園“是安謐素樸之地”，意爲敦本，崇素返質。

[6]秘書監：官名。秘書省長官，掌圖書經籍，領著作省。三品。亦用作近臣死後的贈官，以示尊崇。

史臣曰：燕太子吐一言，田先生吞舌而死；[1]安邑令戒屠者，閔仲叔去而之沛。[2]良由内懷耿介，峻節不可輕干。袁淑笑謔之間，而王微弔詞連牘，斯蓋好名之士，欲以身爲珪璋，[3]皦皦然使塵坫之累，不能加也。

[1]燕太子吐一言，田先生吞舌而死：典出《戰國策·燕策》。戰國末期，燕太子丹欲報國仇，求教於田光先生。田光提出他的好友荆軻可以爲燕出力。太子丹臨别時對田光説，咱們談的是國家大事，請先生不要泄露。田光聽此言，知太子丹對自己不放心。在請求荆軻答應助燕刺秦王之後，自刎而死，以解除燕太子丹恐怕泄露機密的顧慮，並以此激勵荆軻爲燕獻身。

[2]安邑令戒屠者，閔仲叔去而之沛：典出《後漢書》卷五三《周黄徐姜申屠列傳》。閔仲叔，名貢，太原人，建武中應司徒侯霸之辟，未得重用，遂去而客居安邑。老病家貧，無錢買肉，每天祇買一片猪肝，屠者不肯賣。安邑令聞知後，讓縣吏通知屠者保證供應。仲叔得知其中原委後，"乃嘆曰：'閔仲叔豈以口腹累安邑邪？'遂去，客沛。以壽終"。這個典故説明隱士潔身自好的堅强性格，不願意在别人的關照下生活。

[3]珪璋：玉製的禮器。引申爲高尚的人品。《後漢書》卷六七《劉儒傳》："郭林宗常謂儒口訥心辯，有珪璋之質。"注："珪璋玉也，半珪曰璋。"

# 宋書　卷六三

## 列傳第二十三

王華　王曇首　殷景仁　沈演之

　　王華字子陵，琅邪臨沂人，[1]太保弘從祖弟也。[2]祖薈，[3]衛將軍，[4]會稽內史。[5]父廞，[6]太子中庶子，[7]司徒左長史。[8]居在吳，[9]晉隆安初，[10]王恭起兵討王國寶，[11]時廞丁母憂在家，[12]恭檄令起兵，廞即聚衆應之，以女爲貞烈將軍，以女人爲官屬。國寶既死，恭檄廞罷兵。[13]廞起兵之際，多所誅戮，至是不復得已，因舉兵以討恭爲名。恭遣劉牢之擊廞，[14]廞敗走，不知所在。長子泰爲恭所殺。華時年十三，[15]在軍中，與廞相失，隨沙門釋曇永逃竄。[16]時牢之搜檢覓華甚急，曇永使華提衣襆隨後，[17]津邏咸疑焉。[18]華行遲，永呵罵云：“奴子怠懈，行不及我！”以杖捶華數十，衆乃不疑，由此得免。

　　[1]琅邪：郡名。治所在今山東臨沂市南。　臨沂：縣名。治

所在今山東費縣，但王氏居住在今山東臨沂市。

[2]太保：官名。三公之一，多爲重臣加官，無職掌。一品。

弘：人名。即王弘。本書卷四二有傳。 從祖弟：按《晋書》卷六五《王導傳》，王弘與王華同爲王導曾孫，王弘出於王導三子王洽，王華出於王導六子王薈，王洽與王華即爲從祖。

[3]薈：人名。即王薈。《晋書》卷六五有附傳。

[4]衛將軍：官名。掌京城及皇宫禁衛，位在諸名號大將軍上。二品。

[5]會稽：郡國名。治所在今浙江紹興市。 内史：官名。王國行政長官，職比太守。五品。

[6]廞：人名。即王廞。事見《晋書》卷六五《王導傳》。

[7]太子中庶子：官名。太子府屬官，掌侍從、奏事、諫議。五品。

[8]司徒左長史：官名。司徒府屬官，佐司徒總理府内諸曹，與右長史並爲僚佐之長，位在右長史上。六品。

[9]吴：郡國名。治所在今江蘇蘇州市。

[10]隆安：晋安帝司馬德宗年號（397—401）。

[11]王恭：人名。晋太原晋陽（今山西太原市）人，孝武、安帝時權臣。《晋書》卷八四有傳。 王國寶：人名。太原晋陽人。《晋書》卷七五有附傳。

[12]丁母憂：遭遇母喪。丁，當。

[13]廞罷兵：各本並脱此三字，中華本據《南史》補。

[14]劉牢之：人名。彭城（今江蘇徐州市）人，時任王恭軍府司馬。《晋書》卷八四有傳。

[15]年十三：諸本並作“年十二”。張森楷《校勘記》云：“華以元嘉四年卒，年四十三，逆數至隆安元年，凡三十年。作年十三是。”

[16]釋曇永：僧人名號。其事不詳。《南史》卷二三《王華傳》作“釋曇冰”，約爲形近致訛。

[17]衣襆（pú）：衣衫鞋帽。襆，頭巾。

[18]津邏：關津巡邏防衛之人。

遇赦還吳。少有志行，以父存亡不測，布衣蔬食不交游，如此十餘年，爲時人所稱美。高祖欲收其才用，[1]乃發廄喪問，使華制服。[2]

[1]高祖：宋武帝劉裕廟號。

[2]制服：喪服。《後漢書》卷三九《劉愷傳》："詔書所以爲制服之科。"

服闋，高祖北伐長安，[1]領鎮西將軍、北徐州刺史，[2]辟華爲州主簿，[3]仍轉鎮西主簿，治中從事史，[4]歷職著稱。太祖鎮江陵，[5]以爲西中郎主簿，[6]遷諮議參軍，[7]領錄事。[8]太祖進號鎮西，復隨府轉。太祖未親政，政事悉委司馬張邵。[9]華性尚物，不欲人在己前。邵性豪，每行來常引夾轂，[10]華出入乘牽車，從者不過二三以矯之。嘗於城内相逢，華陽不知是邵，謂左右："此鹵簿甚盛，[11]必是殿下出行。"乃下牽車，立於道側，及邵至乃驚。邵白服登城，[12]爲華所糾，坐被徵，華代爲司馬、南郡太守，[13]行府州事。

[1]北伐長安：即北伐後秦，事在晋義熙十二年（416）。參見本書卷二《武帝紀中》。長安，地名。在今陝西西安市。

[2]領：官制用語。以本官本職暫行他官他職而不居其位，不任其官。　鎮西將軍：官名。高級將領之一，與鎮東、鎮北、鎮南將軍合稱四鎮，位在四征下，多授持節都督，出鎮方面。二品。

北徐州：治所在今安徽鳳陽縣東北。

[3]主簿：官名。官府佐吏，典領文書簿籍，經辦事務，諸公府及州皆置，品級隨府主不等。

[4]治中從事史：官名。又稱治中，掌府中衆曹文書事，多以六品官爲之，與別駕同爲重要佐吏。

[5]太祖鎮江陵：事在永初元年（420）。太祖，宋文帝劉義隆廟號。鎮，各本並作“征”，中華本據文義改。江陵，縣名。荆州治所，在今湖北荆州市荆州區。

[6]西中郎：官名。即西中郎將。掌率師征伐或鎮守某地，多以宗室出任。

[7]諮議參軍：官名。掌顧問諮議，位在列曹參軍上，無定員。

[8]録事：官名。即録事參軍。録事曹長官，總録衆曹文簿，糾彈善惡，位在列曹參軍上。七品。

[9]司馬：官名。軍府高級幕僚，掌參贊軍務，管理府内武職，位次長史，品秩隨府主高低不等。　張邵：人名。吳郡吳（今江蘇蘇州市）人。本書卷四六有傳。

[10]夾轂（gǔ）：衛隊。權貴親兵，出則夾車作衛隊。轂，車輪。

[11]鹵簿：帝王駕出時扈從儀仗隊，亦用於后妃、太子、王公大臣等。

[12]白服：便服，官服以外的服裝。

[13]南郡：治所在今湖北荆州市荆州區。


太祖入奉大統，以少帝見害，[1]疑不敢下。華建議曰：“羨之等受寄崇重，[2]未容便敢背德。廢主若存，慮其將來受禍，致此殺害。蓋由每生情多，[3]寧敢一朝頓懷逆志。且三人勢均，[4]莫相推伏，不過欲握權自固，以少主仰待耳。今日就徵，萬無所慮。”太祖從之，留華總後任。上即位，以華爲侍中，[5]領驍騎將軍，[6]未拜，轉右衛將軍，[7]侍中如故。

[1]少帝：即劉義符。本書卷四有紀。

[2]羨之：人名。即徐羨之。東海郯（今山東郯城縣）人。本書卷四三有傳。

[3]每：貪。據中華本考證，《通鑑》宋元嘉元年即作“貪”。又《元龜》卷七一七此句下注曰：“每，貪也。”按《漢書》卷四八《賈誼傳》所載《鵩鳥賦》有“品庶每生”句。孟康云：“每，貪也。”

[4]三人：即徐羨之、傅亮、謝晦。本書卷四三、四四各有傳。

[5]侍中：官名。掌侍從皇帝左右，顧問應對，與聞朝政。三品。

[6]驍騎將軍：官名。與領軍、護軍、左衛、右衛、游擊將軍合稱六軍，任宿衛，爲護衛皇宮主要將領之一。四品。

[7]右衛將軍：官名。四品。參“驍騎將軍”注。

先是，會稽孔甯子爲太祖鎮西諮議參軍，以文義見賞，至是爲黃門侍郎，[1]領步兵校尉。[2]甯子先爲高祖太尉主簿，陳損益曰：“隆化之道，[3]莫先於官得其才；枚卜之方，[4]莫若人愼其舉。雖復因革不同，損益有物，求賢審官，未之或改。師錫僉曰，煥乎欽明之誥，[5]拔茅征吉，著於幽《賁》之爻。[6]晉師有成，瓜衍作賞，[7]楚乘無入，蔿賈不賀。[8]今舊命惟新，幽人引領，《韶》之盡美，[9]已備於振綱；《武》之未盡，[10]或存於理目。雖九官之職，未可備舉，親民之選，尤宜在先。愚欲使天朝四品官，外及守牧，各舉一人堪爲二千石長吏者，以付選官，隨缺敘用，得賢受賞，失舉任罰。夫惟帝之難，豈庸識所易，然舉爾所知，非求多人，因百官之明，孰與一識之見，執咎在己，豈容徇物之私。今非以選曹所銓，果於乖謬，眾職所舉，必也惟良，蓋宜使求賢闢其廣塗，考績取其少殿。若才實拔群，進宜尚德，治阿之宰，不必計年，[11]免徒之守，豈限資秩。自此以還，故當才均以資，資均以地。宰莅之官，誠曰吏職，然監觀民瘼，[12]翼化宣風，則隱厚之求，急於刀筆，能事之功，接於德心，以此論才，行之年歲，豈惟政無秕蠧，民庶手足而已。將使公路日清，私請漸塞。士多心競，仁必由己，處士砥自求之節，仕子藏交馳之情。甯子庸微，不識治體，冒昧陳愚，退懼違謬。”

[1]黃門侍郎：官名。亦稱黃門郎。給事宮門內，侍從皇帝，顧問應對，出則陪乘。五品。

[2]步兵校尉：官名。皇帝侍衛武官，隸中領軍，不領營兵，多以安置勳舊武臣。四品。

[3]隆化：昌隆教化。《晉書·樂志上》：“隆化洋洋，帝命溥將。”

[4]枚卜：指選官。古時以占卜決定可否。《尚書·大禹謨》：“枚卜功臣，惟吉之從。”

[5]師錫：眾人獻言，同辭以對，有“輿論”之意。師，眾。錫，與，參。亦指眾人舉薦推許。

[6]拔茅：推薦、引進。《易·泰卦》：“拔茅茹以其彙。”《賁》：易卦之一，離下艮上。

[7]瓜衍作賞：重賞。指春秋晉景公六年（前594）賞士伯以瓜衍之縣事。瓜衍，縣名。治所在今山西孝義市北。參《左傳》宣

公十五年。

[8]蒍賈不賀：指春秋楚人蒍賈不賀子玉治兵於蒍事。參見《左傳》僖公二十七年。

[9]《韶》之盡美：指孔子稱贊《韶》"盡美矣，又盡善也"事。《韶》，傳爲虞舜所作樂曲，孔子聞之而三月不知肉味。參見《論語·八佾》。

[10]《武》之未盡：指孔子評論《武》樂事。《論語·八佾》：子謂《武》："盡美矣，未盡善也。"《武》，歌頌周武王克殷武功的樂曲。

[11]治阿之宰，不必計年：指春秋齊晏子治理東阿（今山東陽穀縣東北阿城鎮）事。意即吏治有方，不在乎一時的輿論得失。參見《晏子春秋·雜上》。

[12]民瘼：民間疾苦。《後漢書》卷七六《循吏傳》："廣求民瘼，觀納風謠。"

甯子與華並有富貴之願，自羨之等秉權，日夜構之於太祖。甯子嘗東歸，至金昌亭，[1]左右欲泊船，甯子命去之，曰："此弑君亭，不可泊也。"華每閑居諷詠，常誦王粲《登樓賦》曰：[2]"冀王道之一平，假高衢而騁力。"出入逢羨之等，每切齒憤咤，嘆曰："當見太平時不？"元嘉二年，[3]甯子病卒。三年，誅羨之等，華遷護軍，[4]侍中如故。

[1]金昌亭：亭名。又作"金閶亭"，在今江蘇蘇州市西閶門內。宋少帝被廢後即移居於此，後被殺。

[2]王粲：人名。三國魏人，文學家。《三國志》卷二一有傳。《登樓賦》：文章名。見《文選》卷一一。

[3]元嘉：宋文帝劉義隆年號（424—453）。

[4]護軍：官名。即護軍將軍。掌督護京師以外諸軍。三品。

　　宋世惟華與南陽劉湛不爲飾讓，[1]得官即拜，以此爲常。華以情事異人，未嘗預宴集，終身不飲酒，有燕不之詣。若宜有論事者，乘車造門，主人出車就之。及王弘輔政，而弟曇首爲太祖所任，與華相埒。華嘗謂己力用不盡，每嘆息曰："宰相頓有數人，天下何由得治!"四年，卒，時年四十三。追贈散騎常侍、衛將軍。[2]九年，上思誅羨之之功，追封新建縣侯，[3]食邑千戶，謚曰宣侯。[4]世祖即位，[5]配饗太祖廟庭。[6]

　　[1]南陽：郡名。治所在今河南南陽市。　劉湛：人名。本書卷六九有傳。
　　[2]散騎常侍：官名。掌侍從皇帝左右，諫諍得失，顧問應對。三品。
　　[3]新建縣侯：侯爵名。侯國在今江西樂安縣北。
　　[4]宣：謚號。按《謚法》："聖善周聞曰宣。"
　　[5]世祖：宋孝武帝劉駿廟號。
　　[6]配饗：配享、合祭、祔祀。指以功臣祔祀於帝王宗廟。

　　子定侯嗣，[1]官至左衛將軍，[2]卒。子長嗣，太宗泰始二年，[3]坐罵母奪爵，以長弟終紹封。[4]後廢帝元徽三年，[5]終上表乞以封還長，許之。齊受禪，[6]國除。

　　[1]定侯：各本並作"宣侯"，中華本據《南史》改。　嗣：人名。即王嗣。
　　[2]左衛將軍：官名。護衛皇宮主要將領之一，與領軍、護軍、

右衛、驍騎、游擊合稱六軍。四品。

〔3〕太宗：宋明帝劉彧廟號。　泰始：宋明帝劉彧年號（465—471）。

〔4〕終：人名。中華本稱《南史》卷二三作"佟"。

〔5〕後廢帝：即劉昱。本書卷九有紀。　元徽：宋後廢帝劉昱年號（473—477）。

〔6〕受禪：王朝更迭，新朝皇帝承受舊帝讓給的帝位。實爲自溢粉飾之詞。

華從父弟鴻，五兵尚書，〔1〕會稽太守。

〔1〕五兵尚書：官名。尚書省五兵曹長官，掌軍事樞務，領中兵、外兵等曹。三品。

王曇首，琅邪臨沂人，太保弘少弟也。

幼有業尚，除著作郎，〔1〕不就。兄弟分財，曇首唯取圖書而已。辟琅邪王大司馬屬，〔2〕從府公修復洛陽園陵。與從弟球俱詣高祖，〔3〕時謝晦在坐，〔4〕高祖曰："此君並膏粱盛德，〔5〕乃能屈志戎旅。"曇首答曰："既從神武之師，自使懦夫有立志。"晦曰："仁者果有勇。"高祖悅。行至彭城，〔6〕高祖大會戲馬臺，〔7〕豫坐者皆賦詩。曇首文先成，高祖覽讀，因問弘曰："卿弟何如卿？"弘答曰："若但如民，〔8〕門户何寄。"高祖大笑。曇首有識局智度，喜愠不見於色，閨門之内，雍雍如也。手不執金玉，婦女不得爲飾玩，自非禄賜所及，一毫不受於人。

［1］著作郎：官名。秘書省官員，掌國史及起居注修撰。六品。

［2］琅邪王：王爵名。王國在今江蘇句容市。此指晉恭帝司馬德文，初封琅邪王。

［3］球：人名。即王球。本書卷五八有傳。按王球與王曇首同爲晉丞相王導曾孫，王球出王導五子王劭，王曇首爲王導次子王洽孫。參見《晉書》卷六五《王導傳》。

［4］謝晦：人名。陳郡陽夏（今河南太康縣）人。本書卷四四有傳。

［5］膏粱：膏腴稻粱。喻世族子弟、富貴人家及其後嗣。

［6］彭城：地名。在今江蘇徐州市。

［7］戲馬臺：地名。傳爲項羽涼馬臺，在今江蘇徐州市南。

［8］民：中華本考證弘治本、北監本、毛本、殿本、局本作“臣”，《南史》《元龜》作“下官”。涵芬樓影印百衲本《宋書》時，以各本並作“臣”，謂宋本殘葉作“民”爲誤，謬改爲“臣”。按：時劉裕尚未稱帝，王弘不當稱臣，宋本殘葉稱“民”，《南史》稱“下官”，並不誤，今改回。


太祖爲冠軍、徐州刺史，[1]留鎮彭城，以曇首爲府功曹。[2]太祖鎮江陵，自功曹爲長史，隨府轉鎮西長史。[3]高祖甚知之，謂太祖曰：“王曇首，沈毅有器度，宰相才也。汝每事咨之。”景平中，[4]有龍見西方，半天騰上，蔭五綵雲，京都遠近聚觀。太史奏曰：“西方有天子氣。”太祖入奉大統，上及議者皆疑不敢下，曇首與到彥之、從兄華固勸，[5]上猶未許。曇首又固陳，并言天人符應，上乃下。率府州文武嚴兵自衛，臺所遣百官衆力，不得近部伍，中兵參軍朱容子抱刀在平乘户外，[6]不解帶者數旬。既下在道，有黃龍出負上所乘舟，左右皆失色，上謂曇首曰："此乃夏禹所以受天命，[7]我何德以堪之。"[8]及即位，又謂曇首曰："非宋昌獨見，[9]無以致此。"以曇首爲侍中，尋領右衛將軍，領驍騎將軍。以朱容子爲右軍將軍。誅徐羨之等，平謝晦，曇首及華之力也。

[1]冠軍：官名。即冠軍將軍。位在輔國將軍上。三品。

[2]功曹：官名。掌吏事或主選舉，亦參政務。位在主簿下。

[3]長史：官名。官署掾屬之長，總領政務，品秩隨府主高低不等。

[4]景平：宋少帝劉義符年號（423—424）。

[5]到彥之：人名。彭城武原（今江蘇邳州市）人。《南史》卷二五有傳。

[6]中兵參軍：官名。亦作中兵從事，掌中兵曹事務，兼備參謀咨詢，品秩不一。　朱容子：人名。其事不詳。　平乘：大船名。因兩端平齊無飾物，故名。參見本書《禮志五》。

[7]夏禹所以受天命：相傳夏禹受天命而黃龍出。參見《史記》卷二《夏本紀》。

[8]何德以堪之：各本並脱"德以"二字，《類聚》《建康實錄》均作"何德以堪之"，中華本亦據補。

[9]宋昌：人名。西漢初年人，漢文帝爲代王時任中尉，力主並護衛文帝入都長安繼位。事見《漢書》卷四《文帝紀》。

元嘉四年，車駕出北堂，[1]嘗使三更竟開廣莫門，[2]南臺云：[3]"應須白虎幡，[4]銀字棨。"[5]不肯開門。尚書左丞羊玄保奏免御史中丞傅隆以下，[6]曇首繼啓曰："既無墨敕，又闕幡棨，雖稱上旨，不異單刺。[7]元嘉元年、二年，[8]雖有再開門例，此乃前事之違。今之守舊，未爲非禮。但既據舊史，[9]應有疑却本末，曾無此狀，猶宜反咎其不請白虎幡、銀字棨，致門不時開，由尚書相承之失，亦合糾正。”上特無所問，更立科條。遷太子詹事，[10]侍中如故。

[1]北堂：明堂五室之一，在太室後，位於北方，故名。

[2]廣莫門：建康城北門。其名由原京師洛陽北門因襲而來。

[3]南臺：官署名。即御史臺。以在宮城西南，故稱。

[4]白虎幡：有白虎圖案的旗，作帝王詔令傳信之用。參見《隋書·禮儀志三》。

[5]銀字棨（qǐ）：銀色金屬棨戟，作帝王傳信之用。參見《隋書·禮儀志三》。棨，一種形似戟的木製儀仗。

[6]尚書左丞：官名。尚書省屬官，總領臺省庶務，位在右丞上。六品。　羊玄保：人名。太山南城（今山東平邑縣）人。本書卷五四有傳。　傅隆：人名。北地靈州（今寧夏靈武市北）人。本書卷五五有傳。

[7]單刺：一種信物，憑據。刺，名帖。

[8]元年、二年：宋本殘葉脱“元”字，弘治本、北監本、毛本、殿本、局本脱“元年”二字，中華本據《南史》、《元龜》卷四六〇、《御覽》卷三四一補。

[9]史：各本作“使”，中華本據《元龜》卷四六〇改。

[10]太子詹事：官名。掌太子府事務及官署，亦負輔翊教導之責。三品。

晦平後，上欲封曇首等，會讌集，舉酒勸之，因拊御牀曰：“此坐非卿兄弟，無復今日。”時封詔已成，出以示曇首，曇首曰：“近日之事，釁難將成，賴陛下英

明速斷，故罪人斯戮。臣等雖得仰憑天光，效其毫露，
豈可因國之災，以爲身幸。陛下雖欲私臣，當如直史
何？"上不能奪，故封事遂寢。時兄弘録尚書事，[1]又爲
揚州刺史，[2]曇首爲上所親委，任兼兩宮。彭城王義康
與弘並録，[3]意常怏怏，又欲得揚州，形於辭旨。以曇
首居中，分其權任，愈不悅。曇首固乞吳郡，[4]太祖曰：
"豈有欲建大廈而遺其棟梁者哉。賢兄比屢稱疾，固辭
州任，將來若相申許者，此處非卿而誰？亦何吳郡之
有。"時弘久疾，屢遜位，不許。義康謂賓客曰："王公
久疾不起，神州詎合臥治？"曇首勸弘減府兵力之半以
配義康，[5]義康乃悅。

[1]録尚書事：官名。總領尚書省事務，位在三公上。一品。

[2]揚州：治所在今江蘇南京市。

[3]彭城王：王爵名。王國在今江蘇徐州市。　義康：人名。
即劉義康。宋武帝四子，封彭城王。本書卷六八有傳。

[4]吳郡：治所在今江蘇蘇州市。

[5]兵力：各本並脫"力"字，中華本據《南史》補。

　　七年，卒。太祖爲之慟，中書舍人周赳侍側，[1]曰：
"王家欲衰，賢者先殞。"上曰："直是我家衰耳。"追
贈左光禄大夫，[2]加散騎常侍，詹事如故。九年，以預
誅羨之等謀，追封豫寧縣侯，[3]邑千户，謚曰文侯。[4]世
祖即位，[5]配饗太祖廟庭。子僧綽嗣，別有傳。[6]少子僧
虔，[7]昇明末，[8]爲尚書令。[9]

[1]中書舍人：官名。又稱中書通事舍人。中書省屬官，掌收納、封呈文書章奏。七品。　周起：人名。各本並作"周起"，中華本據《南史》，《元龜》卷二〇四、四六一改。按：本書卷六二《張敷傳》、卷六三《殷景仁傳》亦作"周起"。

[2]左光禄大夫：官名。多爲顯職加官，或賜老病致仕之官，佩金章紫綬，班與特進同。二品。

[3]豫寧縣侯：侯爵名。侯國在今江西武寧縣西。

[4]文：諡號。按《諡法》："經緯天地曰文。""道德博聞曰文。""學勤好問曰文。""慈惠愛民曰文。""愍民惠禮曰文。""賜民爵位曰文。"

[5]世祖：宋孝武帝劉駿廟號。即位於太初元年（453）。

[6]別有傳：見本書卷七一《王僧綽傳》。

[7]僧虔：人名。即王僧虔。《南齊書》卷三三有傳。

[8]昇明：宋順帝劉準年號（477—479）。

[9]尚書令：官名。尚書省長官，綜理臺省事務，參議大政，職比宰相。三品。

殷景仁，陳郡長平人也。[1]曾祖融，[2]晉太常。[3]祖茂，[4]散騎常侍、特進、左光禄大夫。父道裕，[5]蚤亡。

[1]陳郡：治所在今河南淮陽縣。　長平：縣名。在今河南西華縣東北。

[2]融：人名。即殷融。其事不詳。

[3]太常：官名。九卿之一，主祭祀社稷、宗廟和朝會、喪葬禮儀等。三品。

[4]茂：人名。即殷茂。其事不詳。中華本稱《南史》卷二七作"茂之"。

[5]道裕：人名。即殷道裕。其事不詳。

景仁少有大成之量，司徒王謐見而以女妻之。[1]初爲劉毅後軍參軍，[2]高祖太尉行參軍。[3]建議宜令百官舉才，以所薦能否爲黜陟。遷宋臺秘書郎，[4]世子中軍參軍，轉主簿，又爲驃騎將軍道憐主簿。[5]出補衡陽太守，[6]入爲宋世子洗馬，[7]仍轉中書侍郎。[8]景仁學不爲文，敏有思致，口不談義，深達理體，至於國典朝儀，舊章記注，莫不撰録，識者知其有當世之志也。高祖甚知之，遷太子中庶子。

[1]王謐：人名。晉琅邪臨沂人。《晉書》卷六五有傳。

[2]劉毅：人名。晉彭城沛人。《晉書》卷八五有傳。　後軍參軍：官名。後軍將軍屬官，掌參謀軍務，爲軍府諸曹之長。六品。

[3]行：官制用語。指官缺未補，暫由他官兼攝其事。

[4]秘書郎：官名。秘書省僚屬，掌藝文圖籍。六品。

[5]道憐：人名。即劉道憐。宋武帝中弟，封長沙王。本書卷五一有傳。

[6]衡陽：郡名。治所在今湖南湘潭市南。

[7]世子洗馬：官名。世子府屬官，掌圖籍經書，參贊受事，出則爲前驅，先馬而行。七品。世子，此指劉義符。

[8]中書侍郎：官名。中書省官員，掌草擬詔令，職任機要，頗清貴。五品。

少帝即位，入補侍中。累表辭讓，又固陳曰："臣志幹短弱，歷著出處。值皇塗隆泰，身荷恩榮，階牒推遷，日月頻積，失在饕餮，[1]患不自量。而奉聞今授，固守愚心者，竊惟殊次之寵，必歸器望；喉脣之任，非才莫居。三省諸躬，無以克荷，豈可苟順甘榮，不知進退，上虧朝舉，下貽身咎，求之公私，未見其可。顧涯審分，誠難庶幾，踰方越序，易以誡懼。所以俯仰周徨，無地寧處。若惠澤廣流，蘭艾同潤，[2]回改前旨，賜以降階，雖實不敏，敢忘循命。臣迕違之愆，既已屢積，寧當徒尚浮采，塵黷天聽。丹情悾款，仰希照察。」詔曰：「景仁退挹之懷，有不可改，除黃門侍郎，以申君子之請。」尋領射聲。[3]頃之，轉左衛將軍。

[1]饕（tāo）餮（tiè）：惡獸名。鐘鼎彝器多用其形爲飾。又喻貪殘。《淮南子・兵略訓》：「貪昧饕餮之人殘賊。」此爲自謙之辭。

[2]蘭艾：蘭草和艾草，喻君子和小人或貴賤美惡。

[3]射聲：官名。即射聲校尉。侍衛武官，隸中領軍，不領兵，多以安置勳舊武臣。四品。

太祖即位，委遇彌厚，俄遷侍中，左衛如故。時與侍中右衛將軍王華、侍中驍騎將軍王曇首、侍中劉湛四人，並時爲侍中，俱居門下，皆以風力局幹，[1]冠冕一時。同升之美，近代莫及。元嘉三年，車駕征謝晦，司徒王弘入居中書下省，[2]景仁長直，共掌留任。晦平，代到彥之爲中領軍，侍中如故。

[1]風力：風骨、氣節。　局幹：氣量、才能。
[2]中書下省：官署名。中書省辦事機構，地近機要。

太祖所生章太后早亡，[1]上奉太后所生蘇氏甚謹。

六年，蘇氏卒，車駕親往臨哭，下詔曰："朕夙罹偏罰，[2]情事兼常，每思有以光隆懿戚，少申罔極之懷。[3]而禮文遺逸，取正無所，監之前代，用否又殊，故惟疑累年，在心未遂。蘇夫人奄至傾殂，情禮莫寄，追思遠恨，與事而深。日月有期，將卜窀穸，[4]便欲粗依《春秋》以貴之義，[5]式遵二漢推恩之典。[6]但動藉史筆，傳之後昆，稱心而行，或容未允。可時共詳論，以求其中。執筆永懷，益增感塞。"景仁議曰："至德之感，[7]靈啓厥祥，文母俔天，[8]實熙皇祚。主上聿遵先典，號極徽崇，以貴之義，禮盡於此。蘇夫人階緣戚屬，情以事深，寒泉之思，[9]實感聖懷，明詔爰發，詢求厥中。謹尋漢氏推恩加爵，于時承秦之弊，儒術蔑如，自君作故，罔或前典，懼非盛明所宜軌蹈。晉監二代，朝政之所因，君舉必書，哲王之所慎。體至公者，懸爵賞於無私，奉天統者，每屈情以申制。所以作孚萬國，貽則後昆。臣豫蒙博逮，謹露庸短。"上從之。

[1]章太后：事見本書卷四一《武帝胡婕妤傳》。

[2]偏罰：父母一方去世。駱賓王《靈泉頌序》："幼丁偏罰，早喪慈親。"

[3]罔極：無窮盡。《詩·小雅·蓼莪》："昊天罔極。"

[4]窀（zhūn）穸（xī）：墓穴，埋葬。《左傳》襄公十三年："唯是春秋窀穸之事。"

[5]《春秋》以貴之義：即母以子貴之義。指《春秋》中對諸侯尊敬母族等事的推崇和記載。參見《公羊傳》隱公元年。

[6]二漢推恩：指兩漢帝王給母后之族推廣封贈之事。推恩，帝王向臣屬推廣封贈，以示恩典。

[7]至德：最高尚的美德。《論語·泰伯》：“泰伯其可謂至德也已矣。”

[8]文母：文德之母，對后妃的尊稱。《詩·周頌·邕》：“既右烈考，亦右文母。”　倩（qiàn）天：天上的仙子，亦專指皇后。《詩·大雅·大明》：“大邦有子，倩天之妹。”

[9]寒泉：喻子女孝敬父母。《詩·邶風·凱風》：“爰有寒泉，在浚之下。有子七人，母氏勞苦。”

　　丁母憂，葬竟，起爲領軍將軍，[1]固辭。上使綱紀代拜，[2]遣中書舍人周赳輿載還府。九年，服闋，遷尚書僕射。[3]太子詹事劉湛代爲領軍，與景仁素善，皆被遇於高祖，俱以宰相許之。湛尚居外任，會王弘、華、曇首相係亡，[4]景仁引湛還朝，共參政事。湛既入，以景仁位遇本不踰己，而一旦居前，意甚憤憤。知太祖信仗景仁，不可移奪，乃深結司徒彭城王義康，欲倚宰相之重以傾之。十二年，景仁復遷中書令、護軍，[5]僕射如故。尋復以僕射領吏部，護軍如故。湛愈忿怒。義康納湛言，毀景仁於太祖。太祖遇之益隆。景仁對親舊嘆曰：“引之令入，入便噬人。”乃稱疾解職，表疏累上，不見許，使停家養病。發詔遣黃門侍郎省疾。湛議遣人若劫盜者於外殺之，以爲太祖雖知，當有以，終不能傷至親之愛。上微聞之，遷景仁於西掖門外晉鄱陽主第，[6]以爲護軍府，密邇宮禁，故其計不行。

[1]領軍將軍：官名。禁衛軍統帥，掌禁衛軍及京師諸軍。三品。

[2]綱紀：官名。即主簿。《文選》傅亮《爲宋公修張良廟教》

李善注："綱紀，謂主簿也。教，主簿宣之，故曰綱紀，猶今詔書稱門下也。"

[3]尚書僕射：官名。尚書省官員，佐令執行政務，參議大政，諫諍得失，監察糾彈百官。三品。

[4]會王弘、華、曇首相係亡：丁福林《校議》據本書卷五《文帝紀》，《建康實録》卷一二，《通鑑》卷一二〇、一二二考證，王弘於時尚未亡，故此文"王"後衍"弘"字，應刪。

[5]中書令：官名。中書省長官之一，掌收納章奏，草擬及發布皇帝詔令等。三品。　護軍：丁福林《校議》據本書卷五《文帝紀》考證，此處之"護軍"及下句之"護軍"均爲"中護軍"之誤。

[6]西掖門：在宫城西側，近處有中書省等官署。　鄱陽主：即鄱陽公主或鄱陽長公主。晋簡文帝女，適宰相王導孫王嘏。參見《晋書》卷三二《后妃傳下》及卷六五《王導傳》。鄱陽爲其封地，在今江西鄱陽縣北。


　　景仁卧疾者五年，雖不見上，而密表去來，日中以十數，朝政大小，必以問焉，影迹周密，莫有窺其際者。收湛之日，景仁使拂拭衣冠。寢疾既久，左右皆不曉其意。其夜，上出華林園延賢堂召景仁，[1]猶稱脚疾，小牀輿以就坐，誅討處分，一皆委之。


[1]華林園：宫苑名。初建於三國吴，在今江蘇南京市雞鳴山南古臺城内。


　　代義康爲揚州刺史，僕射領吏部如故。遣使者授印綬，主簿代拜，拜畢，便覺其情理乖錯。性本寬厚，而忽更苛暴，問左右曰："今年男婚多？女嫁多？"是冬大雪，景仁乘輿出聽事觀望，忽驚曰："當閤何得有大樹？"既而曰："我誤邪？"疾轉篤。太祖謂不利在州司，使還住僕射下省，[1]爲州凡月餘卒。或云見劉湛爲祟。時年五十一，追贈侍中、司空，本官如故。謚曰文成公。[2]

[1]下省：官署名。尚書僕射等官署，因地處尚書省臺之下，故名。

[2]文成：謚號。按《謚法》："安民立政曰成。"

上與荆州刺史衡陽王義季書曰：[1]"殷僕射疾患少日，奄忽不救。其識具經遠，奉國竭誠，周游繾綣，[2]情兼常痛。民望國器，遇之爲難，愴嘆之深，不能已已。汝亦同不？往矣如何！"世祖大明五年，[3]行幸經景仁墓，[4]詔曰："司空文成公景仁德量淹正，風識明允，徽績忠謨，夙達先照，惠政茂譽，實留民屬。近瞻丘壠，感往興悼，可遣使致祭。"

[1]衡陽王：王爵名。王國在今湖南湘潭市西南。　義季：人名。即劉義季。宋武帝少子。本書卷六一有傳。

[2]繾（qiǎn）綣（quǎn）：情意深厚，牢結不散。《詩·大雅·民勞》："無縱詭隨，以謹繾綣。"

[3]大明：宋孝武帝劉駿年號（457—464）。

[4]景仁墓：在江乘縣，即今江蘇南京市東北。

子道矜，幼而不慧，官至太中大夫。[1]道矜子恒，太宗世爲侍中，度支尚書，[2]屬父疾積久，爲有司所奏。

詔曰：“道矜生便有病，無更橫疾。恒因愚習惰，久妨清序，<sup>[3]</sup>可降爲散騎常侍。”

[1]太中大夫：官名。無職事，多以安置老疾退免大臣。七品。

[2]度支尚書：官名。尚書省度支曹長官，掌軍國財賦收支會計及事役漕運物價屯田政令等事。三品。

[3]清序：清顯的仕宦順序。按：當時仕宦以職務不同有清濁之分，出任清官者多爲世族子弟，爲安排吏員而經常遷轉。

沈演之字臺真，吳興武康人也。<sup>[1]</sup>高祖充，<sup>[2]</sup>晋車騎將軍、吳國内史。<sup>[3]</sup>曾祖勁，<sup>[4]</sup>冠軍陳祐長史，<sup>[5]</sup>戌金墉城。<sup>[6]</sup>爲鮮卑慕容恪所陷，<sup>[7]</sup>不屈節，見殺，追贈東陽太守。<sup>[8]</sup>祖赤黔，廷尉卿。<sup>[9]</sup>父叔任，少有幹質，<sup>[10]</sup>初爲揚州主簿，高祖太尉參軍，吳、山陰令，<sup>[11]</sup>治皆有聲。朱齡石伐蜀，<sup>[12]</sup>爲齡石建威府司馬，<sup>[13]</sup>加建威將軍。平蜀之功，亞於元帥，即本號爲西夷校尉、巴西梓潼郡太守，<sup>[14]</sup>戌涪城。<sup>[15]</sup>東軍既反，二郡强宗侯勘、羅奥聚衆作亂，<sup>[16]</sup>四面雲合，遂至萬餘人，攻城急。叔任東兵不滿五百，推布腹心，衆莫不爲用，出擊大破之，逆黨皆平。高祖討司馬休之，<sup>[17]</sup>齡石遣叔任率軍來會。時高祖領鎮西將軍，命爲司馬。及軍還，以爲揚州別駕從事史。<sup>[18]</sup>以平蜀全涪之功，封寧新縣男，<sup>[19]</sup>食邑四百四十户。出爲建威將軍、益州刺史，<sup>[20]</sup>以疾還都。義熙十四年，<sup>[21]</sup>卒，時年五十。長子融之，蚤卒。

[1]吳興：郡名。治所在今浙江湖州市吳興區南下菰城。　武

康：縣名。治所在今浙江德清縣西。

　　[2]充：人名。即沈充。《晋書》卷九八有附傳。

　　[3]吴國：郡國名。治所在今江蘇蘇州市。

　　[4]勁：人名。即沈勁。《晋書》卷八九有傳。

　　[5]陳祐：人名。東晋哀帝時洛陽守將，後因城陷出奔。事見《晋書》卷九八《桓温傳》。

　　[6]金墉城：宫城名。在今河南洛陽市東北漢魏故城遺址内。

　　[7]鮮卑：少數民族名。主要活動於十六國北朝時期。　慕容恪：人名。十六國前燕名將。《晋書》卷一一一有載記。

　　[8]東陽：郡名。治所在今浙江金華市。

　　[9]廷尉卿：官名。即廷尉。九卿之一，最高司法長官。三品。

　　[10]幹質：幹練的資質。指辦事才能、素質。

　　[11]吴：縣名。治所在今江蘇蘇州市。　山陰：縣名。治所在今浙江紹興市。

　　[12]朱齡石伐蜀：事在晋安帝義熙八年（412）。參見《晋書》卷一〇《安帝紀》。朱齡石，人名。沛人。本書卷四八有傳。

　　[13]建威府司馬：官名。建威將軍府屬官，掌參贊軍務，管理府内武職。七品。建威，官名。建威將軍省稱。五威將軍之一，領兵之官。四品。

　　[14]西夷校尉：官名。掌益州少數民族事務，持節統兵。四品。　巴西：郡名。治所在今四川綿陽市東北。　梓潼：郡名。治所與巴西郡同。

　　[15]涪城：地名。在今四川綿陽市涪城區東北。

　　[16]侯勘：人名。其事不詳。　羅奥：人名。巴西郡豪强。事亦見於本書卷六五《劉道産傳》。

　　[17]討司馬休之：事在晋安帝義熙十一年（415）。參見本書卷二《武帝紀中》。司馬休之，人名。晋宗室。《晋書》卷三七有附傳。

　　[18]別駕從事史：官名。即別駕。州佐吏，居州吏之右，與治

中同爲州上佐，事無不統，兼掌吏員選舉。六品。

　　[19]寧新縣男：男爵名。封邑在今廣西蒼梧縣東南。

　　[20]益州：治所在今四川成都市。

　　[21]義熙：晋安帝司馬德宗年號（405—418）。

　　演之年十一，尚書僕射劉柳見而知之，[1]曰："此童終爲令器。"[2]家世爲將，而演之折節好學，讀《老子》日百遍，[3]以義理業尚知名。襲父別爵吉陽縣五等侯。[4]郡命主簿，州辟從事史，西曹主簿，[5]舉秀才，嘉興令，[6]有能名。入爲司徒祭酒，[7]南譙王義宣左軍主簿，[8]錢唐令，[9]復有政績。復爲司徒主簿。丁母憂。起爲武康令，固辭不免，到縣百許日，稱疾去官。服関，除司徒左西掾，[10]州治中從事史。元嘉十二年，東諸郡大水，民人饑饉，吳義興及吳郡之錢唐，[11]升米三百。以演之及尚書祠部郎江邃並兼散騎常侍，[12]巡行拯恤，許以便宜從事。演之乃開倉廩以賑饑民，民有生子者，口賜米一斗，刑獄有疑枉，悉制遣之，百姓蒙賴。

　　[1]劉柳：人名。南陽涅陽（今河南鄧州市東）人。《晋書》卷六一有附傳。

　　[2]令器：優秀人才。令，善，美好。《晋書》卷三三《石苞傳》："儁字彦倫，少有名譽，議者稱爲令器。"

　　[3]讀《老子》日百遍：《南史》卷三六《沈演之傳》作"讀《老子》百遍"，甚是。

　　[4]吉陽縣五等侯：侯爵名。侯國在今湖北竹溪縣西。五等侯，侯爵之一，用以封賞有功將領，不食封。

　　[5]西曹：官署名。公府諸曹之一，掌屬用府吏事。

[6]嘉興：縣名。治所在今浙江嘉興市南。

[7]司徒祭酒：官名。司徒府屬官，掌府中文教事宜。七品。

[8]南譙王：王爵名。王國在今安徽巢湖市居巢區東南。 義宣：人名。即劉義宣。宋武帝子，封南譙王。本書卷六八有傳。左軍主簿：官名。左軍將軍屬官，綜理府中文書簿籍，經辦事務。七品。

[9]錢唐：縣名。治所在今浙江杭州市東南。

[10]司徒左西掾：官名。司徒府左西曹長官，多以文士充任。西，北監本、毛本、殿本、局本作“司”，中華本據《元龜》卷二一三、六六二改。

[11]義興：郡名。治所在今江蘇宜興市南。

[12]尚書祠部郎：官名。尚書省祠部曹長官，掌宗廟祭祀及禮樂制度等，多以明禮通儒充任。六品。 江邃：人名。濟陽考城（今河南民權縣）人。事見本卷。

　　轉別駕從事史，領本郡中正，[1]深爲義康所待，故在府州前後十餘年。後劉湛、劉斌等結黨，[2]欲排廢尚書僕射殷景仁，演之雅仗正義，與湛等不同，湛因此讒之於義康。嘗因論事不合旨，義康變色曰：“自今而後，我不復相信！”演之與景仁素善，盡心於朝庭，太祖甚嘉之，以爲尚書吏部郎。[3]

[1]中正：官名。評定世族內部等級的官員，設立於郡，多由本郡有聲望的人士充任。

[2]劉斌：人名。南陽涅陽人。事見本書卷六八《彭城王義康傳》。斌，各本並作“威”，中華本據《南史》改。

[3]尚書吏部郎：官名。尚書省吏部曹長官，亦稱郎中，位在侍郎下，主管吏銓選及調動等事務，地位高於省內諸曹郎。六品。

十七年，義康出藩，[1]誅湛等，以演之爲右衛將軍。景仁尋卒，乃以後軍長史范曄爲左衛將軍，[2]與演之對掌禁旅，同參機密。二十年，遷侍中，右衛將軍如故。太祖謂之曰：“侍中領衛，望實優顯，此蓋宰相便坐，卿其勉之。”上欲伐林邑，[3]朝臣不同，唯廣州刺史陸徽與演之贊成上意。[4]及平，賜群臣黃金、生口、銅器等物，演之所得偏多。上謂之曰：“廟堂之謀，卿參其力，平此遠夷，未足多建茅土。俟廓清京都，[5]鳴鸞東岱，[6]不憂河山不開也。”二十一年，詔曰：“總司戎政，翼贊東朝，惟允之舉，匪賢莫授。侍中領右衛將軍演之，清業貞審，器思沈濟。右衛將軍曄，[7]才應通敏，理懷清要。並美彰出內，誠亮在公，能克懋厥猷，樹績所茝。演之可中領軍，曄可太子詹事。”曄懷逆謀，演之覺其有異，言之太祖，曄尋事發伏誅。遷領國子祭酒，[8]本州大中正，[9]轉吏部尚書，領太子右衛率。[10]雖未爲宰相，任寄不異也。

[1]出藩：離開中朝出任藩鎮職務。指義康於當年由大將軍、錄尚書出任刺史事。參見本書卷五《文帝紀》及卷六八《彭城王義康傳》。

[2]范曄：人名。順陽人。本書卷六九有傳。

[3]林邑：南海古國名。在今越南中南部。

[4]陸徽：人名。吳郡吳人。本書卷九二有傳。

[5]俟廓清京都：等到收復洛陽。俟，各本並脫，中華本據《元龜》卷四六一補。

[6]鳴鸞：繫在馬勒上的鸞鈴。此指天子出行。　東岱：地區

名。指東岳泰山所在今山東地區。

[7]右衞將軍曄：丁福林《校議》據本書《文帝紀》、卷六九《范曄傳》考證，時范曄任左衞將軍，此言"右衞將軍"誤。

[8]國子祭酒：官名。掌教授國子儒學，主管國子學，參議禮制，隸太常。四品。

[9]大中正：官名。評定世族內部等級的官員，設於州，多以家於本地的高官兼任。

[10]太子右衞率：官名。掌宿衞東宮，亦任征伐，位在左衞率下。五品。

素有心氣，疾病歷年，上使臥疾治事。性好舉才，申濟屈滯，而謙約自持。上賜女伎，不受。二十六年，車駕拜京陵，[1]演之以疾不從。上還宮，召見，自勉到坐，出至尚書下省，暴卒，時年五十三。太祖痛惜之，追贈散騎常侍、金紫光禄大夫，[2]謚曰貞侯。[3]

[1]京陵：皇陵名。一名興寧陵，在今江蘇南京市雞鳴山。東晉成帝司馬衍曾葬於此。

[2]金紫光禄大夫：官名。光禄大夫加金章紫綬者，班與特進同，多爲年老朝臣加官。二品。

[3]貞：謚號。按《謚法》："清白守節曰貞。""大慮克就曰貞。""不隱無屈曰貞。"

演之昔與同使江邃字玄遠，濟陽考城人。[1]頗有文義。官至司徒記室參軍，[2]撰《文釋》，[3]傳於世。

[1]濟陽：郡名。治所在今河南蘭考縣。 考城：縣名。治所在今河南民權縣東北。

[2]記室參軍：官名。又稱記室。記室曹長官，掌文疏表奏。品級七至九不等。

[3]《文釋》：書名。《新唐書·藝文志》作"《釋文》十卷"。《隋書》及新、舊《唐書·經籍志》《藝文志》均收錄該書，又《隋書·經籍志四》收其《雜詩》七十九卷。

演之子睦，至黃門郎，通直散騎常侍。[1]世祖大明初，坐要引上左右俞欣之訪評殿省内事，[2]又與弟西陽王文學勃忿鬩不睦，[3]坐徙始興郡，[4]勃免官禁錮。

[1]通直散騎常侍：官名。散騎省屬官，職同散騎常侍，參平尚書事，並掌諷諫、侍從，多以衰老人士充任，或作加官。五品。

[2]俞欣之：人名。本書僅此一見，其事不詳。

[3]西陽王：王爵名。王國在今湖北黃岡市黃州區東南。此西陽王即劉子尚，宋孝武帝子。本書卷八〇有傳。

[4]始興：郡名。治所在今廣東韶關市東南蓮花嶺下。

勃好爲文章，善彈琴，能圍棋，而輕薄逐利。歷尚書殿中郎。[1]太宗泰始中，爲太子右衛率，加給事中。[2]時欲北討，使勃還鄉里募人，多受貨賄。上怒，下詔曰："沈勃琴書藝業，口有美稱，而輕躁耽酒，幼多罪愆。比奢淫過度，妓女數十，聲酣放縱，無復劑限。自恃吳興土豪，比門義故，[3]脅說士庶，告索無已。又輒聽募將，委役還私，託注病叛，[4]遂有數百。周旋門生，競受財貨，少者至萬，多者千金，考計贓物，二百餘萬，便宜明罰敕法，以正典刑。故光禄大夫演之昔受深遇，忠績在朝，尋遠矜懷，能無弘律，可徙勃西垂，令一思愆悔。”於是徙付梁州。[5] 廢帝元徽初，[6] 以例得還。結事阮佃夫、王道隆等，[7] 復爲司徒左長史。爲廢帝所誅。順帝即位，[8] 追贈本官。

[1]尚書殿中郎：官名。尚書省殿中曹長官，掌宮殿禁衛、車馬及倉庫等事。六品。

[2]給事中：官名。給事宮中，常侍左右，備顧問應對，多爲加官。位在散騎下、給事黃門上。五品。

[3]義故：受有舊恩的故舊吏員。《世說新語·德行》：“渾薨，所歷九郡義故，懷其德惠。”

[4]託注病叛：假托有病或叛逃。此指有關人員在户籍登記時的作弊行爲。

[5]梁州：治所在今陝西漢中市。

[6]廢帝：即後廢帝劉昱。本書卷九有紀。

[7]阮佃夫：人名。會稽諸暨（今浙江諸暨市）人。本書卷九四有傳。　王道隆：人名。吳興烏程（今浙江湖州市）人。本書卷九四有傳。

[8]順帝：即劉準。

　　勃弟統，大明中爲著作佐郎。[1] 先是，五省官所給幹僮，[2] 不得雜役。太祖世，坐以免官者，前後百人。[3] 統輕役過差，有司奏免。世祖詔曰：“自頃幹僮，多不祗給，主可量聽行杖。”得行幹杖，自此始也。

[1]著作佐郎：官名。秘書省屬官，協助著作郎修撰國史及起居注。六品。

[2]五省官：在尚書、門下、集書、中書、秘書五省擔任官職的人。　幹僮：在官府服雜役的人。

[3]百人:《元龜》卷一九一作"數百人"。

演之兄融之子暢之,襲寧新縣男。大明中,爲海陵王休茂北中郎諮議參軍,[1]爲休茂所殺,追贈黄門郎。子曄嗣,齊受禪,國除。

[1]海陵王:王爵名。王國在今江蘇泰州市海陵區。　休茂:人名。即劉休茂。宋文帝子。本書卷七九有傳。　北中郎:官名。即北中郎將。掌率師征伐,多兼領徐兗等州刺史,以宗室出任。

史臣曰:元嘉初,誅滅宰相,蓋王華、孔甯子之力也。彼群公義雖往結,恩實今疏,而任即曩權,意非昔主,居上六之窮爻,[1]當來寵之要轍,顛覆所基,非待他釁,況於廢殺之重,其隙易乘乎!夫殺人而取其璧,不知在己興累;傾物而移其寵,不忌自我難持。若二子永年,亦未知來禍所止也。有能戒彼而悟此,則所望於來哲。

[1]居上六之窮爻:意爲窮困之地。上六,《易》卦中的爻名,指第六位陰爻。《易・坤卦》:"上六,龍戰于野,其血玄黄。《象》曰:龍戰于野,其道窮也。"昭槤《嘯亭雜録・解易占》:"上命李文貞公占易,得《復》之上六,文貞變色。"

# 宋書　卷六四

# 列傳第二十四

# 鄭鮮之　裴松之　何承天

　　鄭鮮之，字道子，滎陽開封人也。[1]高祖渾，[2]魏將作大匠。[3]祖襲，[4]大司農。[5]父遵，[6]尚書郎。[7]襲初爲江乘令，[8]因居縣境。

　　[1]滎陽：郡名。治所在今河南滎陽市。　開封：縣名。治所在今河南開封市。

　　[2]高祖渾：中華本引張森楷《校勘記》曰："鮮之去鄭渾且二百年，以尋常世數計之，當在六世之外。此云高祖，於事不合。"渾，人名。即鄭渾。《三國志》卷一六有傳。

　　[3]將作大匠：官名。掌領徒隸修建宮室宗廟陵寢及其他土木工程。三品。

　　[4]祖襲：各本"祖"上有"曾"字，中華本據《南史》、《元龜》卷九九八删。孫彪《考論》云："《南史》無曾字。下文求省曾祖墓，《南史》云曾祖江州長史哲墓。"襲，人名。即鄭襲。其事不詳。

[5]大司農：官名。掌倉儲園苑及供膳事務。三品。

[6]遵：人名。即鄭遵。本書僅此一見，其事不詳。

[7]尚書郎：官名。又稱尚書郎中。尚書諸郎曹長官，隸列曹尚書，分曹執政。六品。

[8]江乘：縣名。治所在今江蘇句容市東北。

　　鮮之下帷讀書，[1]絕交游之務。初爲桓偉輔國主簿。[2]先是，兗州刺史滕恬爲丁零翟遼所没，[3]屍喪不反，恬子羨仕宦不廢，[4]議者嫌之。桓玄在荆州，[5]使群僚博議，鮮之議曰：

[1]下帷：放下挂在門窗上的簾幕。意即閉門讀書。

[2]桓偉：人名。譙國龍亢（今安徽懷遠縣）人。《晋書》卷九八有附傳。　輔國主簿：官名。輔國將軍屬官，典領軍府文書簿籍，經辦事務。六品。

[3]兗州：治所在今山東兗州市。　滕恬：人名。《晋書》作“滕恬之”，爲丁零攻陷事在太元十一年（386）。　丁零：古代族名。又稱鐵勒、高車，主要活動在今内蒙古、新疆一帶。　翟遼：人名。丁零首領。事見《晋書》卷一二三《慕容垂載記》、卷九《孝武帝紀》。

[4]羨：人名。即滕羨。其事不詳。

[5]桓玄：人名。譙國龍亢人。《晋書》卷九九有傳。　荆州：治所在今湖北荆州市荆州區。

　　名教大極，[1]忠孝而已，至乎變通抑引，每事輒殊，本而尋之，皆是求心而遺跡。跡之所乘，遭遇或異。故聖人或就跡以助教，或因跡以成罪，屈申與奪，難可等齊，舉其阡陌，[2]皆可略言矣。天

可逃乎？而伊尹廢君；<sup>[3]</sup>君可脅乎？而鬻權見善；<sup>[4]</sup>
忠可愚乎？而箕子同仁。<sup>[5]</sup>自此以還，殊實而齊聲，
異譽而等美者，不可勝言。而欲令百代之下，聖典
所闕，正斯事於一朝，豈可易哉！

[1]名教：以正名定分爲中心的儒家禮教。　大極：最高準則。

[2]阡陌：南朝人習用語，即大概之意。

[3]伊尹廢君：指伊尹放太甲事。參見《尚書》之《伊訓》
《太甲》等篇。伊尹，人名。商初宰相。

[4]鬻權見善：指春秋楚大夫鬻權强諫楚文王事。參見《左
傳》莊公十九年。權，又作"拳"。

[5]箕子同仁：指箕子在商末諫紂王不用，佯狂以免，與比干、
微子並稱爲"三仁"事。參見《史記》卷三《殷本紀》。

　　然立言明理，以古證今，當使理厭人情。如滕
羨情事者，或終身隱處，不關人事；或昇朝理務，
無譏前哲。通滕者則以無譏爲證，塞滕者則以隱處
爲美。折其兩中，則異同之情可見矣。然無譏前哲
者，厭情之謂也。若王陵之母，見烹於楚，<sup>[1]</sup>陵不
退身窮居，終爲社稷之臣，非爲榮也。鮑勛蹇諤魏
朝，<sup>[2]</sup>亡身爲效，觀其志非貪爵也。凡此二賢，非
滕之諭。夫聖人立教，猶云"有禮無時，君子不
行"。有禮無時，政以事有變通，不可守一故耳。
若滕以此二賢爲證，則恐人人自賢矣。若不可人人
自賢，何可獨許其證。譏者兼在於人，不但獨證其
事。漢、魏以來，記闕其典，尋而得者無幾人。至

乎大晉中朝及中興之後，楊臻則七年不除喪，[3]三十餘年不關人事，溫公則見逼於王命，[4]庾左丞則終身不著袷，高世遠則爲王右軍、何驃騎所勸割，[5]無有如縢之易者也。若以縗麻非爲哀之主，[6]無所復言矣。文皇帝以東關之役，[7]尸骸不反者，制其子弟，不廢婚宦。明此，孝子已不自同於人倫，有識已審其可否矣。若其不爾，居宗輔物者，但當即聖人之教，何所復明制於其間哉！及至永嘉大亂之後，[8]王敦復申東關之制於中興，[9]原此是爲國之大計，非謂訓範人倫，盡於此也。

[1]王陵：人名。秦漢之際沛人，初附項羽，後歸劉邦。項羽取其母欲招降之，母伏劍死，項羽怒而烹之。《漢書》卷四〇有傳。　　楚：即楚霸王項羽。

[2]鮑勛：人名。三國泰山平陽（今山東新泰市）人，仕魏爲御史中丞，以忠直敢言不容於朝，爲魏文帝所殺，世人冤之。《三國志》卷一二有傳。　　蹇（jiǎn）諤（è）：亦作“蹇諤”“蹇愕”“蹇鄂”，忠直敢言。《文選》馬融《長笛賦》：“不占成節鄂。”李善注：“《字林》曰：‘鄂，直言也。’謂節操蹇鄂而不怯懦也。”

[3]楊臻：人名。本書僅此一見，其事不詳。

[4]溫公則見逼於王命：指溫嶠欲北歸葬母，爲晉元帝所挽留事。溫公，即溫嶠。晉太原祁（今山西祁縣）人。《晉書》卷六七有傳。

[5]高世遠：人名。本書僅此一見，其事不詳。　　王右軍：即王羲之。晉琅邪臨沂人，官至右軍將軍。《晉書》卷八〇有傳。何驃騎：即何充。晉廬江灊（今安徽霍山縣）人，官至驃騎將軍。《晉書》卷七七有傳。按：王、何二傳均不載對高世遠“勸割”

之事。

[6] 縗麻：喪服名。縗，綴於胸前的麻布條，臣爲君、子爲父、妻爲夫服三年之喪時使用，爲"五服"中之較重者。

[7] 文皇帝：晋朝爲司馬昭所上謚號。按《謚法》："慈惠愛民曰文。" 東關之役：指司馬昭於嘉平四年（252）率衆伐吴大敗於東關事。參見《晋書》卷二《文帝紀》。東關，今安徽無爲縣北。

[8] 永嘉：晋懷帝司馬熾年號（307—313）。

[9] 王敦：人名。晋琅邪臨沂人。《晋書》卷九八有傳。 中興：指晋元帝在江東重建晋朝事，所建王朝稱東晋。

　　何以言之？父讎明不同戴天日，而爲國不可許復讎，此自以法奪情，即是東關、永嘉之喻也。何妨綜理王務者，布衣以處之。明教者自謂世非横流，凡士君子之徒，無不可仕之理，而雜以情譏，謂宜在貶裁耳。若多引前事以爲通證，則孝子可顧法而不復讎矣。文皇帝無所立制於東關，王敦無所明之於中興。每至斯會，輒發之於宰物，是心可不喻乎！

　　且夫求理當先以遠大，若滄海横流，家國同其淪溺，若不仕也，則人有餘力。人有餘力，則國可至乎亡，家可至乎滅。當斯時也，匹婦猶亡其身，況大丈夫哉！既其不然，天下之才，將無所理。滕但當盡《陟岵》之哀，[1] 擬不仕者之心，何爲證喻前人，以自通乎？且名爲大才之所假，而小才之所榮，榮與假乘常，已有慚德，無欣工進，何有情事乎？若其不然，則工進無欣，何足貴於千載之上邪！苟許小才榮其位，則滕不當顧常疑以自居乎。所謂柳下惠則可，我則不可也。[2]

[1]《陟岵》：《詩·國風·魏風》篇名，爲思親之詩。曰："陟彼岵兮，瞻望父兮。"

[2]柳下惠則可，我則不可也：語出《孔子家語》卷二《好生》：魯人在暴風雨之夜，因堅持男女不六十不同居，而拒絕寡婦避雨。寡婦讓他學習柳下惠，魯人曰："柳下惠則可，吾固不可。"意爲沒有那麼高的道德修養，就要以禮制來約束自己。柳下惠，名展禽，春秋時魯國大夫，食邑柳下。

且有生之所宗者聖人，聖人之爲教者禮法，即心而言，則聖人之法，不可改也。而秦以郡縣治天下，莫之能變；漢文除肉刑，莫之能復。彼聖人之爲法，猶見改於後王，況滕賴前人，而當必通乎？若人皆仕，未知斯事可俟後聖與不？況仕與不仕，各有其人，而不仕之所引，每感三年之下。[1]見議者弘通情紀，每傍中庸，又云若許譏滕，則恐亡身致命之仕，以此而不盡。何斯言之過與！夫忠烈之情，初無計而後動。若計而後動，則懼法不盡命。若有不盡，則國有常法。故古人軍敗於外，而家誅於內。苟忠發自內，或懼法於外，復有踟躕顧望之地邪！[2]若有功不賞，有罪不誅，可致斯喻耳。無有名教翼其子弟，而子弟不致力於所天。不致力於所天，則王經忠不能救主，[3]孝不顧其親，是家國之罪人耳，何所而稱乎？夫恩宥十世，非不隆也；

功高賞厚，非不報也。若國憲無負於滕恬，則羨之通塞，自是名教之所及，豈是勸沮之本乎？

[1]三年：即三年之喪。古代禮制規定，凡君主、父親、丈夫去世後，臣下或兒子、妻子均應服三年之喪，以示哀悼。參見《禮記·喪禮》。

[2]踟躕：來回走動。《詩·邶風·静女》：“愛而不見，搔首踟躕。”

[3]王經：人名。三國魏清河人。事見《三國志》卷九《諸夏侯曹傳》。

議者又以唐虞邈矣，[1]孰知所歸，尋言求意，將所負者多乎。後漢亂而不亡，前史猶謂數公之力。[2]魏國將建，荀令君正色異議，[3]董昭不得枕蘇則之膝，[4]賈充受辱於庾純。[5]以此而推，天下之正義，終自傳而不没，何爲發斯嘆哉！若以時非上皇，便不足復言多者，則夷、齊於爽、望，[6]子房於四人，[7]亦無所復措其言矣。至於陳平默順避禍，[8]以權濟屈，皆是衛生免害，非爲榮也。滕今生無所衛，鞭塞已冥，義安在乎？昔陳壽在喪，[9]使婢丸藥，見責鄉閭；阮咸居哀，[10]騎驢偷婢，身處王朝。豈可以阮獲通於前世，便無疑於後乎！且賢聖抑引，皆是究其始終，定其才行。故雖事有驚俗，而理必獲申。郤詵葬母後園，[11]而身登宦，所以免責，以其孝也。日磾殺兒無譏，[12]以其忠也。今豈可以二事是忠孝之所爲，便可許殺兒葬母後園乎？不可明矣。既其不可，便當究定滕之才行，無所多辯也。

[1]唐虞：即唐堯和虞舜的合稱，傳説中的帝王。　邈：久遠。

[2]前史：關於後漢歷史的書籍，如《東觀漢記》等。時范曄《後漢書》尚未問世。

[3]荀令君：即荀彧。後漢潁川潁陰（今河南許昌市）人，曹操謀士，因反對曹操進爵魏公，引起曹操不滿而致憂死。《三國志》卷一〇有傳。令君，荀彧曾官至尚書令。

[4]董昭：人名。三國魏濟陰定陶人。《三國志》卷一四有傳。
蘇則：人名。三國魏扶風武功人。《三國志》卷一六有傳。傳稱其曾與董昭同爲侍中，董昭嘗枕其膝卧，其斥昭爲佞臣而推下之，以此見稱。

[5]賈充：人名。晋平陽襄陵人。《晋書》卷四〇有傳。　庾純：人名。晋潁川鄢陵人，官至少府，曾因譏諷賈充而免官。《晋書》卷五〇有傳。

[6]夷、齊：即伯夷、叔齊。商末賢人，與召公奭、太公望同時，因反對武王滅商，不食而死。參見《史記》卷六一《伯夷列傳》。　奭、望：即召公奭、太公望。輔佐周武王滅商的名臣。《史記》卷三二、三四各有其世家。

[7]子房：人名。即張良。潁川城父人。《史記》卷五五有世家。　四人：即商山四皓東園公、綺里季、夏黄公、甪里先生，漢初高士，張良曾召之以輔漢高祖太子。詳見《漢書》卷四〇《張良傳》及注。

[8]陳平：人名。漢陽武户牖人。《史記》卷五六有其世家。

[9]陳壽：人名。晋巴西安漢人。《晋書》卷八二有傳。

[10]阮咸：人名。晋陳留尉氏人。《晋書》卷四九有附傳。

[11]郤詵：人名。晋濟陰單父人。《晋書》卷五二有傳。傳稱

其"母病，苦無車，及亡，不欲車載柩，家貧無以市馬，乃於所住堂北壁外假葬，開户，朝夕拜哭"。各本皆作"郗訦"，中華本據孫彪《考論》改。

[12]日（mì）磾（dī）：人名。即金日磾。漢匈奴休屠王太子，入漢賜姓金，官至駙馬都尉。其子二人爲武帝弄兒，曾與宮人戲，日磾見而殺之，以媚武帝。《漢書》卷六八有傳。

　　滕非下官鄉親，又不周旋，[1]才能非所能悉。若以滕謀能決敵，才能周用，此自追蹤古人，非議所及。若是士流，故謂宜如子夏受曾參之詞，[2]可謂善矣，而子夏無不孝之稱也。意之所懷，都盡於此，自非名理，何緣多其往復；如其折中，裁之居宗。

[1]周旋：周良《宋書札記》作"密切交往"解。《韓非子·解老》："夫道以與世周旋者，其建生也長。"

[2]子夏受曾參之詞：典出《禮記·檀弓》。子夏因子死而哭瞎眼，曾子吊之，子夏曰："天乎！予之無罪也。"曾子指出子夏對兒子的哀痛重於對其父和師長（指孔子），稱其有三罪。子夏醒悟，曰："吾過矣！吾過矣！"子夏，名卜商，春秋衛人，孔子弟子，爲魏文侯師。事見《史記》卷六七《仲尼弟子列傳》。曾參，人名。字子輿，春秋南武城（今山東平邑縣）人，孔子弟子。事見《史記·仲尼弟子列傳》。

　　桓偉進號安西，[1]轉補功曹，[2]舉陳郡謝絢自代，[3]曰："蓋聞知賢弗推，臧文所以竊位；[4]宣子能讓，[5]晋國以之獲寧。鮮之猥承人乏，謬蒙過眷，既恩以義隆，遂再叩非服。知進之難，屢以上請，然自退之志，未獲暫申，夙夜懷冰，[6]敢忘其懼。伏見行參軍謝絢，[7]清悟審正，理懷通美，居以端右，[8]雖未足舒其采章，升庸以漸，差可以位擬人。請乞愚短，甘充下列，授爲賢牧，實副群望。”

[1]安西：官名。即安西將軍。爲出鎮地方的軍事長官，或作地方長官加官，與安東、安南、安北將軍並稱四安。三品。

[2]功曹：官名。又稱功曹史。多爲郡縣長官屬官，職掌人事並參與政務。品級不等。

[3]陳郡：治所在今河南淮陽縣。　謝絢：人名。字宣映。《晉書》卷七九有附傳。

[4]臧文：即臧文仲。名辰，春秋時魯大夫，知柳下惠賢而不舉，孔子曰：“臧文仲其竊位者與，知柳下惠之賢而不與立也。”見《論語·衛靈公》。

[5]宣子：指春秋晉大夫范宣子士匄。他聽祁奚的勸説而釋放叔向，使之執政，晉國以寧。事見《左傳》襄公二十一年。

[6]懷冰：形容冷酷、懍懍戒懼的樣子。《文選》張華《雜詩》：“重衾無暖氣，挾纊如懷冰。”

[7]行：官制用語。指官缺未補，暫由他官兼攝其事。　參軍：官名。又稱參軍事。掌參謀軍務，爲王公將軍府諸曹長官。六至九品不等。

[8]端右：各本並作“端石”，中華本據《元龜》卷八二八及張森楷《校勘記》改。

入爲員外散騎侍郎，[1]司徒左西屬，[2]大司馬琅邪王録事參軍，[3]仍遷御史中丞。[4]性剛直，不阿强貴，明憲直繩，甚得司直之體。外甥劉毅，[5]權重當時，朝野莫不歸附。鮮之盡心高祖，[6]獨不屈意於毅，毅甚恨焉。義熙六年，[7]鮮之使治書侍御史丘洹奏彈毅曰：[8]"上言傳詔羅道盛輒開牋，[9]遂盜發密事，依法棄市，奏報行刑，而毅以道盛身有侯爵，輒復停宥。桉毅勳德光重，任居次相，[10]既殺之非己，無緣生之自由。又奏之於先，而弗請於後，閫外出疆，[11]非此之謂。中丞鮮之於毅舅甥，制不相糾，臣請免毅官。"詔無所問。

[1]員外散騎侍郎：官名。散騎省官員，多以公族、功臣子弟、閑退人員、衰老人士充任，閑散無定員。六品。

[2]司徒左西屬：官名。司徒府西曹次官，位在掾下，掾缺時爲曹長。品秩不詳。

[3]琅邪王：王爵名。即晋恭帝司馬德文。初封琅邪，王國在今江蘇句容市。參見《晋書》卷一〇《恭帝紀》。　録事參軍：官名。宰相三公將軍府録事曹長官，總録衆曹文簿，舉彈善惡，位在列曹參軍上。七品。

[4]御史中丞：官名。御史臺長官，掌監察執法，稱南司。四品。

[5]劉毅：人名。晋彭城沛人。《晋書》卷八五有傳。

[6]高祖：宋武帝劉裕廟號。

[7]義熙：晋安帝司馬德宗年號（405—418）。

[8]治書侍御史：官名。又稱治書御史。御史臺屬官，掌依法審疑獄，平廷尉奏事等。六品。　丘洹：人名。本書僅此一見，其事不詳。

[9]傳詔：官名。掌傳達皇帝詔令及宣召大臣，地位不高。羅道盛：人名。本書僅此一見，其事不詳。

[10]次相：副宰相。按：當時並無宰相名號，宋武帝劉裕時任録尚書事，實爲宰相。劉毅爲衛將軍、開府儀同三司，地位僅次於

劉裕，故有次相之稱。

[11]閫外：指統兵在外。閫，門檻，多指國門、郭門等。

時新制長吏以父母疾去官，[1]禁錮三年。[2]山陰令沈叔任父疾去職，[3]鮮之因此上議曰：“夫事有相權，故制有與奪，此有所屈，而彼有所申。未有理無所明，事無所獲，而爲永制者也。當以去官之人，或容詭託之事。詭託之事，誠或有之，豈可虧天下之大教，以末傷本者乎？且設法蓋以衆苞寡，而不以寡違衆，況防杜去官而塞孝愛之實。且人情趨於榮利，辭官本非所防，所以爲其制者，苟官不久，則奔競互生，故杜其欲速之情，以申考績之實。今省父母之疾，[4]而加以罪名，悖義疾理，莫此爲大。謂宜從舊，於義爲允。”從之。於是自二品以上父母没者，墳墓崩毁及疾病，族屬輒去，並不禁錮。

[1]長吏：官制用語。指地位較高的屬吏，或郡守、縣令、縣長。有時亦泛指上級長官。

[2]禁錮：對犯有過失官員的一種懲罰措施。意即禁止、封閉，勒令其不准做官，猶如後世的永不叙用。

[3]山陰：縣名。治所在今浙江紹興市。　沈叔任：人名。吳興武康人。本書卷六三有附傳。

[4]今：各本並脱此字，中華本據《通典·職官典》補。

劉毅當鎮江陵，[1]高祖會於江寧，[2]朝士畢集。毅素好摴蒲，[3]於是會戲。高祖與毅斂局，[4]各得其半，積錢隱人，毅呼高祖併之。先擲得雉，高祖甚不説，良久乃答之。四坐傾矚，既擲，五子盡黑，毅意色大惡，謂高祖曰：“知公不以大坐席與人！”鮮之大喜，徒跣繞牀大叫，聲聲相續。毅甚不平，謂之曰：“此鄭君何爲者！”無復甥舅之禮。高祖少事戎旅，不經涉學，及爲宰相，頗慕風流，時或言論，人皆依違之，不敢難也。鮮之難必切至，未嘗寬假，要須高祖辭窮理屈，然後置之。高祖或有時慚恧，[5]變色動容，既而謂人曰：“我本無術學，[6]言義尤淺。比時言論，諸賢多見寬容，唯鄭不爾，獨能盡人之意，甚以此憾之。”時人謂爲“格佞”。[7]

[1]江陵：縣名。治所在今湖北荊州市荊州區。
[2]江寧：地名。在今江蘇南京市江寧區西南江寧鎮。
[3]摴蒱：博戲名。又稱樗蒱。以投擲決勝負，得采有盧、雉、犢、白等稱，後泛指賭博。參見李肇《唐國史補》卷下《叙古摴蒱法》。
[4]斂局：收拾棋局。斂，收聚。《尚書·洪範》：“斂時五福，用敷錫厥庶民。”
[5]慚恧（nǜ）：慚愧。《漢書》卷九九上《王莽傳上》：“敢爲激發之行，處之不慚恧。”恧，慚愧。
[6]術學：學術，道術，學問。
[7]格佞：破除諂媚。格，破除，擊打。佞，巧言諂媚，善辯。

自中丞轉司徒左長史，[1]太尉諮議參軍，[2]俄而補侍中，[3]復爲太尉諮議。十二年，[4]高祖北伐，以爲右長史。鮮之曾祖墓在開封，相去三百里，乞求拜省，高祖以騎送之。宋國初建，轉奉常。[5]

　　[1]司徒左長史：官名。司徒府屬官，爲掾屬之長，總領府内事務，位在右長史上。六品。

　　[2]太尉諮議參軍：官名。太尉府屬官，位在列曹參軍上，掌顧問諮議，無定員。

　　[3]侍中：官名。侍從皇帝左右，與聞朝政，贊道衆事，顧問應對。三品。

　　[4]十二年：晋義熙十二年（416）。

　　[5]奉常：官名。九卿之一，掌宗廟禮儀，霸府所建王國或置，稱帝後即名太常。三品。

　　佛佛虜陷關中，[1]高祖復欲北討，行意甚盛。鮮之上表諫曰：

　　　　伏思聖略深遠，臣之愚管無所措其意。然臣愚見，竊有所懷。虜凶狡情狀可見，自關中再敗，[2]皆是帥師違律，非是内有事故，致外有敗傷。虜聞殿下親御六軍，必謂見伐，當重兵守潼關，[3]其勢然也。若陵威長驅，臣實見其未易；若輿駕頓洛，[4]則不足上勞聖躬。如此，則進退之機，宜在熟慮。賊不敢乘勝過陝，[5]遠憚大威故也。今盡用兵之算，事從屈申，遣師撲討，而南夏清晏，[6]賊方懼將來，永不敢動。若輿駕造洛而反，凶醜更生揣量之心，必啓邊戎之患，此既必然。江南顒顒，傾注輿駕，忽聞遠伐，不測師之深淺，必以殿下大申威靈，未還，人情恐懼，事又可推。往年西征，[7]劉鍾危殆；[8]前年劫盜破廣州，[9]人士都盡。三吳心腹之内，[10]諸縣屢敗，皆由勞役所致。又聞處處大水，[11]加遠師民敝，敗散，自然之理。殿下在彭城，[12]劫盜破諸縣，事非偶爾，皆是無賴凶慝。凡順而撫之，則百姓思安；違其所願，必爲亂矣。古人所以救其煩穢，正在於斯。漢高身困平城，[13]呂后受匈奴之辱，[14]魏武軍敗赤壁，[15]宣武喪師枋頭，[16]神武之功，一無所損。況偏師失律，無虧於廟堂之上者邪！即之事實，非敗之謂，唯齡石等可念耳。[17]若行也，或速其禍。反覆思惟，愚謂不煩殿下親征小劫。西虜或爲河、洛之患，[18]今正宜通好北虜，[19]則河南安。[20]河南安，則濟、泗靜。[21]伏願聖鑑察臣愚懷。

[1]佛佛：人名。十六國夏國君主赫連勃勃。佛佛爲勃勃音轉。關中：地區名。泛指今陝西一帶。

[2]關中再敗：事在晉義熙十四年。參見《晉書》卷一〇《安帝紀》、卷一三〇《赫連勃勃載記》。

[3]當重兵守潼關：各本並脱"守"字，中華本據《通鑑》補。《通鑑》作"必併力守潼關"。潼關，關隘名。在今陝西潼關縣北，爲東方通向關中的要道。

[4]洛：地名。即洛陽。在今河南洛陽市東。

[5]陝：地名。即陝陌。在今河南陝縣西南，曾爲周初周、召二公分治處，後沿爲東西天然分界綫。

[6]南夏：地區名。泛指中國南部。《後漢書》卷七四下《劉表傳》："稱雄河外，擅强南夏。"

[7]往年：晉義熙十一年，劉裕率軍討伐荊州刺史司馬休之。參見本書卷二《武帝紀中》。

[8]劉鍾：人名。晉彭城人。劉裕西討時，留守京城，爲盜所

攻，京邑擾懼。本書卷四九有傳。

[9]前年：晋義熙十三年。是年徐道期率亡命之徒作亂廣州，殺人無數，攻陷州城。參見本書卷五〇《劉康祖傳》。

[10]三吴：地區名。泛指吴郡、吴興、會稽三郡，即今江蘇南部及浙江北部一帶。時爲東晋統治中心所在。

[11]處處大水：晋自義熙以來，水灾連年，淹没農田民居及城鎮。參見本書《五行志四》。

[12]彭城：郡名。治所在今江蘇徐州市。

[13]漢高身困平城：事在漢高帝七年（前200），因北擊匈奴而被圍。參見《漢書》卷一下《高帝紀下》。漢高，即漢高祖劉邦。平城，地名。在今山西大同市。

[14]吕后受匈奴之辱：據《漢書》卷九四《匈奴傳》，高帝去世後，匈奴冒頓單于以惠帝年幼，吕后當政，益驕，曾派人遺書吕后申以婚姻之意。吕后，即吕雉。漢高祖皇后。《漢書》卷三有紀。

[15]魏武軍敗赤壁：指魏武帝曹操於漢建安十三年（208）南征孫吴反被孫、劉聯軍擊敗事。參見《三國志》卷一《魏書·武帝紀》。魏武，指魏武帝曹操。赤壁，地名。在今湖北赤壁市西北。

[16]宣武喪師枋頭：指桓温於晋太和四年（369）北伐前燕先勝後敗事。參見《晋書》卷九八《桓温傳》。宣武，桓温謚號。枋頭，地名。即今河南滑縣西南。

[17]齡石：人名。即朱齡石。沛郡沛人。本書卷四八有傳。

[18]西虜：對大夏等少數民族政權的辱稱。時與東晋對峙。

[19]北虜：對北魏的辱稱。

[20]河南：地區名。泛指黄河以南地區，並非僅限於今河南省。

[21]濟、泗：河流名。即濟水、泗水。主要流經今山東及江蘇北部一帶。

高祖踐阼，遷太常，[1]都官尚書。[2]鮮之爲人通率，[3]在高祖坐，言無所隱，時人甚憚焉。而隱厚篤實，贍恤親故。性好游行，命駕或不知所適，隨御者所之。尤爲高祖所狎。上嘗於内殿宴飲，朝貴畢至，唯不召鮮之。坐定，謂群臣曰："鄭鮮之必當自來。"俄而外啓："尚書鮮之詣神虎門求啓事。"[4]高祖大笑引入，其被親遇如此。

[1]太常：官名。九卿之一，掌祭祀宗廟禮儀等事。三品。

[2]都官尚書：官名。尚書都官曹長官，掌刑獄、徒隸、庫藏等，領都官、水部、庫部等曹。三品。

[3]通率：曠達坦率。《晋書》卷五六《孫綽傳》："綽性通率，好譏調。"

[4]神虎門：宫門名。即皇宫西門。各本並作"神獸門"，係唐朝避李淵父李虎之諱而改，中華本因以改回。

永初二年，[1]出爲丹陽尹，[2]復入爲都官尚書，加散騎常侍。[3]以從征功，封龍陽縣五等子。[4]出爲豫章太守，[5]秩中二千石。[6]元嘉三年，王弘入爲相，[7]舉鮮之爲尚書右僕射。[8]四年，卒，時年六十四。追贈散騎常侍、金紫光禄大夫。[9]文集傳於世。[10]

子愔，位至尚書郎，始興太守。[11]

[1]永初：宋武帝劉裕年號（420—422）。

[2]丹陽尹：官名。掌京師建康一帶行政事務。五品。丹陽，郡名。治所在今江蘇南京市東南。

[3]散騎常侍：官名。散騎省官員，掌顧問應對，諫静得失，

侍從左右。三品。

　[4]龍陽縣五等子：子爵名。多以獎賞軍功，無實封。龍陽縣，治所在今湖南漢壽縣。

　[5]豫章：郡名。治所在今江西南昌市。

　[6]中二千石：官秩名。多授九卿一級主管長官，位在真二千石、二千石和比二千石上。中，滿。

　[7]王弘：人名。琅邪臨沂人。本書卷四二有傳。

　[8]尚書右僕射：官名。尚書省副長官，位次左僕射，掌宗廟祭祀禮儀等事。三品。

　[9]金紫光禄大夫：官名。光禄大夫加金章紫綬者，多爲年老大臣加官，班與特進同。二品。

　[10]文集傳於世：《舊唐書·經籍志》著録有《鄭鮮之集》二十卷。

　[11]始興：郡名。治所在今廣東韶關市東南蓮花嶺下。中華本稱《南史》作“始安”。


　　裴松之，字世期，河東聞喜人也。[1]祖昧，[2]光禄大夫。[3]父珪，[4]正員外郎。[5]


　[1]河東：郡名。治所在今山西夏縣禹王城。　聞喜：縣名。治所在今山西聞喜縣。

　[2]昧：人名。即裴昧。本書僅此一見，其事不詳。

　[3]光禄大夫：官名。無職掌，多爲年老閑退人員加官。三品。

　[4]珪：人名。即裴珪。本書僅此一見，其事不詳。

　[5]正員外郎：官名。即散騎侍郎。在正式編制之内，與員外散騎侍郎有别。


　　松之年八歲，學通《論語》《毛詩》。博覽墳籍，[1]

立身簡素。年二十，拜殿中將軍。[2]此官直衛左右，晋孝武太元中革選名家以參顧問，[3]始用琅邪王茂之、會稽謝輶，[4]皆南北之望。舅庾楷在江陵，[5]欲得松之西上，除新野太守，[6]以事難不行。拜員外散騎侍郎。義熙初，爲吳興故鄣令，[7]在縣有績。入爲尚書祠部郎。[8]

[1]墳籍：典籍。《後漢書》卷六八《郭太傳》："三年業畢，博通墳籍。"

[2]殿中將軍：官名。侍衛武官，不典兵，無定員，多以世族子弟充任。六品。

[3]晋孝武：即晋孝武帝司馬曜。《晋書》卷九有紀。　太元：晋孝武帝司馬曜年號（376—396）。

[4]王茂之：人名。晋司州刺史王胡之子。事見《晋書》卷七六《王廙傳》及本書卷六六《王敬弘傳》。　會稽：郡名。治所在今浙江紹興市。　謝輶：人名。仕晋歷官中領軍、會稽内史。事見《晋書》卷七四《桓彝傳》、卷一〇〇《孫恩傳》及本書卷九二《王鎮之傳》。

[5]庾楷：人名。晋潁川鄢陵人。《晋書》卷八四有傳。

[6]新野：郡名。治所在今河南新野縣。

[7]吳興：郡名。治所在今浙江湖州市吳興區。　故鄣：縣名。治所在今浙江安吉縣西北。

[8]尚書祠部郎：官名。尚書省祠部曹長官，亦稱祠部郎中，隸於尚書，掌宗廟祭祀禮樂制度。六品。

松之以世立私碑，有乖事實，上表陳之曰："碑銘之作，以明示後昆，[1]自非殊功異德，無以允應兹典。大者道勳光遠，[2]世所宗推，其次節行高妙，遺烈可紀。

若乃亮采登庸，[3]績用顯著，敷化所莅，[4]惠訓融遠，述詠所寄，有賴鐫勒，非斯族也，則幾乎僭黷矣。俗敝偽興，華煩已久，是以孔悝之銘，行是人非；[5]蔡邕制文，每有愧色。[6]而自時厥後，其流彌多，預有臣吏，必爲建立，勒銘寡取信之實，刊石成虚偽之常，真假相蒙，殆使合美者不貴，但論其功費，又不可稱。不加禁裁，其敝無已。"以爲"諸欲立碑者，宜悉令言上，爲朝議所許，然後聽之。庶可以防遏無徵，顯彰茂實，使百世之下，知其不虚，則義信於仰止，道孚於來葉"。[7]由是並斷。[8]

[1]後昆：後代子孫。《尚書・仲虺之誥》："垂裕後昆。"

[2]道勳：各本並作"道動"，中華本據《元龜》卷四七一改。

[3]登庸：舉用。《尚書・堯典》："疇咨若時登庸。"《傳》："庸，用也。"

[4]所莅（lì）：做官的地方。莅，到達。

[5]孔悝之銘，行是人非：指孔悝幫助廢立國君事。孔悝，人名。衛國大夫孔圉子，曾在其母伯姬和逃亡歸來的太子蒯聵脅持下廢掉衛君出公，而立蒯聵爲君。不久在另一次內亂中，失敗而奔宋。參見《史記》卷三七《衛康叔世家》及《左傳》哀公十五年、哀公十六年。

[6]蔡邕制文，每有愧色：指蔡邕爲人寫碑銘墓志，因不得不用虚美失實之詞而感到慚愧。蔡邕，人名。字伯喈，東漢陳留圉（今河南尉氏縣圉村，一說在今河南杞縣圉鎮）人。《後漢書》卷六〇下有傳。

[7]來葉：來世。唐人避唐太宗諱改。

[8]並斷：中華本稱《南史》作"普斷"。

高祖北伐，領司州刺史，[1]以松之爲州主簿，[2]轉治中從事史。[3]既克洛陽，〔松之居州行事。宋國初建，毛德祖使洛陽。〕[4]高祖敕之曰："裴松之廊廟之才，[5]不宜久尸邊務，[6]今召爲世子洗馬，[7]與殷景仁同，[8]可令知之。"于時議立五廟樂，[9]松之以妃臧氏廟樂亦宜與四廟同。[10]除零陵内史，[11]徵爲國子博士。[12]

[1]司州：治所在今河南洛陽市。

[2]主簿：官名。典領文書簿籍，經辦事務。六品。

[3]治中從事史：官名。又稱治中。掌衆曹文書，多以六品官充任。

[4]"松之居州"至"使洛陽"：此十六字各本並脱，中華本據《南史》補。

[5]廊廟之才：能爲朝廷擔當重任的人才。廊廟，殿下屋和太廟，泛指朝廷。

[6]久尸：《南史》卷三三《裴松之傳》作"久居"，義同。尸，主持。

[7]世子洗馬：官名。世子府屬官，掌圖籍經書，參謀奏事，出行則爲前驅。七品。

[8]殷景仁：人名。陳郡長平人。本書卷六三有傳。

[9]五廟樂：五廟祭祀時所用的樂曲。五廟，宋武帝高祖、曾祖、祖、父及母的廟。

[10]臧氏：宋武帝劉裕妃，名愛親，東莞人。本書卷四一有傳。　四廟：即宋武帝高祖、曾祖、祖及父廟。

[11]零陵：郡國名。治所在今湖南永州市。　内史：官名。王國行政長官，綜理一國民政，職比太守。五品。

[12]國子博士：官名。掌國子生徒儒學教授，隸國子祭酒，位在太學博士上。五品。

太祖元嘉三年，[1]誅司徒徐羨之等，[2]分遣大使，巡行天下。通直散騎常侍袁渝、司徒左西掾孔邈使揚州，[3]尚書三公郎陸子真、起部甄法崇使荊州，[4]員外散騎常侍范雍、司徒主簿龐遵使南兗州，[5]前尚書右丞孔默使南北二豫州，[6]撫軍參軍王歆之使徐州，[7]冗從僕射車宗使青、兗州，[8]松之使湘州，[9]尚書殿中郎阮長之使雍州，[10]前竟陵太守殷道鸞使益州，[11]員外散騎常侍李耽之使廣州，[12]郎中殷斌使梁州、南秦州，[13]前員外散騎侍郎阮園客使交州，[14]駙馬都尉、奉朝請潘思先使寧州，[15]並兼散騎常侍。班宣詔書曰：“昔王者巡功，群后述職，不然則有存省之禮，聘覜之規。所以觀民立政，命事考績，上下偕通，遐邇咸被，故能功昭長世，道歷遠年。朕以寡闇，屬承洪業，貪畏在位，昧于治道，夕惕惟憂，如臨淵谷。懼國俗陵頹，民風凋偽，眚厲違和，[16]水旱傷業。雖躬勤庶事，[17]思弘攸宜，而機務惟殷，顧循多闕，政刑乖謬，未獲具聞。豈誠素弗孚，使群心莫盡，納隍之愧，在予一人。以歲時多難，王道未壹，卜征之禮，[18]廢而未脩，眷彼氓庶，[19]無忘攸恤。[20]今使兼散騎常侍渝等申令四方，周行郡邑，親見刺史二千石官長，申述至誠，廣詢治要，觀察吏政，訪求民隱，旌舉操行，存問所疾。禮俗得失，一依周典，每各爲書，還具條奏，俾朕昭然，若親覽焉。大夫君子，其各悉心敬事，無惰乃力。其有咨謀遠圖，謹言中誠，陳之使者，無或隱遺。方將敬納良規，以補其闕。勉哉朂之，稱朕意焉。”

[1]太祖：宋文帝劉義隆廟號。

[2]徐羨之：人名。東海郯人。本書卷四三有傳。

[3]通直散騎常侍：官名。散騎省屬官，職同散騎常侍，參平尚書事，並掌諷諫、侍從，多以衰老人士充任，或作加官。五品。　袁渝：人名。本書僅此一見，其事不詳。　司徒左西掾：官名。司徒府屬官，爲左西曹之長，多以文士充任。左西掾，各本並作“左司掾”，中華本據張森楷《校勘記》改。　孔邈：人名。會稽山陰人。事見本書卷五六《孔琳之傳》。　揚州：治所在今江蘇南京市。

[4]尚書三公郎：官名。尚書省三公曹長官，也稱郎中，屬吏部尚書。六品。　陸子真：人名。吳郡吳人。本書卷五三有附傳。中華本稱此處不載其所使州郡，據孫彭《考論》當爲江州。　起部：官名。即尚書起部郎。起部曹長官，亦稱郎中。六品。　甄法崇：人名。中山人。《南史》卷七〇有傳。

[5]員外散騎常侍：官名。門下省屬官，用以安置閑散，多以公族或功臣充任。五品。　范雍：人名。本書僅此一見，其事不詳。此處不載其所使州郡，中華本稱孫彭《考論》謂南徐州。　龐遵：人名。本書僅此一見，其事不詳。　南兖州：治所在今江蘇揚州市西北。

[6]尚書右丞：官名。尚書省佐官，掌尚書臺庶務，位在左丞及列曹尚書下。六品。　孔默：人名。又名孔默之，魯國人。事見本書卷六九、六四、九二。　南北二豫州：南豫州治所在今安徽當塗縣，北豫州治所在今安徽壽縣。

[7]撫軍參軍：官名。撫軍將軍屬官，掌衆曹事務，兼備參謀咨詢。六品。　王歆之：人名。河東人。本書卷九二有附傳。　徐州：治所在今江蘇徐州市。

[8]冗從僕射：官名。負責宮禁侍衛，與虎賁中郎將、羽林監合稱三將，無定員。五品。　車宗：人名。僅見本卷及本書卷九五《索虜傳》，其事不詳。　青、兗州：治所分別在今山東青州市和兗州市。

[9]湘州：治所在今湖南長沙市。

[10]尚書殿中郎：官名。尚書省殿中曹長官，掌宮殿禁衛、禮制、車馬、倉庫等。六品。　阮長之：人名。陳留尉氏人。本書卷九二有傳。　雍州：治所在今湖北襄陽市襄城區西南。

[11]竟陵：郡名。治所在今湖北鍾祥市。　殷道鸞：人名。陳郡長平人。事見本書卷八七《殷琰傳》。　益州：治所在今四川成都市。

[12]李耽之：人名。僅見本卷及本書卷五《文帝紀》，其事不詳。

[13]郎中：官名。尚書省郎曹長官，與尚書郎互稱，位次尚書、左右丞。六品。　殷斌：人名。本書僅此一見，其事不詳。梁州：治所在今陝西漢中市。　南秦州：時與梁州合治，亦在今陝西漢中市。

[14]阮園客：人名。本書僅此一見，其事不詳。　交州：治所在今越南北寧省仙遊東。

[15]駙馬都尉：官名。隸集書省，爲侍從近臣，多爲宗室近臣或尚公主者加官，無定員。六品。　奉朝請：官名。散騎省屬官，多以安置閑散，無定員。六品。　潘思先：人名。本書僅此一見，其事不詳。　寧州：治所在今雲南曲靖市。

[16]眚（shěng）屬：嚴重過失。眚，過錯。

[17]躬勤：各本並作“勤躬”，中華本據《元龜》卷二一三改。

[18]卜征之禮：皇帝出行前占卜吉凶。古時皇帝五年一巡狩，先卜問吉凶，五年五卜，皆吉乃行。參見《左傳》襄公十三年及注。

［19］彼：各本並作"被"，據張元濟、張森楷《校勘記》改。

［20］攸：各本並作"欽"，中華本據《元龜》卷二一三改。

松之反使，奏曰："臣聞天道以下濟光明，君德以廣運爲極。[1]古先哲后，因心溥被，[2]是以文思在躬，[3]則時雍自洽，[4]禮行江漢，而美化斯遠。故能垂大哉之休詠，[5]廓造周之盛則。[6]伏惟陛下神叡玄通，[7]道契曠代，[8]冕旒華堂，[9]垂心八表。[10]咨敬敷之未純，[11]慮明揚之靡暢。[12]清問下民，[13]哀此鰥寡，渙焉大號，[14]周爱四達。[15]遠猷形於《雅》《誥》，[16]惠訓播乎遐陬。[17]是故率土仰詠，重譯咸説，[18]莫不謳吟踊躍，式銘皇風。或有扶老攜幼，稱歡路左，誠由亭毒既流，[19]故忘其自至，千載一時，於是乎在。臣謬蒙銓任，忝厠顯列，猥以短乏，思純八表，無以宣暢聖旨，肅明風化，黜陟無序，搜揚寡聞，慚懼屏營，不知所措。奉二十四條，[20]謹隨事爲牒。伏見癸卯詔書，[21]禮俗得失，一依周典，[22]每各爲書，還具條奏。謹依事爲書以繫之後。"松之甚得奉使之義，論者美之。

［1］廣運：語出《尚書·大禹謨》："帝德廣運，乃聖乃神。"孔傳："廣謂所覆者大，運謂所及者遠。"即謂君德既廣且遠。

［2］溥被：廣大，普遍。《詩·大雅·公劉》："逝彼百泉，瞻彼溥原。"

［3］文思：功業和道德，多以稱頌帝王。《尚書·堯典》："欽明文思安安。"

［4］時雍：和善。時，善。雍，和。《尚書·堯典》："百姓昭明，協和萬邦，黎民於變時雍。"

〔5〕垂大哉之休詠：指孔子稱頌唐堯事。《論語·泰伯》：“子曰：大哉堯之爲君也。巍巍乎，唯天爲大，唯堯則之。”

〔6〕廓造周之盛則：開拓創建周朝的美好法則。造周，拓創周朝。《尚書·君牙》：“丕顯哉文王謨”。孔疏：“文王未克殷始謀造周，故美其謀。”《左傳》成公二年：“明德慎罰，文王所以造周也。”

〔7〕玄通：精微靈通。《老子》：“微妙玄通。”河上公注：“玄，天也。言其志節玄妙，精與天通也。”

〔8〕曠代：絶代，歷時長久。謝靈運《傷己賦》：“丁曠代之渥惠，遭謬眷於君子。”

〔9〕冕旒：帝王冠冕，外黑内紅，冠頂有版，爲禮冠中最尊貴者。　華堂：輝煌的殿堂，爲帝王聽政之所。

〔10〕八表：八方之外，指極遠的地方。

〔11〕敬敷：謹敬布施。《尚書·舜典》：“汝作司徒，敬敷五教在寬。”

〔12〕明揚：公開宣揚。據上下文意，應指公開宣揚教化，而不是指選拔人才的明揚側陋。

〔13〕清問：清審詳問。《尚書·吕刑》：“皇帝清問下民。”孔傳：“帝堯詳問民患。”

〔14〕涣焉大號：帝王的號令。《易·涣卦》：“九五，涣汗其大號。”

〔15〕周爰四達：周遍天下，遍及，普及。《易·繫辭上》：“知周乎萬物，而道濟天下。”

〔16〕遠猷：遠大的謀略。　《雅》：《詩經》六義之一，後也稱盛世之樂。　《誥》：《尚書》篇名的一類，有《康誥》《仲虺之誥》《酒誥》等，爲告誡之文。

〔17〕遐陬（zōu）：邊遠偏荒之地。陬，隅，角落。

〔18〕重譯：輾轉翻譯。《漢書》卷一二《平帝紀》：“越裳氏重譯。”顔師古注：“譯謂傳言也。道路絶遠，風俗殊隔，故累譯而後

乃通。”

　　[19]亭毒：化育，養生。《老子》：“長之育之，亭之毒之。”
高亨注：“河上公本‘亭作成，毒作熟’。指亭應讀爲成，毒應讀
熟，皆是音用通用，後引申爲養生化育。”（高亨《老子注譯》，河
南人民出版社 1980 年版，第 113 頁。）

　　[20]二十四條：内容不詳。

　　[21]癸卯詔書：指東晉安帝元興二年（403）所頒布的詔書，
内容不詳。

　　[22]周典：周朝的典章制度。後世編爲《周禮》一書，循行
不改。

　　轉中書侍郎、司冀二州大中正。[1]上使注陳壽《三
國志》，[2]松之鳩集傳記，增廣異聞，既成奏上。[3]上善
之，曰：“此爲不朽矣！”出爲永嘉太守，[4]勤恤百姓，
吏民便之。入補通直爲常侍，[5]復領二州大中正。尋出
爲南琅邪太守。[6]十四年致仕，拜中散大夫，[7]尋領國子
博士。進太中大夫，[8]博士如故。續何承天國史，未及
撰述，二十八年卒，時年八十。子駰，南中郎參軍。[9]
松之所著文論及《晉紀》，[10]駰注司馬遷《史記》，[11]並
行於世。

　　[1]中書侍郎：官名。掌草擬詔令，職任機要，多用文學之士，
或爲諸王起家官。五品。　司冀：二州名。治所分別在今河南信陽
市、山東濟南市東北。　大中正：官名。品定士族内部品第的官
員，多由本州有聲望的人士兼任。

　　[2]陳壽：人名。晉巴西安漢人。《晉書》卷八二有傳。
《三國志》：記載東漢至西晉之間魏、蜀、吳三國歷史的書籍，流傳

至今。

[3]奏上：據裴松之《上三國志注表》，其書上於元嘉六年（429）七月二十四日。參見中華本《三國志》附録。

[4]永嘉：郡名。治所在今浙江温州市。

[5]通直爲常侍：即通直散騎常侍。張森楷《校勘記》謂“爲”字爲“散騎”二字之訛。

[6]南琅邪：郡名。治所在今江蘇句容市。

[7]致仕：交還官職，辭官，退休。《公羊傳》宣公六年：“退而致仕。”何休注：“致仕，還禄位于君。”　中散大夫：官名。多爲年老致仕人員加官，無職掌。秩六百石。

[8]太中大夫：官名。多以安置老疾退免九卿大臣，禄賜與卿相當，無職事。七品。

[9]南中郎參軍：官名。南中郎將屬官，掌參謀軍務。六品。

[10]所著文論：裴松之所著文論除本卷所及者外，《隋書·經籍志》又收有《裴氏家傳》四卷、《集注喪服經傳》一卷、《裴松之集》十三卷，《文苑英華》卷七五四亦稱其曾著《宋元嘉起居注》六十卷。　《晋紀》：史著名。撰著情況不詳。

[11]注司馬遷《史記》：今作《史記集解》，爲現存《史記》三家注中最早的一種。


何承天，東海郯人也。[1]從祖倫，晋右衛將軍。[2]承天五歲失父，母徐氏，廣之姊也，[3]聰明博學，故承天幼漸訓義，儒史百家，莫不該覽。叔父肹爲益陽令，[4]隨肹之官。


[1]東海：郡名。治所在今山東郯城縣北。　郯：縣名。治所在今山東郯城縣西北。

[2]右衛將軍：官名。護衛皇宮主要將軍之一，與領軍、護軍、

左衛、游擊、驍騎將軍合稱六軍。四品。

[3]廣：人名。即徐廣。東莞姑幕人。本書卷五五和《晉書》卷八二有傳。

[4]肹（xī）：人名。即何肹。本書僅此一見，其事不詳。　益陽：縣名。治所在今湖南益陽市。

　　隆安四年，[1]南蠻校尉桓偉命爲參軍。[2]時殷仲堪、桓玄等互舉兵以向朝廷，[3]承天懼禍難未已，解職還益陽。義旗初，[4]長沙公陶延壽以爲其輔國府參軍，[5]遣通敬於高祖，因除瀏陽令，[6]尋去職還都。撫軍將軍劉毅鎮姑孰，[7]版爲行參軍。[8]毅嘗出行，而鄳陵縣史陳滿射鳥，[9]箭誤中直帥，[10]雖不傷人，處法棄市。承天議曰："獄貴情斷，疑則從輕。昔驚漢文帝乘輿馬者，張釋之劾以犯蹕，罪止罰金。[11]何者？明其無心於驚馬也。故不以乘輿之重，加以異制。今滿意在射鳥，非有心於中人。按律過誤傷人，三歲刑，況不傷乎？微罰可也。"出補宛陵令。[12]趙恢爲寧蠻校尉、尋陽太守，[13]請爲司馬。[14]尋去職。

[1]隆安：晉安帝司馬德宗年號（397—401）。

[2]南蠻校尉：官名。掌荆州一帶軍政及民族事務，多爲他官兼領。四品。

[3]殷仲堪：人名。晋陳郡人。《晋書》卷八四有傳。

[4]義旗初：指劉裕舉兵討桓玄事。事在元興三年（404）。

[5]長沙公：公爵名。公國在今湖南長沙市一帶。　陶延壽：人名。鄱陽人。事見《晋書》卷六六《陶侃傳》、卷九九《桓玄傳》。　輔國府參軍：官名。輔國將軍屬官，掌參謀軍務。七品。

[6]瀏陽：縣名。治所在今湖南瀏陽市東北。

[7]撫軍將軍：官名。位比四鎮將軍，與中軍、鎮軍將軍同，在四安將軍上。三品。　姑孰：城名。又名南洲，在今安徽當塗縣。據《晋書》卷八五《劉毅傳》，劉毅於義熙元年（405）鎮此。

[8]版：官制用語。指不經吏部正式任命、由地方軍政長官自行選聘的官員，行版文委派。

[9]鄢陵：縣名。治所在今河南鄢陵縣西北。　縣史：《南史》作“縣吏”。　陳滿：人名。本書僅此一見，其事不詳。

[10]直帥：當值的將帥。直，同“值”，值勤，值班。

[11]“驚漢文帝乘輿馬者”至“罪止罰金”：事見《史記》卷一〇二《張釋之馮唐列傳》：文帝出行至中渭橋，有人從橋下出，驚乘輿馬。文帝欲重治其罪，釋之議止罰金。久之，帝意乃解。漢文帝，即劉恒。《史記》卷一〇有紀。張釋之，人名。漢堵陽人。《史記》卷一〇二有傳。犯蹕（bì），冒犯皇帝出行的車駕。蹕，帝王車駕。

[12]宛陵：縣名。治所在今安徽宣城市宣州區。

[13]趙恢：人名。本書僅此一見，其事不詳。　寧蠻校尉：官名。掌少數民族事務，領兵設府，多兼任他職。四品。　尋陽：郡名。治所在今江西九江市。

[14]司馬：官名。州郡幕府僚佐，掌參贊軍務，管理府內武職，位次長史、主簿。


　　高祖以爲太尉行參軍。高祖討劉毅，留諸葛長民爲監軍。[1]長民密懷異志，劉穆之屏人問承天曰：[2]“公今行濟否云何？”承天曰：“不憂西不時判，[3]別有一慮耳。公昔年自左里還入石頭，[4]甚脱爾，今還，宜加重複。”穆之曰：“非君不聞此言。頃日願丹徒劉郎，[5]恐不復可得也。”除太學博士。[6]義熙十一年，爲世子征虜參

軍，[7]轉西中郎中軍參軍，[8]錢唐令。[9]高祖在壽陽，[10]
宋臺建，召爲尚書祠部郎，與傅亮共撰朝儀。永初末，
補南臺治書侍御史。[11]

[1]諸葛長民：人名。琅邪陽都人。《晉書》卷八五有傳。

[2]劉穆之：人名。東莞莒人。本書卷四二有傳。

[3]判：各本並脱，中華本據《通鑑》晉義熙八年（412）補。
胡三省注：“判，決也。”

[4]左里：地名。在今江西都昌縣左蠡鎮。　石頭：城名。建
康諸城之一，在今江蘇南京市内。

[5]丹徒：縣名。治所在今江蘇鎮江市丹徒區。　劉郎：即劉
裕。家於丹徒。

[6]太學博士：官名。掌教授太學生，亦備咨詢，參議禮儀，
隸太常。六品。

[7]世子征虜參軍：官名。世子府征虜將軍幕僚，掌參謀軍事。
六品。世子，即劉義符。

[8]西中郎中軍參軍：官名。西中郎將府中軍曹長官，掌軍曹
庶務，亦備參謀咨詢。六品。

[9]錢唐：縣名。治所在今浙江杭州市。

[10]壽陽：縣名。治所在今安徽壽縣。

[11]南臺：官署名。御史臺別稱。　治書侍御史：官名。掌審
理疑難案件。六品。

謝晦鎮江陵，[1]請爲南蠻長史。[2]時有尹嘉者，[3]家
貧，母熊自以身貼錢，爲嘉償責。[4]坐不孝當死。承天
議曰：“被府宣令，普議尹嘉大辟事，[5]稱法吏葛滕
籤，[6]母告子不孝，欲殺者許之。法云，謂違犯教令，
敬恭有虧，父母欲殺，皆許之。其所告惟取信於所求而

許之。謹尋事原心，嘉母辭自求質錢，爲子還責。嘉雖虧犯教義，而熊無請殺之辭。熊求所以生之而今殺之，非隨所求之謂。始以不孝爲劾，終於和賣結刑，倚旁兩端，母子俱罪，滕籤法文，爲非其條。嘉所存者大，理在難申，但明教爰發，矜其愚蔽。夫明德慎罰，文王所以恤下；[7]議獄緩死，《中孚》所以垂化。[8]言情則母爲子隱，語敬則禮所不及。今捨乞宥之評，依請殺之條，責敬恭之節，於飢寒之隸，誠非罰疑從輕、寧失有罪之謂也。愚以謂降嘉之死，以普春澤之恩；[9]赦熊之愆，以明子隱之宜。則蒲亭雖陋，[10]可比德於盛明；豚魚微物，[11]不獨遺於今化。"事未判，值赦並免。

[1]謝晦：人名。陳郡陽夏人。其鎮江陵時間在景平二年（424）至元嘉三年（426）。本書卷四四有傳。

[2]南蠻長史：官名。南蠻校尉屬官，爲僚佐之長，總領府内諸曹。六品。

[3]尹嘉：人名。本書僅此一見，其事不詳。

[4]責：同"債"。債務。

[5]大辟：刑罰的一種，即死刑。

[6]法吏：官名。典掌刑法的官吏。　葛滕：人名。本書僅此一見，其事不詳。　籤：書寫的名字或畫押的符號。

[7]文王：即周文王姬昌。《左傳》成公二年："明德慎罰，文王所以造周也。"

[8]《中孚》：《周易》卦名，謂"《象》曰：澤上有風，中孚"。後因指恩澤廣施。

[9]春澤之恩：春天風雨潤澤萬物的恩德。此喻指皇帝的恩典。參見《易·中孚卦》及疏。

［10］蒲亭：茅草蓋成的圓屋。《釋名·釋宮室》：“草圓屋曰蒲。蒲，敷也，總其上而敷下也。又謂之庵。”

［11］豚魚：豬和魚。豚，小豬。

晦進號衛將軍，[1]轉諮議參軍，[2]領記室。[3]元嘉三年，晦將見討，其弟黃門郎曈密信報之，[4]晦問承天曰：“若果爾，卿令我云何？”承天曰：“以王者之重，舉天下以攻一州，大小既殊，逆順又異，境外求全，[5]上計也。其次以腹心領兵戍於義陽，[6]將軍率衆於夏口一戰，[7]若敗，即趨義陽以出北境，其次也。”晦良久曰：“荊楚用武之國，兵力有餘，且當決戰，走不晚也。”使承天造立表檄。晦以湘州刺史張邵必不同己，[8]欲遣千人襲之，承天以爲邵意趨未可知，不宜便討。時邵兄茂度爲益州，[9]與晦素善，故晦止不遣兵。前益州刺史蕭摹之、前巴西太守劉道產去職還江陵，[10]晦將殺之，承天盡力營救，皆得全免。晦既下，承天留府不從。及到彥之至馬頭，[11]承天自詣歸罪。彥之以其有誠，宥之，使行南蠻府事。

［1］衛將軍：官名。原掌京城皇宮禁衛軍，亦爲方鎮重臣加官。位在諸名號大將軍上。二品。

［2］諮議參軍：官名。掌顧問諮議，位在列曹參軍上，無定員。

［3］記室：官名。即記室參軍。記室曹長官，掌文疏表奏。七品。

［4］黃門郎：官名。又稱黃門侍郎。給事宮門内，侍從皇帝，顧問應對，出則陪乘。五品。　曈：人名。即謝曈。事見本書卷五五《徐廣傳》。

　　[5]境外求全：逃亡國境以外以求保全。此爲何承天所建議之叛逃之計。

　　[6]義陽：郡名。治所在今河南信陽市。

　　[7]夏口：城壘名。在今湖北武漢市東南黃鵠山上。

　　[8]張邵：人名。吳郡吳人。本書卷四六有傳。

　　[9]茂度：人名。即張裕。因名與宋武帝劉裕諱同，以字行。本書卷五三有傳。

　　[10]蕭摹之：人名。南蘭陵人。本書卷七八有附傳。　　巴西：郡名。治所在今四川綿陽市。　　劉道產：人名。彭城呂人。本書卷六五有傳。

　　[11]到彥之：人名。彭城武原（今江蘇邳州市）人。《南史》卷二五有傳。　　馬頭：地名。在今安徽懷遠縣馬頭城。


　　七年，彥之北伐，請爲右軍録事。[1]及彥之敗退，承天以才非軍旅，得免刑責。以補尚書殿中郎，兼左丞。[2]吳興餘杭民薄道舉爲劫。[3]制同籍朞親補兵。[4]道舉從弟代公、道生等並爲大功親，[5]非應在補謫之例；[6]法以代公等母存爲朞親，則子宜隨母補兵。承天議曰：“尋劫制，同籍朞親補兵，大功不在此例。[7]婦人三從，[8]既嫁從夫，夫死從子。今道舉爲劫，若其叔尚存，制應補謫，妻子營居，[9]固其宜也。但爲劫之時，叔父已没，代公、道生並是從弟，大功之親，不合補謫。今若以叔母爲朞親，令代公隨母補兵，既違大功不謫之制，又失婦人三從之道。由於主者守朞親之文，不辨男女之異，遠嫌畏負，以生此疑，[10]懼非聖朝恤刑之旨。謂代公等母子並宜見原。”故司徒掾孔邈奏事未御，[11]邈已喪殯，議者謂不宜仍用邈名，更以見官奏之。[12]承天又議曰："既没之名不合奏者，非有它義，正嫌於近不祥耳。奏事一邵，動經歲時，盛明之世，事從簡易，曲嫌細忌，皆應蕩除。"

[1]右軍：官名。即右軍將軍。與前軍、左軍、後軍將軍並稱四軍將軍，掌宿衛。四品。

[2]左丞：官名。即尚書左丞。尚書省佐官，統領尚書臺庶務，位在右丞上、列曹尚書下。六品。

[3]餘杭：縣名。治所在今浙江杭州市餘杭區西南。 薄道舉：人名。本書僅此一見，其事不詳。

[4]同籍：同一戶籍。 朞親：禮制用語。指服喪一年的親屬，其喪服爲齊衰或用杖等。

[5]代公、道生：皆人名。即薄代公、薄道生。本書僅此一見，事皆不詳。 大功：喪服五服之一，服喪期九月。其服用麻布做成，較小功爲粗，故名。

[6]補讁（zhé）：從坐受罰。讁，罰罪。

[7]此例：各本並脱"此"字，中華本據《通典·刑典》補。

[8]三從：儒家禮教對女子依附關係的不平等規定。下文僅及二從，另一從爲未嫁從父。

[9]營居：在罪犯管制區中居住。是對因罪籍没之人的懲罰方式。

[10]此疑：各本並脱"此"字，中華本據《通典·刑典》補。

[11]司徒掾：官名。司徒府屬官，爲諸曹長，分曹治事。七品。 未御：未經皇帝御覽。御，舊時特指與皇帝有關的事情。

[12]見官：現任官吏。見，同"現"。

承天爲性剛愎，[1]不能屈意朝右，[2]頗以所長侮同列，[3]不爲僕射殷景仁所平，[4]出爲衡陽內史。[5]昔在西與士人多不協,[6]在郡又不公清,爲州司所糾,[7]被收繫獄,值赦免。十六年,除著作佐郎,[8]撰國史。承天年已老,而諸佐郎並名家年少,[9]潁川荀伯子嘲之,[10]常呼爲嬭母。[11]承天曰:"卿當云鳳凰將九子,[12]嬭母何言邪!"尋轉太子率更令,[13]著作如故。

[1]剛愎(bì):固執己見,任性。

[2]朝右:朝廷中的顯貴。按:舊時習慣以右爲上,列於朝右者多爲尊顯之人。

[3]同列:同僚,朝見皇帝或在官吏名册中同班而列。

[4]僕射:官名。即尚書僕射。尚書省佐官,協助尚書令處理尚書省事務。三品。

[5]衡陽:王國名。治所在今湖南株洲市西南。

[6]在西:指在江陵任謝晦幕僚時。江陵在建康之西。 士人:世族文人,即官宦世族子弟。

[7]州司:官名。州中負責司法事務的官吏。

[8]著作佐郎:官名。秘書省屬官,協助著作郎修撰國史及起居注。七品。

[9]諸佐郎:各本並脱"郎"字,中華本據《南史》、《類聚》卷二五、《御覽》卷二三四補。

[10]潁川:郡名。治所在今河南許昌市。 荀伯子:人名。潁川潁陰人。本書卷六〇有傳。

[11]嬭母:即奶奶。對年老女性的稱呼。此爲江左方言,有嘲戲之意。

[12]鳳凰將九子:鳳凰生了九隻小鳳凰。將,生育。《晋書》卷八《穆帝紀》:升平四年二月,"鳳皇將九雛見于豐城"。後世以此爲吉祥之兆。鳳凰,傳説中的瑞鳥。

[13]太子率更令:官名。東宮屬官,掌太子宫殿門衛及賞罰等

事，職比光禄勳、衛尉。五品。

時丹陽丁況等久喪不葬，[1]承天議曰："禮所云還葬，[2]當謂荒儉一時，故許其稱財而不求備。[3]丁況三家，數十年中，[4]葬輒無棺櫬，[5]實由淺情薄恩，同於禽獸者耳。竊以爲丁寶等同伍積年，[6]未嘗勸之以義，繩之以法。十六年冬，既無新科，[7]又未申明舊制，有何嚴切，歘然相糾。[8]或由鄰曲分爭，以興此言。如聞在東諸處，此例既多，[9]江西淮北尤爲不少。若但讁此三人，殆無整肅。開其一端，則互相恐動，里伍縣司，[10]競爲姦利。財賂既逞，獄訟必繁，懼虧聖明烹鮮之美。[11]臣愚謂況等三家，且可勿問，因此附定制旨，若民人葬不如法，同伍當即糾言，三年除服之後，[12]不得追相告列，於事爲宜。"

[1]丁況：人名。本書僅此一見，其事不詳。

[2]還葬：速葬。《禮記·檀弓下》："斂手足形，還葬而無椁，稱其財，斯之謂禮。"鄭玄注："還猶疾也，謂不及其日月。"

[3]稱財：與財力相稱，能够負擔的喪葬費用。　求備：苛求完備。

[4]十：各本並脱，中華本據《南史》補。

[5]棺櫬（chèn）：棺材，裝殮尸體的器具。櫬，棺材中貼近尸體的一種，因其與尸親近，故名。

[6]丁寶：人名。本書僅此一見，其事不詳。

[7]新科：新的法律制度。科，科條，制度。

[8]歘（xū）然：忽然。

[9]此例：各本並作"比例"，中華本據《元龜》卷五七六及

王鳴盛《十七史商榷》改。

〔10〕里伍：舊時農村基層組織，一般五家爲伍，五伍爲里。參見《周禮‧地官‧遂人》。

〔11〕烹鮮：烹飪味美的食品。

〔12〕三年除服：禮制用語。舊時禮制規定的臣爲君、子爲父、妻爲夫服喪期限，期滿後纔可除去喪服。

十九年，立國子學，[1]以本官領國子博士。皇太子講《孝經》，[2]承天與中庶子顏延之同爲執經。[3]頃之，遷御史中丞。時索虜侵邊，[4]太祖訪群臣威戎御遠之略，承天上表曰：

〔1〕國子學：學校名。由國家設立的學校，用以教授王公大臣子弟。

〔2〕《孝經》：書名。提倡子女對父母盡孝道的儒家經典，傳爲孔門後學所作，流傳至今。

〔3〕中庶子：官名。即太子中庶子。太子府屬官，掌侍從、奏事、諫議，隸太子少傅。五品。丁福林《校議》據繆鉞《顏延之年譜》考證，中庶子是顏延之元嘉十一年以前的官職，非現任之官稱。　顏延之：人名。琅邪臨沂人。本書卷七三有傳。

〔4〕索虜：對北魏的辱稱。其建立者鮮卑拓跋部俗辮髮如繩索，故稱索頭、索頭虜。本書卷九五有《索虜傳》。

伏見北藩上事，[1]虜犯青、兗，天慈降鑑，矜此黎元，博逮群策，經綸戎政，[2]臣以愚陋，預聞訪及。竊尋獫狁告難，[3]爰自上古，有周之盛，南仲出車，[4]漢氏方隆，衛、霍宣力。[5]雖飲馬瀚海，[6]揚旍祁連，[7]事難役繁，天下騷動，委輸負海，[8]貲及舟車。[9]凶狡倔強，[10]未肯受弱，得失報復，裁不相補。宣帝末年，[11]值其乖亂，[12]推亡固存，始獲稽服。自晋喪中原，戎狄侵擾，[13]百餘年間，未暇以北虜爲念。大宋啓祚，[14]兩燿靈武，[15]而懷德畏威，用自款納。陛下臨御以來，[16]羈縻遵養，[17]十餘年中，貢譯不絶。[18]去歲三王出鎮，[19]思振遠圖，獸心易駭，遂生猜懼，背違信約，深搆攜隙。貪禍恣毒，無因自反，恐烽燧之警，[20]必自此始。臣素庸懦，才不經武，率其管窺，[21]謹撰《安邊論》。意及淺末，[22]懼無可採。若得詢之朝列，辨覈同異，庶或開引群慮，研盡衆謀，短長畢陳，當否可見。其論曰：

[1]北藩：北部的藩鎮，指宋與北魏接壤的青徐兗豫等州。上事：上封事，有關軍事情况的報告。

[2]經綸：經營，整理。古時稱整理絲緒爲經，編絲成繩爲綸。

[3]玁狁：周代北方少數民族名。

[4]南仲：人名。周時人。一説文王時武臣，一説宣王時武將。曾征伐西戎、玁狁。《詩·小雅·出車》："赫赫南仲，薄伐西戎"，"赫赫南仲，玁狁于夷"。其事又見《詩·大雅·常武》。

[5]衛、霍：人名。即衛青、霍去病。漢武帝時抗擊北方少數民族入侵的名將。《漢書》卷五五各有傳。

[6]瀚海：地名。相傳在大漠以北群鳥換毛之地，約在今俄羅斯境内貝加爾湖一帶。

[7]揚旍（jīng）：戰旗飄揚。旍，同"旌"。旗的一種。　祁連：山名。即祁連山。在今甘肅南部一帶。霍去病曾大破匈奴

於此。

[8]輸：各本並作“興”。中華本據《元龜》卷四七一改。負海：背靠大海。負，背。

[9]貲：同“資”。財物，錢財，費用。此爲動詞，有徵收稅賦之義。

[10]倔强：頑强不屈。

[11]宣帝：西漢皇帝劉詢。《漢書》卷八有紀。

[12]值其乖亂：指匈奴内部出現五單于互相混戰之事。見《漢書》卷九四《匈奴傳》。

[13]戎狄：少數民族的代稱。古時習慣稱西方少數民族曰戎，北方少數民族曰狄，泛稱戎狄。

[14]啓祚：開啓皇祚，即建國。祚，皇宫前的臺階。

[15]兩燿靈武：兩次展示威武的國力。按：劉裕勢力興起後，曾於義熙五年（409）和十年（416）兩次大舉北伐，滅亡南燕和後秦。參見本書卷一《武帝紀上》、卷二《武帝紀中》。

[16]臨御：登臨御座，即繼承皇位。

[17]羈縻：原指馬籠頭和牛紖。比喻籠絡、懷柔。

[18]貢譯：朝貢通使。譯，使者。

[19]三王出鎮：指宋文帝以彭城王義康爲江州刺史、臨川王義慶爲南兗州刺史、武陵王駿爲南豫州刺史事。參見本書卷五《文帝紀》。

[20]烽燧之警：由烽火發出的報警信號。古時稱白天放烟爲烽，夜晚舉火爲燧。

[21]管窺：從細管中看事情，喻見識狹窄。《莊子·秋水》：“是直用管窺天，用錐指地也，不亦小乎？”

[22]及：中華本稱《元龜》卷四七一作“乃”。

　　　漢世言備匈奴之策，不過二科，武夫盡征伐之謀，儒生講和親之約，課其所言，互有遠志。加塞漠之外，[1]胡敵掣肘，[2]必未能摧鋒引日，[3]規自開張。[4]當由往年冀土之民，[5]附化者衆，二州臨境，[6]三王出藩，經略既張，宏圖將舉，士女延望，華、夷慕義。故昧於小利，且自矜侈，外示餘力，內堅偽衆。今若務存遵養，許其自新，雖未可羈致北闕，[7]猶足鎮静邊境。然和親事重，當盡廟算，[8]誠非愚短所能究言。若追蹤衛、霍瀚海之志，時事不等，致功亦殊。寇雖習戰來久，[9]又全據燕、趙，[10]跨帶秦、魏，[11]山河之險，終古如一。自非大田淮、泗，[12]內實青、徐，使民有贏儲，野有積穀，然後分命方、召，[13]總率虎旅，精卒十萬，使一舉盪夷，則不足稍勤王師，以勞天下。何以言之？今遺黎習亂，志在偷安，非皆恥爲左衽、遠慕冠冕，[14]徒以殘害剥辱，視息無寄，故繈負歸國，[15]先後相尋。虜既不能校勝循理，攻城略地，而輕兵掩襲，急在驅殘，是其所以速怨召禍，滅亡之日。今若遣軍追討，報其侵暴，大翦幽、冀，[16]屠城破邑，則聖朝愛育黎元，方濟之以道。若但欲撫其歸附，伐罪弔民，[17]則駿馬奔走，不肯來征，[18]徒興巨費，無損於彼。復奇兵深入，殺敵破軍，苟陵患未盡，則困獸思鬬，報復之役，將遂無已。斯秦、漢之末策，輪臺之所悔也。[19]

[1]塞漠：邊塞和大漠，意即北方邊塞。
[2]掣肘：牽制。掣，拉牽，抽取。

[3]摧鋒引日：摧挫敵軍銳氣，扭轉形勢。引日，拉轉日輪，扭轉形勢。

[4]開張：開擴，展開。諸葛亮《出師表》："誠宜開張聖聽，以光先帝遺德。"

[5]冀土：冀州一帶的地方。即今河北一帶。

[6]二州臨境：指司、兗二州歸化宋事。參見本書卷五《文帝紀》及卷九五《索虜傳》。

[7]北闕：北城闕，城北門。闕，城樓。

[8]廟算：由朝廷制訂的克敵謀略。

[9]來久：弘治本、北監本、毛本、殿本、局本並作"未久"，唯宋本殘葉作"來久"，中華本據之以改。

[10]燕、趙：古地區名。分別指今北京及河北中南部一帶。

[11]秦、魏：古地區名。分別指今陝西及河南中部一帶。

[12]大田：大量開墾土地，發展農業。　淮、泗：河流名。即今淮河、泗水。主要流經今河南南部及安徽、江蘇北部一帶。

[13]方、召：原指周朝兩位著名將領，即幫助周宣王平定天下的方叔和召虎（召穆公），後也指國家重臣。召，又作"邵"。方叔見《詩·小雅·采芑》，召虎見《詩·大雅·江漢》《國語·周語上》。

[14]左衽：古代少數民族的一種穿衣習俗。即左大襟衣服。此處指被異族征服。衽，衣襟。

[15]繈：以布包裹小兒，負之於背。

[16]幽：古地區名。主要指今北京一帶。

[17]伐罪弔民：討伐暴君，拯救百姓。本書《樂志三》載魏明帝《櫂歌行》："伐罪以弔民，清我東南疆。"

[18]來征：歸附，降臨。征，行。

[19]輪臺：地名。在今新疆輪臺縣西南。漢武帝經營西域時，曾在這一帶進行屯田，後因故放棄。參見《漢書》卷九六《西域傳》。

　　安邊固守，於計爲長。臣以安邊之計，備在史策，李牧言其端，[1]嚴尤申其要，[2]大略舉矣。曹、孫之霸，[3]才均智敵，江、淮之間，不居各數百里。魏捨合肥，[4]退保新城，[5]吳城江陵，[6]移民南涘，濡須之戍，[7]家停羨溪。[8]及襄陽之屯，[9]民夷散雜，晉宣王以爲宜徙沔南，[10]以實水北，曹爽不許，果亡柤中，[11]此皆前代之殷鑒也。[12]何者？斥候之郊，[13]非畜牧之所；轉戰之地，[14]非耕桑之邑。故堅壁清野，以俟其來，整甲繕兵，以乘其敝。雖時有古今，勢有強弱，保民全境，不出此塗。要而歸之有四：一曰移遠就近；二曰浚復城隍；[15]三曰纂偶車牛；[16]四曰計丁課仗。[17]良守疆其土田，驍帥振其風略。蒐獵宣其號令，俎豆訓其廉恥。縣爵以縻之，[18]設禁以威之。徭税有程，[19]寬猛相濟。比及十載，民知義方。然後簡將授奇，揚旌雲朔，[20]風卷河冀，[21]電掃嵩恒，[22]燕弧折刔，[23]代馬摧足，[24]秦首斬其右臂，吳蹄絕其左肩，銘功於燕然之阿，[25]饗徒於金微之曲。[26]

[1]李牧言其端：此指李牧所言以守爲主的安邊策略。李牧，人名。戰國時趙國雁門人，抗擊匈奴名將。事見《史記》卷八一《廉頗藺相如列傳》。

[2]嚴尤申其要：此指嚴尤所提出的對匈奴以和爲主的政策。嚴尤，人名。王莽政權中的大司馬。事見《漢書》卷九九下《王莽傳下》。

[3]曹、孫之霸：三國時期曹魏、孫吳的霸業。曹，曹魏，由曹操開創。孫，孫吳，由孫權奠基。

[4]魏捨合肥：《三國志》卷二六《魏書·滿寵傳》云，魏吳相拒於合肥，魏以守城無益，另城新城，以誘吳軍。其後果見成效。合肥，在今安徽合肥市。

[5]新城：地名。在今安徽合肥市西北。

[6]吳城：各本並脱，中華本據《通典·邊防典》補。

[7]濡須之戍：駐防濡須的戍守。指吳將朱桓在濡須大敗魏將曹仁事。見《三國志》卷五六《吳書·朱桓傳》。濡須，地名。在今安徽無為縣東北。

[8]羡溪：地名。在今安徽含山縣南。

[9]襄陽：各本並作“表陵”，中華本據《通典·邊防典》改。

[10]晋宣王：即司馬懿。諡爲宣王。《晋書》卷一有紀。其建議移民沔北事見本紀。　徙沔：各本並作“宜從江南以北岸”，中華本以爲詭奪不可通，據《通典·邊防典十二》改。

[11]曹爽不許，果亡柤中：《通典·邊防典》作“曹爽不用，果亡沮中”。曹爽，人名。三國魏沛國譙人。《三國志》卷九有傳。柤中，地區名。在今湖北南漳縣至宜城市交界處一帶。

[12]殷鑒：借鑑。本指殷滅夏，以夏亡爲鑑戒。《詩·大雅·蕩》：“殷鑒不遠，在夏后之世。”

[13]斥候：放哨，警戒。斥，遠。候，偵察。

[14]非畜牧之所；轉戰之地：各本並脱“所轉戰之”四字，中華本據《通典·邊防典十二》補。

[15]浚復城隍：疏浚修復城壕。隍，無水的壕溝。

[16]纂偶車牛：將車輛和耕牛集中在一起，進行備戰。纂，編排集聚。

[17]計丁課仗：根據成丁的人數課徵兵器。

[18]縣爵：準備好爵位，以賜給有功之人。縣，同“懸”。懸賞。

[19]有程：具有一定的規章程序。程，法式。

[20]揚旌雲朔：在雲朔地區舉起征戰大旗。旌，戰旗。雲朔，地區名。指今内蒙古和林格爾縣一帶。

[21]河冀：地區名。即黃河和冀州。泛指今河南、河北一帶。

[22]嵩恒：山名。即嵩山、恒山。分別在今河南及河北中南部。此處泛指中原地區。

[23]燕弧：燕地出產的弓箭。燕，地區名。泛指今河北北部一帶。弧，弓。

[24]代馬：漠北出產的駿馬。代，地區名。泛指今山西北部及漠北一帶。

[25]銘功於燕然之阿：指漢武帝時衛青、霍去病征伐匈奴事。燕然，山名。今蒙古國杭愛山一帶。

[26]饗徒：宴饗將士，慶功祝捷。饗，用酒食款待人。　金微之曲：地名。即金微山腳下。今名阿爾泰山，在中國與蒙古和俄羅斯交界處一帶。


　　寇雖亂亡有徵，昧弱易取，若天時人事，或未盡符，抑銳俟機，宜審其算。若邊戍未增，星居布野，勤惰異教，貧富殊資，疆場之民，[1]多懷彼此，虜在去就，不根本業，難可驅率，易在振蕩。又狡虜之性，食肉衣皮，以馳騁爲儀容，以游獵爲南畝，[2]非有車輿之安，宮室之衛。櫛風沐雨，不以爲勞；露宿草寢，維其常性；勝則競利，敗不羞走，彼來或驟，而此已奔疲。且今春踰濟，[3]既獲其利，乘勝忸伏，[4]未虞天誅，比及秋末，容更送死。猋騎蟻聚，[5]輕兵鳥集，並踐禾稼，焚爇閭井，[6]雖邊將多略，未審何以禦之。若盛師連屯，廢農必衆，馳車奔馹，[7]起役必遲，散金行賞，損費必大，換土客戍，怨曠必繁。孰若因民所居，並脩農戰，無動衆之勞，有扞衛之實，其爲利害，優劣相縣也。

[1]疆埸（yì）：邊疆，邊境。

[2]南畝：農田。《詩·小雅·甫田》：“今適南畝，或耘或耔。”

[3]踰濟：越過濟水。濟，河流名。濟水。

[4]狃忕（shì）：慣習。《後漢書》卷一七《馮異傳》“狃忕小利”，李賢注：“狃忕，猶慣習也，謂慣習前事而復爲之。”

[5]猋（biāo）騎：行動迅速的騎兵。猋，犬奔。《楚辭·九歌·雲中君》：“猋遠舉兮雲中。”王逸注：“猋，去疾貌也。” 蟻聚：像螞蟻一樣地集聚。

[6]焚爇（ruò）閭井：焚燒村莊民宅。爇，點燃，放火焚燒。

[7]奔馹（rì）：奔馳。馹，同“驛”。騎馬傳遞信息。

一曰移遠就近，以實內地。今青、兗舊民，冀州新附，在界首者二萬家，[1]此寇之資也。今悉可內徙，青州民移東萊、平昌、北海諸郡，[2]兗州、冀州移泰山以南，[3]南至下邳，[4]左沭右沂，[5]田良野沃，西阻蘭陵，[6]北阨大峴，[7]四塞之內，其號險固。民性重遷，闇於圖始，無虞之時，喜生咨怨。今新被鈔掠，餘懼未息，若曉示安危，居以樂土，宜其歌抃就路，[8]視遷如歸。

[1]界首：邊界附近，即宋和北魏東部邊境交界處的青冀兗州

一帶。　二萬家：《元龜》卷四七一作"三萬家"，《通典·邊防典》作"二三萬家"。

[2]東萊：郡名。治所在今山東萊州市東北。　平昌：郡名。治所在今山東安丘市西南。　北海：郡名。治所在今山東昌樂縣南。

[3]兗州、冀州移：各本並脫，中華本據《通典·邊防典十二》補。

[4]下邳：郡名。治所在今江蘇邳州市。

[5]左沭右沂：左沭水、右沂水。二水皆發源於今山東半島中部，南流入淮河，名沭河、沂河。

[6]蘭陵：郡名。治所在今山東滕州市東南。

[7]大峴（xiàn）：山名。即大峴山。今名沂山，在山東沂水縣北部。

[8]歌抃（biàn）：載歌載舞。抃，鼓掌。

　　二曰浚復城隍，以增阻防。舊秋冬收斂，民人入保。所以警備暴客，使防衛有素也。古之城池，處處皆有，今雖頹毀，猶可脩治。粗計户數，量其所容，新徙之家，悉著城内，假其經用，爲之閭伍，納稼築場，[1]還在一處。婦子守家，長吏爲師，[2]丁夫匹婦，春夏佃牧，秋冬入保。[3]寇至之時，一城千室，堪戰之士，不下二千，其餘羸弱，猶能登陴鼓譟。[4]十則圍之，兵家舊説，戰士二千，足抗群虜三萬矣。

[1]納稼築場：收納莊稼，修建場院，加工儲藏。
[2]長吏爲師：以官吏爲老師教育民衆。《史記》卷六《秦始

皇本紀》：“若欲有學法令，以吏爲師。”

　　[3]秋冬入保：各本並脱，中華本據《通鑑》宋元嘉二十三年補。

　　[4]登陴（pí）鼓譟：登上城墙吶喊助威。陴，城垛。

　　三曰纂偶車牛，以飾戎械。[1]計千家之資，不下五百耦牛，[2]爲車伍伯兩。參合鈎連，[3]以衛其衆。設使城不可固，平行趨險，賊所不能干。既已族居，易可檢括。號令先明，民知夙戒。[4]有急徵發，信宿可聚。[5]

　　[1]以飾戎械：《通鑑》卷一二四作“以載糧械”，與此不同。

　　[2]耦牛：兩兩編在一起的牛。耦，同“偶”。

　　[3]參合鈎連：相互配合編排在一起，使互相連結。

　　[4]夙戒：習慣性的戒備。夙，平素。

　　[5]信宿：短時間，二三日。《後漢書》卷六〇下《蔡邕傳下》：“信宿三遷。”李賢注：“謂三日之間，位歷三臺也。”

　　四曰計丁課仗，勿使有闕。千家之邑，戰士二千，隨其便能，各自有仗，素所服習，銘刻由己，還保輸之於庫，出行請以自衛。弓箭利鐵，民不辦得者，官以漸充之，數年之内，軍用粗備矣。

　　臣聞軍國異容，施於封畿之内，[1]兵農並脩，在於疆場之表。攻守之宜，皆因其習，任其怯勇。山陵川陸之形，寒暑温涼之氣，各由本性，易則害生。是故戍申作〔刺，怨起及瓜，今若以荆、吳鋭〕師，遠屯清濟，[2]功費既重，嗟怨亦深。以臣料之，未若即用彼衆之易也。管子治齊，寄令在民；[3]商君爲秦，設以耕戰。[4]終申威定霸，行其志業，非苟任强，實由有數。梁用走卒，其邦自滅；[5]齊用技擊，厥衆亦離。[6]漢、魏以來，茲制漸絕，蒐田非復先王之禮，[7]治兵徒逞耳目之欲，有急之日，民不知戰，至乃廣延賞募，奉以厚秩，發遽奔救，[8]天下騷然。方伯刺史，[9]拱手坐聽，自無經略，唯望朝廷遣軍，此皆忘戰之害，不教之失也。今移民實内，浚治城隍，族居聚處，課其騎射，長吏簡試，差品能不，[10]甲科上第，[11]漸就優別，明其勳才，表言州郡。如此則屯部有常，不遷其業。内護老弱，外通宦塗，[12]朋曹素定，同憂等樂，情由習親，藝因事著，晝戰見貌足相識，夜戰聞聲足相救，[13]斯教戰之一隅，先哲之遺術。論者必以古城荒毀，難可脩復。今不謂頓便加功，整麗如舊，但欲先定民居，[14]營其閭術，[15]墉壍存者，因而即之，其有毀缺，權時栅斷。足以禦彼輕兵，防遏游騎，假以方將，漸就完立。[16]車牛之賦，課仗之宜，攻守所資，軍國之要，今因民所利，導而率之。耕農之器，爲府庫之寶，田蠶之氓，兼捍城之用，[17]千家總倍旅之兵，萬户具全軍之衆，兵强而敵不戒，國富而民不勞，比於優復隊伍，坐食廩糧者，不可同年而校矣。[18]

[1]封畿：王都附近的地方。班固《西都賦》：“封畿之内，厥土千里。”

　　[2]戍申作〔刺，怨起及瓜，今若以荆、吴鋭〕師，遠屯清
濟：各本並脱"刺"至"吴鋭"十一字，中華本據《通典·邊防
典十二》補。按："戍申作刺，怨起及瓜"，典出《詩·王風·揚
之水》"彼其之子，不與我戍申"及《左傳》莊公八年"及瓜而
代"。申，地名。在今河南南陽市一帶。作刺，抱怨，指責。清濟，
河名。即清河、濟水。清河發源於今河南林州市林慮山，東北流，
在天津市南入海。濟水在今河南鄭州市東北由黄河分出，東北流，
在山東東營市附近入海。

　　[3]管子治齊，寄令在民：管仲治理齊國，實行"作内政而寄
軍令"，軍政合一，達到"卒伍整於里，軍旅整於郊""莫之能御"
的目的。見《國語·齊語六》。管子，即管仲。春秋齊國政治家。
《史記》卷六二有傳。

　　[4]商君爲秦，設以耕戰：商鞅治秦，重視農業和軍事。商鞅，
人名。戰國時秦國政治家。其治國要求百姓"戮力本業，耕織致粟
帛多者復其身"，"有軍功者，各以率受上爵"，並著《商君書》以
申明開塞耕戰之旨。《史記》卷六八有傳。

　　[5]梁用走卒，其邦自滅：典出《荀子·議兵》。荀子認爲魏
國的武卒靠選拔而録取，中試的就免除其家的租税，並賞與田宅。
故其國雖大，其税必少，是危國之兵。走卒，各本並作"走卒"，
考之《荀子·議兵》及《漢書·刑法志》，實乃"武卒"之誤。武
卒乃魏國軍隊之名稱。

　　[6]齊用技擊，厥衆亦離：典出《荀子·議兵》：齊人重視軍
功，得一敵首則賞賜錙金，"事小敵毳，則偷可用也，事大敵堅，
則涣焉離耳"。技擊，齊國軍隊名。

　　[7]蒐田：打獵。古時稱春或秋獵爲蒐。田，同"畋"。獵。

　　[8]發遽：急促，倉猝。

　　[9]方伯：受命一方的地方首領。《禮記·王制》："千里之外
設方伯。"

　　[10]差品能不：區分有才能與否，分别對待。

[11]甲科上第：才能優異，處於前列地位的人。

[12]宦塗：做官仕宦的路途。宦，各本並作“官”，中華本據《通典·邊防典十二》改。

[13]晝戰見貌足相識，夜戰聞聲足相救：此句從《管子·小匡》衍化而來。

[14]民居：各本並脱“居”字，中華本據《通典·邊防典》補。

[15]閭術：鄉里。古時稱二十五家爲閭，一萬二千五百家爲術。

[16]完立：各本並作“只立”，中華本據《通典·邊防典十二》改。

[17]捍城：各本並脱“捍”字，中華本據《通典·職官典》、《元龜》卷四七一補。

[18]同年而校：用相同的標準進行考校、衡量。意猶同日而語、相提並論。

今承平來久，邊令弛縱，弓矟利鐵，既不都斷，往歲棄甲，垂二十年，課其所住，理應消壞。謂宜申明舊科，嚴加禁塞，諸商賈往來，幢隊挾藏者，[1]皆以軍法治之。又界上嚴立關候，[2]杜廢間蹊。城保之境，諸所課仗，並加雕鐫，別造程式，[3]若有遺鏃亡刃，及私爲竊盜者，皆可立驗，於事爲長。又鉅野湖澤廣大，[4]南通洙、泗，[5]北連青、齊，有舊縣城，正在澤内。宜立式脩復舊堵，[6]利其埭遏，[7]給輕艦百艘。寇若入境，引艦出戰，左右隨宜應接，據其師津，毁其航漕。此以利制車，運我所長，亦禦敵之要也。[8]

　　[1]幢：軍事編制名。"百人爲幢，幢有帥"。見《通鑑》宋元
嘉七年胡三省注。
　　[2]關候：邊關哨兵。
　　[3]程式：規程，法式。
　　[4]鉅野：湖泊名。即鉅野澤。在今山東巨野縣北部一帶。
　　[5]洙、泗：河流名。即洙水、泗水。洙水又作沭水，即今沭
河。泗水發源於今山東新泰市東北，南流至江蘇淮安市清河區西入
淮河，名泗河。
　　[6]立式：制訂辦法、規程。式，程式。
　　[7]埭遏：堤岸。
　　[8]禦：各本並作"微徹"，中華本據《通典·邊防典》改。

　　承天素好弈棋，頗用廢事。太祖賜以局子，承天奉
表陳謝，上答："局子之賜，何必非張武之金邪！"[1]承
天又能彈箏，上又賜銀裝箏一面。承天與尚書左丞謝元
素不相善，[2]二人競伺二臺之違，[3]累相糾奏。太尉江夏
王義恭歲給資費錢三千萬，[4]布五萬匹，米七萬斛。義
恭素奢侈，用常不充，二十一年，逆就尚書換明年資
費。而舊制出錢二十萬，布五百匹以上，並應奏聞，元
輒命議以錢二百萬給太尉。事發覺，元乃使令史取僕射
孟顗命。[5]元時新除太尉諮議參軍，[6]未拜，爲承天所
糾。上大怒，遣元長歸田里，禁錮終身。元時又舉承天
賣茭四百七十束與官屬，求貴價。承天坐白衣領職。[7]
元字有宗，陳郡陽夏人，[8]臨川內史靈運從祖弟也。[9]以
才學見知，卒於禁錮。

[1]張武：人名。漢文帝在代邸的親信，後護送代王入京爲帝，初任郎中令，後任復土將軍。曾受賄，文帝不僅未罰，反賜其金錢，以愧其心。事見《漢書》卷四《文帝紀》。

[2]謝元：人名。陳郡陽夏人，事迹詳下。

[3]二臺：官署名。即尚書臺、御史臺。

[4]江夏王：王爵名。王國在今湖北武漢市武昌區。　義恭：人名。即劉義恭。宋武帝子。本書卷六一有傳。

[5]令史：官名。尚書省屬吏，經辦具體事務。　孟顗：人名。平昌安丘人。本書卷六六有附傳。　命：命令、批文、指令。

[6]太尉諮議參軍：官名。太尉府屬官，掌參謀軍務，無定員。

[7]白衣領職：官制用語。指官員因過失削除官職，以白衣守原職，爲一種懲罰方式。

[8]陳郡：治所在今河南淮陽縣。　陽夏：縣名。治所在今河南太康縣。

[9]靈運：人名。即謝靈運。本書卷六七有傳。

二十四年，承天遷廷尉，[1]未拜，上欲以爲吏部，[2]已受密旨，承天宣漏之，坐免官。卒於家，年七十八。先是，《禮論》有八百卷，[3]承天刪減并合，以類相從，凡爲三百卷，并《前傳》、《雜語》、《纂文》、論並傳於世。[4]又改定《元嘉曆》，[5]語在《律曆志》。

[1]廷尉：官名。漢時是中央最高司法長官。魏晉南朝修訂律令等權歸尚書，廷尉職高權輕。三品。

[2]吏部：官名。即吏部尚書。尚書省吏部長官，掌官吏銓選、任命、遷轉等。三品。

[3]《禮論》：書名。《隋書·經籍志一》收録有何承天《禮論》三百卷。

[4]《前傳》：《隋書·經籍志二》作《春秋前傳》十卷。
《雜語》：各本並作“雜論”，中華本據《南史》改。《隋書·經籍志二》作《春秋前雜傳》九卷。　傳於世：何承天文論除已及者外，又被編爲《何承天集》，梁時有三十二卷，隋時仍有二十卷流傳。參見《隋書·經籍志四》。

[5]《元嘉曆》：宋文帝元嘉年間使用的曆法。本書《律曆志》稱，該曆完成於元嘉二十年，於元嘉二十二年正式使用。其主要内容及特點在《律曆志》中均有反映。曆，中華本誤作“歷”。

　　史臣曰：治邊之術，前世言之詳矣。夫戎夷狡黠，飄迅難虞，必宜完其障塞，謹其烽柝，[1]使來逕可防，去塗易梗，然後乃能禁暴止姦，養威攘寇。漢世案秦舊迹，嚴塞以限外夷，吳、魏交戰，亦以江、淮爲疆場，莫不先憑地險，却保民和，且守且耕，伺隙乘釁。高祖受命，王略未遠，雖綿河作守，而兵孤援闊，盛衰既兆，用啓戎心。蓋由王業始基，經創多闕，先内後外，以至於此乎。自兹以降，分青置境，[2]無圍守之宜，闕耕戰之略，恃寇不來，遂無其備。周、漢二策，[3]在宋頓亡，遂致胡馬横行，曾無藩落之固，使士民蹢蒼天，蹐厚地，[4]繫虜俘囚，而無所控告，哀哉！承天《安邊論》，博而篤矣，載之云爾。

[1]烽柝（tuò）：利用烽火和敲擊梆子，發出警報。柝，打更和報警用的梆子。
[2]分青置境：分割青州，作爲邊境。按：青州一帶原爲南燕國土，宋武帝滅南燕後併入南朝，此後長期爲南北朝在東部對峙的分界綫，原轄郡縣亦分屬南北。參見本書《州郡志二》。

　　[3]周、漢二策：周代和漢代對待北方少數民族的有效政策。
詳見此前各注。

　　[4]跼（jú）蒼天，蹐（jí）厚地：《詩·小雅·正月》："謂天
蓋高，不敢不局；謂地蓋厚，不敢不蹐。"形容行動小心戒懼。跼，
曲身，彎腰。蹐，小步行路。

# 宋書　卷六五

## 列傳第二十五

### 吉翰　劉道産　杜驥　申恬

　　吉翰字休文，馮翊池陽人也。[1]初爲龍驤將軍道憐
參軍，[2]隨府轉征虜左軍參軍，[3]員外散騎侍郎。[4]隨道
憐北征廣固，[5]賜爵建城縣五等男。[6]轉道憐驃騎中兵參
軍，[7]從事中郎。[8]爲將佐十餘年，清謹剛正，甚爲高祖
所知賞。[9]永初三年，[10]轉道憐太尉司馬。[11]

　　[1]馮翊：郡名。治所在今陝西大荔縣。　池陽：縣名。治所
在今陝西涇陽縣西北。

　　[2]龍驤將軍：官名。高級武官之一，位在寧朔將軍上。三品。
　道憐：人名。即劉道憐。本書卷五一有傳。

　　[3]征虜：官名。即征虜將軍。宋時一般作爲高級文官的加官，
不典兵。三品。　左軍參軍：官名。將軍府屬官之一，負責左軍參
議、謀劃、顧問等事務。

　　[4]員外散騎侍郎：官名。門下省閑散之職，多以公族和功臣
子弟充任。五品。

[5]北征廣固：指義熙五年（409）劉裕北伐南燕事。參見本書卷一《武帝紀上》。廣固，地名。南燕國都，在今山東青州市西北。

[6]建城縣五等男：男爵名。不食封。建城縣，治所在今江西高安市。《南史》卷七〇《吉翰傳》作"建城縣五等侯"，未知孰是。

[7]中兵參軍：官名。又稱中兵參軍事。軍府僚佐之一，掌中兵曹事務，兼備參謀咨詢。

[8]從事中郎：官名。將軍府屬官之一，掌謀議、機密或軍中雜務。地位較高，員二至四人。六品。

[9]高祖：宋武帝劉裕廟號。

[10]永初：宋武帝劉裕年號（420—422）。

[11]太尉司馬：官名。太尉府屬官之一，掌保衛等事務，爲府中最高軍事屬官。六品。

太祖元嘉元年，[1]出督梁南秦二州諸軍事、龍驤將軍、西戎校尉、梁南秦二州刺史。[2]三年，仇池氏楊興平遣使歸順，[3]并兒弟爲質，翰遣始平太守龐諮據武興。[4]仇池大帥楊玄遣弟難當率衆拒諮，又遣將强鹿皮向白水。[5]諮擊破之，[6]難當等並退走。其年，徙督益寧二州梁州之巴西梓潼宕渠南漢中秦州之安固懷寧六郡諸軍事、益州刺史，[7]將軍如故。在益州著美績，甚得方伯之體，[8]論者稱之。

[1]太祖：宋文帝劉義隆廟號。　元嘉：宋文帝劉義隆年號（424—453）。

[2]督梁南秦二州諸軍事：官名。當地最高軍事長官，總理所

部軍務。梁南秦二州，當時合治所在今陝西漢中市。　西戎校尉：
官名。掌少數民族事務，領兵。四品。

[3]仇池氏：民族名。活動在仇池一帶（今甘肅隴南市武都區
北）的氐族，是當時一個割據勢力。

[4]始平：僑郡名。治所在今湖北丹江口市西北。　武興：郡
名。治所在今陝西略陽縣。

[5]白水：河流名。今嘉陵江支流之一，在川陝交界處。流域
內設有白水郡，治所在今四川青川縣東北。

[6]諸擊破之：原脫“之”字，據張森楷《校勘記》補。

[7]益寧：二州名。治所分別在今四川成都市和雲南曲靖市。
梁州：各本並脫“州”字，中華本據孫虨《考論》補。　巴西：
郡名。治所在今四川綿陽市東北。　梓潼：郡名。治所與巴西郡
同。　宕渠：郡名。治所在今四川渠縣東北。　南漢中：僑郡名。
原屬梁州，文帝元嘉十六年割屬益州。治所確址無考，應在今四川
省境內。　安固：僑郡名。治所在今四川都江堰市和阿壩州一帶，
文帝元嘉十六年轉屬益州。　懷寧：僑郡名。東晉安置秦雍流民
置，治所寄今四川成都市，南朝宋沿置，屬益州。

[8]方伯：原指一方諸侯首領，後爲地方長官的代稱。《歷代
職官表·總督巡撫·漢》：“刺史，古之方伯。”

　　六年，以老疾徵還，除彭城王義康司徒司馬，加輔
國將軍。[1]時太祖經略河南，以翰爲持節、監司雍并三
州諸軍事、司州刺史，[2]將軍如故。[3]會前鋒諸軍到彥之
等敗退，[4]明年，復爲司徒司馬，將軍如故。其年，又
假節、監徐兗二州豫州之梁郡諸軍事、徐州刺史，[5]將
軍如故。時有死罪囚，典籤意欲活之，因翰八關齋呈其
事。[6]翰省訖，語“今且去，明可便呈”。明旦，典籤不
敢復入，呼之乃來，取昨所呈事視訖，謂之曰：“卿意

當欲宥此囚死命。昨於齋坐見其事，亦有心活之。但此囚罪重，不可全貸，[7]既欲加恩，卿便當代任其罪。"因命左右收典籤付獄殺之，原此囚生命。其刑政如此，其下畏服，莫敢犯禁。明年卒官，時年六十。追贈征虜將軍，持節、監、刺史如故。

[1]彭城王：王爵名。王國在今江蘇徐州市。　義康：人名。即劉義康。宋武帝第四子。本書卷六八有傳。　輔國將軍：官名。一度改輔師將軍，位在龍驤將軍上。三品。

[2]持節：官名。官員因公外出時所持皇帝授予的節杖，以示威權。若軍事長官出鎮，持節則爲加官，可以享有更多的權力，是身份的象徵。　司州：僑置。治所在今河南汝南縣。

[3]將軍：各本並作"持節將軍"，中華本謂上文已云持節，此爲衍文，據刪。

[4]到彥之：人名。彭城武原（今江蘇邳州市）人，時任南豫州刺史。《南史》卷二五有傳。

[5]假節：官名。對地方軍政長官假予節杖，有權殺犯軍令者，是地位和權力的標志。　監：官名。魏晋後，除中書、秘書、廷尉等官署設爲主官、屬官外，還有以較高官員監理某地區"諸軍事"者以統兵，是地區軍事長官。或有稱監某州、郡、縣者，即行使州刺史、郡守、縣令的職權。　徐：州名。治所在今江蘇徐州市。　兖：州名。治所在今山東兖州市東北。　豫州：治所在今安徽壽縣。

[6]典籤：官名。官府中掌管文書的佐吏，後成爲皇帝監督地方官或諸王的耳目，位低權重。　八關齋：佛教的八條戒律，亦稱八關戒。一不殺生，二不偷盗，三不邪淫，四不妄語，五不飲酒、食肉，六不著花鬘瓔珞、香油塗身、歌舞倡伎故往觀聽，七不得坐高廣大床，八不得過齋後吃食。八，各本並作"人"，中華本據本書卷八九《袁粲傳》及《歲時記》等改。

[7]貸：寬免。《漢書》卷七六《張敞傳》："舜本臣敞素所厚吏，數蒙恩貸。"

劉道産，彭城吕人，[1]太尉諮議參軍簡之子也。[2]簡之事在弟子《康祖傳》。[3]

[1]吕：縣名。治所在今江蘇銅山縣東南吕梁集。

[2]太尉諮議參軍：官名。太尉府屬官之一，掌顧問諫議，位在列曹參軍上，無定員。

[3]《康祖傳》：見本書卷五○《劉康祖傳》。

道産初爲輔國參軍，[1]無錫令，[2]在縣有能名。高祖版爲中軍行參軍，[3]又爲道憐驃騎參軍，襲父爵晋安縣五等侯。[4]廣州群盗因刺史謝道欣死爲寇，[5]攻没州城，道憐加道産振武將軍南討，[6]會始興相劉謙之已平廣州，[7]道産未至而反。

[1]輔國參軍：官名。輔國將軍屬官，掌參謀軍務，無定員。

[2]無錫：縣名。治所在今江蘇無錫市城區。

[3]版：官制用語。指不經吏部正式任命，由地方軍政長官自行選聘的官員，行版文委派。　中軍行參軍：官名。中軍將軍屬官，掌參謀軍務，地位低於參軍，職掌與參軍同。

[4]晋安縣五等侯：侯爵名。是當時爲褒獎功臣而虛封的一種爵位。晋安縣在今福建南安市。

[5]廣州群盗因刺史謝道欣死爲寇：指義熙十三年（417）徐道期在廣州作亂事。詳見本書卷五○《劉康祖傳》。謝道欣，人名。中華本稱《劉康祖傳》作"謝欣"。

[6]振武將軍：官名。與建武、奮武、揚武、廣武等並稱爲五

武將軍。四品。

[7]始興：王國名。國都在今廣東韶關市東南蓮花嶺下。　相劉謙之：各本並脱“相劉”，中華本據《通鑑》晋安帝義熙十三年補。相，官名。封國行政長官，地位相當於郡守。劉謙之，人名。本書卷五〇有附傳。

　　元年，[1]除寧遠將軍、巴西梓潼二郡太守。[2]郡人黄公生、任肅之、張石之等並譙縱餘燼，[3]與姻親侯攬、羅奥等招引白水氐，[4]規欲爲亂。道産誅公生等二十一家，宥其餘黨。還爲彭城王義康驃騎中兵參軍。[5]元嘉三年，督梁南秦二州諸軍事、寧遠將軍、西戎校尉、梁南秦二州刺史。在州有惠化，關中流民，前後出漢川歸之者甚多。[6]六年，道産表置隴西、宋康二郡以領之。[7]

[1]元年：中華本校勘記以下有“元嘉三年”故，疑此爲景平元年。

[2]寧遠將軍：官名。雜號將軍之一。五品。

[3]黄公生、任肅之、張石之：皆人名。本書僅此一見，事皆不詳。　譙縱：人名。巴西南充（今四川南充市）人，東晋末年割據今四川中部一帶的首領。《晋書》卷一〇〇有傳。

[4]侯攬：人名。本書僅此一見，其事不詳。　羅奥：人名。巴西郡豪强。事亦見本書卷六三《沈演之傳》。　白水氐：少數民族部落名。主要活動在今川陝交界嘉陵江上游白龍江（即白水）流域，是氐族中勢力較大的一支。

[5]驃騎中兵參軍：官名。驃騎將軍屬官，掌中軍諫議、參謀等事務。

[6]漢川：地區名。即漢水流域平原。在今陝西漢中一帶。

[7]隴西、宋康：皆郡名。僑置，治所在今陝西漢中市境。

　　七年，徵爲後軍將軍。[1]明年，遷竟陵王義宣左將軍諮議參軍，[2]仍爲持節、督雍梁南秦三州荊州之南陽竟陵順陽襄陽新野隨六郡諸軍事、寧遠將軍、寧蠻校尉、雍州刺史、襄陽太守。[3]善於臨民，在雍部政績尤著，蠻夷前後叛戾不受化者，並皆順服，悉出緣沔爲居。[4]百姓樂業，民户豐贍，由此有《襄陽樂歌》，[5]自道產始也。十三年，進號輔國將軍。十九年卒，追贈征虜將軍，謚曰襄侯。[6]道產惠澤被於西土，及喪還，諸蠻皆備衰絰，[7]號哭追送，至于沔口。[8]荊州刺史衡陽王義季啓太祖曰：[9]"故輔國將軍劉道產患背癰，[10]疾遂不救。道產自鎮漢南，[11]境接凶寇，政績既著，威懷兼舉。年時猶可，[12]方宣其用，奄至殞没，傷怨特深。伏惟聖懷，愍惜兼至。"

　　[1]後軍將軍：官名。掌宮禁宿衛，員一人。與前、左、右軍將軍並稱四軍將軍。四品。

　　[2]竟陵王：王爵名。王國在今湖北鍾祥市。　義宣：人名。即劉義宣。宋武帝第六子。本書卷六八有傳。　左將軍諮議參軍：官名。左將軍屬官，掌顧問諫議，位在列曹參軍上，無定員。

　　[3]荊州：治所在今湖北荊州市荊州區。　南陽：郡名。治所在今河南南陽市。　順陽：郡名。治所在今河南淅川縣西南。　襄陽：郡名。治所在今湖北襄陽市襄城區西南。　新野：郡名。治所在今河南新野縣。　隨：郡名。治所在今湖北隨州市。　寧蠻校尉：官名。掌少數民族事務，領兵設府。四品。

　　[4]沔：河流名。即沔水。指今漢水及其北源西沮水（在今陝西留壩縣）。

[5]《襄陽樂歌》：歌曲名。大抵爲劉道産歌功頌德而作，今不傳。後世以其爲曲名模仿而作者甚多。參見《樂府詩集》卷四八《清商曲辭五》、卷八五《雜歌謠辭三》。

[6]襄：謚號。按《謚法》："甲胄有勞曰襄。""辟地有德曰襄"。

[7]衰絰：喪服名。原指喪服上的麻布或麻繩，此處泛指服喪。

[8]沔口：地名。指沔水與江水匯合處，即今漢水入長江之口（今湖北武漢市西）。

[9]衡陽王：王爵名。王國在今湖南湘潭市西南。　義季：人名。即劉義季。宋武帝第七子。本書卷六一有傳。

[10]背癰：背上所生的一種惡性毒瘡，可致人喪命。

[11]漢南：地區名。即漢水以南地區。指今陝西漢中和四川北部一帶。

[12]猶可：尚可。《孟子·萬章下》："臘較猶可，而況受其賜乎？"


　　長子延孫，別有傳。[1]延孫弟延熙，因延孫之蔭，[2]大明中，[3]爲司徒右長史，[4]黃門郎，[5]臨海、義興太守。[6]泰始初，[7]與四方同反，[8]伏誅。


[1]別有傳：見本書卷七八《劉延孫傳》。

[2]蔭：福蔭和庇護。按宋制規定，功臣子弟以其父兄所立功勳大小，可以享有蔭庇爲官的特權。

[3]大明：宋孝武帝劉駿年號（457—464）。

[4]司徒右長史：官名。司徒府屬官，統領府中諸曹事務。六品。

[5]黃門郎：官名。又稱黃門侍郎，掌侍從皇帝、顧問應對、出行陪乘等職。五品。

[6]臨海：郡名。治所在今浙江臨海市東南。　義興：郡名。治所在今江蘇宜興市。

[7]泰始：宋明帝劉彧年號（465—471）。

[8]與四方同反：指劉延熙在泰始初年參與反對宋明帝奪位事。參見本書卷八《明帝紀》。

道產弟道錫，巴西、梓潼二郡太守。元嘉十八年，爲氐寇所攻，[1]道錫保城退敵，太祖嘉之，下詔曰：“前者兵寇攻逼，邊情波駭，廣威將軍、巴西梓潼二郡太守劉道錫，[2]獎率文武，[3]盡心固守，保全之績，厥效可書。可冠軍諮議參軍。[4]前建威將軍、晋壽太守申坦，[5]孤城弱衆，厲志致果，死傷參半，壯氣不衰，雖力屈陷沒，在誠宜甄。[6]可建威將軍、巴西梓潼二郡太守。”初，氐寇至，城内衆寡，道錫募吏民守城，復租布二十年。[7]及賊退，朝議：“賊雖攻城，一戰便走，聽依本要，於事爲優。”右衛將軍沈演之、丹陽尹羊玄保、後軍長史范曄並謂：[8]“宜隨功勞裁量，不可全用本誓，多者不得過十年。”從之。二十一年，遷揚烈將軍、廣州刺史。[9]二十七年，坐貪縱過度，自杖治中荀齊文垂死，[10]乘輦出城行，與阿尼同載，[11]爲有司所糾。值赦，明年散徵，[12]又以赦後餘贓，收下廷尉，被宥。病卒。

[1]氐寇：對氐族的辱稱。氐族的一支當時活動在今四川一帶，又稱巴氐，是當地主要少數民族之一。

[2]廣威將軍：官名。與建威、振威、奮威、揚威並稱爲五威將軍。四品。

[3]獎：各本並作“將”，中華本據《元龜》卷三七九改。

[4]冠軍諮議參軍：官名。即冠軍將軍府諮議參軍，主參議軍事。三品。

[5]晉壽：郡名。治所在今四川廣元市市中區西南。　申坦：人名。本卷有附傳，詳下。

[6]甄：鑑別、獎拔。《抱朴子·正郭》："甄無名之士於草萊。"

[7]復：免除賦稅和徭役。《荀子·議兵》："中試則復其戶，利其田宅。"

[8]右衛將軍：官名。掌宮禁宿衛。員一人。四品。　沈演之：人名。本書卷六三有傳。　丹陽尹：官名。負責京師行政事務的長官。秩中二千石。　羊玄保：人名。本書卷五四有傳。　後軍長史：官名。後軍將軍屬官，掌顧問參謀，爲屬吏中地位最高者。秩千石。　范曄：人名。本書卷六九有傳。

[9]揚烈將軍：官名。位在寧遠將軍上。四品。

[10]治中：官名。即治中從事史，州官佐吏，掌衆曹文書事。六品。　荀齊文：人名。本書僅此一見，其事不詳。

[11]阿尼：即比丘尼。對佛教出家女弟子的俗稱。

[12]散徵：官制用語。指對免職待罪官員雖徵召入仕但又不安排具體職務的一種選官方式。


　　杜驥字度世，京兆杜陵人也。[1]高祖預，晉征南將軍。[2]曾祖耽，避難河西，因仕張氏。[3]苻堅平涼州，[4]父祖始還關中。


[1]京兆：郡名。治所在今陝西西安市西北。　杜陵：縣名。治所在今陝西西安市長安區東北。

[2]預：人名。即杜預。西晉名臣。《晉書》卷三四有傳。

[3]耽：人名。即杜耽。事見《晉書》卷三四《杜預傳》。

河西：地區名。指今甘肅、寧夏黃河以西地區。　張氏：即十六國時期割據河西的前涼張氏政權。

[4]苻堅：十六國前秦國君。氐族。《晉書》卷一一三、一一四有載記。　平涼州：即滅亡前涼。事在前秦建元十二年（376）。

兄坦，頗涉史傳。高祖征長安，席卷隨從南還。[1]太祖元嘉中，任遇甚厚。歷後軍將軍，龍驤將軍，青、冀二州刺史，南平王鑠右將軍司馬。[2]晚度北人，朝廷常以傖荒遇之，[3]雖復人才可施，[4]每爲清塗所隔，[5]坦以此慨然。嘗與太祖言及史籍，上曰：“金日磾忠孝淳深，[6]漢朝莫及，恨今世無復如此輩人。”坦曰：“日磾之美，誠如聖詔。假使生乎今世，養馬不暇，豈辦見知。”上變色曰：“卿何量朝廷之薄也。”坦曰：“請以臣言之。臣本中華高族，[7]亡曾祖晉氏喪亂，播遷涼土，世葉相承，[8]不殞其舊。直以南度不早，便以荒傖賜隔。日磾胡人，身爲牧圉，[9]便超入內侍，齒列名賢。聖朝雖復拔才，臣恐未必能也。”上默然。

[1]席卷：像卷席一樣包攬無餘。賈誼《過秦論》：“有席卷天下之意。”

[2]南平王：王爵名。王國在今湖北公安縣西北。　鑠：人名。即劉鑠。宋文帝第四子。本書卷七二有傳。

[3]傖（cāng）荒：東晉南朝對晚渡江士族的辱稱。傖，粗俗、僻陋。《史通·雜說中》：“南呼北人曰傖。”

[4]施：施行，利用。《荀子·天論》：“有齊而無畸，則政令不施。”

[5]清塗：官制用語。指較爲清顯的仕途。當時人多把地位較

高而事務較少的官職稱爲清官，是身份的標志，能否進入清途是家族地位的象徵。塗，同"途"。

[6]金日（mì）磾（dī）：人名。西漢武帝重臣之一，原爲匈奴休屠王太子。《漢書》卷六八有傳。

[7]中華高族：即中原地區的名門望族。中華，原指黃河中下游地區。

[8]世葉：即世代、時期。

[9]牧圉：牧馬人。指金日磾出身匈奴游牧民族事。

北土舊法，[1]問疾必遣子弟。驎年十三，父使候同郡韋華。華子玄有高名，見而異之，以女妻焉。桂陽公義真鎮長安，[2]辟爲州主簿，[3]後爲義真車騎行參軍，員外散騎侍郎，江夏王義恭撫軍刑獄參軍，[4]尚書都官郎，[5]長沙王義欣後軍録事參軍。[6]

[1]北土：即北方。此處指北朝，與南朝相對。

[2]桂陽公：公爵名。公國在今湖南郴州市北。　義真：人名。即劉義真。宋武帝第二子。本書卷六一有傳。　長安：地名。今陝西西安市。

[3]州主簿：官名。州中負責文書簿籍及印鑑的官員，爲掾史之首。

[4]刑獄參軍：官名。又稱刑獄賊曹參軍或刑獄賊曹參軍事。掌盜賊刑獄，爲該曹長官之首。七品。

[5]尚書都官郎：官名。又稱都官郎中。尚書省都官曹長官，掌刑獄或佐督軍事。六品。

[6]長沙王：王爵名。王國在今湖南長沙市。　義欣：人名。即劉義欣。宋文帝從弟。本書卷五一有附傳。　後軍録事參軍：官名。後軍將軍屬官，掌録事曹事務，總録衆曹文簿，舉彈善惡，位

在列曹參軍上。七品。

元嘉七年，隨到彥之入河南，加建武將軍。[1]索虜撤河南戍悉歸河北，[2]彥之使驥守洛陽。洛陽城不治既久，又無糧食，及彥之敗退，驥欲棄城走，慮爲太祖所誅。初，高祖平關洛，[3]致鍾虡舊器南還，[4]一大鍾墜洛水。[5]至是太祖遣將姚聳夫領千五百人迎致之。時聳夫政率所領牽鍾於洛水，驥乃誑之曰：“虜既南渡，洛城勢弱，今脩理城池，並已堅固，軍糧又足，所乏者人耳。君率衆見就，共守此城，大功既立，取鍾無晚。”聳夫信之，率所領就驥。既至見城不可守，又無糧食，於是引衆去。驥亦委城南奔，白太祖曰：“本欲以死固守，姚聳夫及城便走，人情沮敗，不可復禁。”上大怒，使建威將軍鄭順之殺聳夫於壽陽。[6]聳夫，吳興武康人。[7]勇果有氣力，宋世偏裨小將莫及。[8]始隨到彥之北伐，與虜遇，聳夫手斬託跋燾叔父英文特勤首，[9]燾以馬百匹贖之。

[1]建武將軍：官名。與廣武、振武、奮武、揚武將軍並稱爲五武將軍。四品。

[2]索虜：南朝對北朝鮮卑族的辱稱。又稱索頭虜，因其頭上有辮髮，故名。本書卷九五有《索虜傳》。

[3]關洛：地區名。即關中和河洛地區。今陝西及河南西部一帶。關，各本並作“西”，中華本據《南史》改。

[4]鍾虡（jù）舊器：樂器名。虡，懸挂鐘磬的木架。

[5]洛水：河流名。今稱洛河，爲黃河支流之一，在河南洛陽一帶。

[6]壽陽：地名。在今安徽壽縣。

[7]吳興：郡名。治所在今浙江湖州市。　武康：縣名。治所在今浙江德清縣西。

[8]偏裨：即偏將和裨將。對軍中下級軍官的通稱。

[9]託跋燾：人名。即北魏太武帝。《魏書》卷四有紀。託，一般作“拓”。　特勤：本書《索虜傳》作“直懃”，其他各本作“特勒”，皆漢語音譯。中華本據唐突厥《闕特勤碑》改。

　　以驎爲通直郎，[1]射聲校尉，[2]世祖征虜諮議參軍。[3]十七年，出督青冀二州徐州之東莞東安二郡諸軍事、寧遠將軍、青冀二州刺史。[4]在任八年，惠化著於齊土。自義熙至于宋末，[5]刺史唯羊穆之及驎，爲吏民所稱詠。二十四年，徵左軍將軍，兄坦代爲刺史，北土以爲榮焉。坦長子琬爲員外散騎侍郎，太祖嘗有函詔敕坦，琬輒開視。信未發又追取之，敕函已發，大相推檢。丞都答云：[6]“諸郎開視。”上遣主書詰責，驎答曰：“開函是臣第四子季文，伏待刑坐。”上特原不問。二十七年，卒，時年六十四。

[1]通直郎：官名。即通直散騎侍郎。門下省官員，參平尚書奏事，兼掌侍從、諷諫。五品。

[2]射聲校尉：官名。侍衛武官，多以安置勳舊武臣。四品。

[3]世祖：宋孝武帝劉駿廟號。

[4]冀：州名。僑置，治所在今山東青州市。　東莞：郡名。治所在今山東莒縣。　東安：郡名。治所在今山東沂水縣。

[5]義熙：晉安帝司馬德宗年號（405—418）。

[6]丞：官名。將軍府或州郡屬官之一，爲官署長官副佐，官

品隨署主高低不等。

長子長文，早卒。

第五子幼文，薄於行。[1]太宗初，[2]以軍功爲驍騎將軍，[3]封邵陽縣男，[4]食邑三百户。尋坐巧佞奪爵。後以發太尉盧江王褘謀反事，[5]拜黄門侍郎。出爲輔國將軍，梁南秦二州刺史。廢帝元徽中，[6]爲散騎常侍。幼文所莅貪横，家累千金，女伎數十人，絲竹晝夜不絶，與沈勃、孫超之居止接近，[7]常相從，又並與阮佃夫厚善。[8]佃夫死，廢帝深疾之。帝微行夜出，輒在幼文門牆之間，聽其弦管，積久轉不能平，於是自率宿衛兵誅幼文、勃、超之等。幼文兄叔文爲長水校尉，[9]及諸子姪在京邑方鎮者並誅。唯幼文兄季文、弟希文等數人，逃亡得免。

[1]薄於行：品行輕薄，不正派。

[2]太宗：宋明帝劉彧廟號。

[3]驍騎將軍：官名。掌宫廷宿衛。四品。

[4]邵陽縣男：男爵名。封地在今湖南邵東縣東北。

[5]盧江王褘謀反事：宋文帝第八子劉褘於泰始五年（469）起兵反宋明帝事。詳見本書卷七九《盧江王褘傳》。盧江王，王爵名。王國在今安徽舒城縣。

[6]廢帝：即後廢帝劉昱。 元徽：宋後廢帝劉昱年號（473—477）。

[7]沈勃：人名。吴興武康人。本書卷六三有附傳。 孫超之：人名。本書卷九作“孫超”。吴縣（今江蘇蘇州市）人，宋明帝時任廣州刺史，封羅縣開國侯。

[8]阮佃夫：人名。宋明帝寵臣。本書卷九四有傳。

[9]長水校尉：官名。侍衛武官之一，隸領軍將軍，不領兵，多以安置勳舊武臣。四品。

申恬字公休，魏郡魏人也。[1]曾祖鍾，爲石虎司徒。[2]高祖平廣固，恬父宣、宣從父兄永皆得歸國，並以幹用見知。[3]永歷青、兗二州刺史。高祖踐阼，拜太中大夫。[4]宣，太祖元嘉初，亦歷兗、青二州刺史。恬兄謨，與朱脩之守滑臺，[5]爲虜所沒，後得叛還。元嘉中，爲竟陵太守。

[1]魏郡：治所在今河北臨漳縣西南。　魏：縣名。治所在今河北大名縣西南。

[2]石虎：人名。羯族，十六國時期後趙國君，公元335年至349年在位。

[3]幹用：精幹能辦事。

[4]太中大夫：官名。掌顧問應對，參謀議政，多以安置老疾退免大臣。七品。

[5]滑臺：地名。在今河南滑縣東，當時爲軍事要地。

恬初爲驃騎道憐長兼行參軍。[1]高祖踐阼，拜東宮殿中將軍，[2]度還臺。[3]直省十載，不請休息。轉員外散騎侍郎，出爲綏遠將軍、下邳太守。[4]轉在北海，[5]加寧遠將軍。所至皆有政績。又爲北譙、梁二郡太守，[6]將軍如故。郡境邊接任榛，屢被寇抄。恬到，密知賊來，仍伏兵要害，出其不意，悉皆禽殄。[7]元嘉十二年，遷督魯東平濟北三郡軍事、泰山太守，[8]將軍如故。威惠兼著，吏民便之。臨川王義慶鎮江陵，<sup>[9]</sup>爲平西中兵參軍、河東太守。衡陽王義季代義慶，又度安西府，加寧朔將軍。<sup>[10]</sup>召拜太子屯騎校尉，<sup>[11]</sup>母憂去職。

[1]長兼：官制用語。指以秩位較低的人充任某官的任職形式。

行參軍：官名。官府自辟的一種屬吏，地位較參軍爲低。"行"字各本並脱，中華本據《南史》補。

[2]殿中將軍：官名。侍衛武官，不典兵，多以世族子弟充任，無定員。六品。

[3]度還臺：官制用語。即徵調回臺省任職。度，調度、越過。臺，即尚書臺等中央臺省機關。

[4]綏遠將軍：官名。多爲地方官加官，省置無常。八品。下邳：郡名。治所在今江蘇睢寧縣西北。

[5]北海：郡名。僑郡，治所在今江蘇連雲港市東南。

[6]北譙、梁：皆郡名。治所約在今安徽碭山縣一帶。

[7]禽殄：擒獲殄滅。禽，通"擒"。捉拿。殄，滅絶。

[8]魯：郡名。治所在今山東曲阜市。　東平：郡名。治所在今山東東平縣西北。　濟北：郡名。治所在今山東肥城市東南。泰山：郡名。治所在今山東泰安市東。

[9]臨川王：王爵名。王國在今江西撫州市臨川區。　義慶：人名。即劉義慶。宋武帝從子。本書卷五一有附傳。

[10]寧朔將軍：官名。掌邊遠地區民族軍政事務，多爲加官。四品。

[11]太子屯騎校尉：官名。東宫侍衛武官，掌騎兵，員七人，與太子步兵、翊軍校尉並稱東宫三校。六品。

二十一年，冀州移鎮歷下，<sup>[1]</sup>以恬督冀州青州之濟南樂安太原三郡諸軍事、揚烈將軍、冀州刺史。<sup>[2]</sup>明年，加濟南太守。時又遷換諸郡守，恬上表曰：“伏聞朝恩當加臣濟南太守，仰惟優旨，荒心散越。[3]臣殃咎之餘，[4]遭蒙踰忝，[5]寵私罔已，復兼今授，豈其愚迷，所能上答。臣近至止，即履行所統，究其形宜。河、濟之間，應置戍扞，[6]其中四處，急須脩立。瓮口故城，[7]又是要所，宜移太原，委以邊事。緣山諸邏，並得除省，防衛綏懷，利便非一。呂綽誠效益著，[8]深同臣意，百姓聞者，咸皆附說，急有同異，二三未宜。但房紹之莅郡經年，[9]軍民粗狎，改以帶臣，[10]有乖舊事。[11]遠牽太原，於民爲苦。而瓮口之計，復成交互，人情非樂，容有不安。疆場威刑，[12]患不開廣，若得依先處分，公私允緝。”[13]上從之。詔有司曰：“恬所陳當是事宜，近諸除授可悉停。”

[1]歷下：地名。在今山東濟南市歷下區。

[2]樂安：郡名。治所在今山東廣饒縣北。　太原：郡名。治所在今山東濟南市長清區西南。

[3]荒心散越：謙詞，意即鄙野之人心情激揚。荒，自我謙稱。

[4]殃咎之餘：因遭不幸而殘存下來的人。殃，禍害，災難。咎，災禍，遭殃。

[5]踰忝：即忝逾。謙詞。意即愧對超過自己才能的職位。

[6]戍扞：設置屯戍進行保衛。戍，邊防營壘。扞，保衛。

[7]瓮口：地名。在今山東禹城市。

[8]呂綽：人名。曾任琅邪（今山東臨沂市）太守，餘事不詳。

[9]房紹之：人名。本書僅此一見，其事不詳。

[10]帶臣：官制用語。指在地方挂名而任職於中央的官員。

[11]舊：各本並作“永”，中華本據《元龜》卷六九一改。

[12]疆場：國界。《左傳》桓公十七年：“疆場之事，慎守其一。”

[13]允緝：適宜，得當。緝，會合，協和。

　　北虜入寇，恬摧擊之，為虜所破，被徵還都。二十七年，起為通直常侍。[1]是歲，索虜南寇，其武昌王向青州。[2]遣恬援東陽，[3]因與輔國司馬、齊郡太守龐秀之保城固守。[4]蕭斌遣青州別駕解榮之率垣護之還援恬等，[5]仍傍南山得入。賊朝來脅城，日晚輒退。城內乃出車北門外，環塹為營，欲挑戰。賊不敢逼，停五日，東過抄略清河郡及驛道南數千家，[6]從東安、東莞出下邳。下邳太守垣閬閉城距守，[7]保全二千餘家。虜退，以恬為寧朔將軍、山陽太守。[8]善於治民，所莅有績。世祖踐阼，遷青州刺史，將軍如故。尋加督徐州之東莞東安二郡諸軍事，明年，又督冀州。齊地連歲興兵，百姓凋弊，恬初防衛邊境，勸課農桑，二三年間，遂皆優實。性清約，頻處州郡，妻子不免飢寒，世以此稱之。進號輔國將軍。

[1]通直常侍：官名。即通直散騎常侍。職同散騎常侍，掌諷諫、侍從，參平尚書事，四員。三品。

[2]武昌王：王爵名。此處指元提。時任北魏鎮東大將軍。《魏書》卷一六有附傳。

[3]東陽：城名。在今山東青州市境內。

[4]輔國司馬：官名。輔國將軍屬官，掌參贊軍務，管理府內武職，位低於長史。六品。　龐秀之：人名。曾任太尉司馬、梁南

秦二州刺史。事見本書卷六《孝武帝紀》。

[5]蕭斌：人名。《魏書》卷四作“蕭斌之”，時任青冀二州刺史，都督衆軍。本書卷七八有附傳。　解榮之：人名。本書僅此一見，其事不詳。　垣護之：人名。本書卷五〇有傳。

[6]清河：郡名。治所在今山東淄博市淄川區。

[7]垣閬：人名。略陽桓道（今甘肅隴西縣）人。本書卷五〇有附傳。

[8]山陽：郡名。治所在今江蘇淮安市。


　　孝建二年，[1]遷督豫州軍事、寧朔將軍、豫州刺史。明年，疾病徵還，於道卒，時年六十九。死之日，家無餘財。子寔，南譙郡太守，早卒。[2]


[1]孝建：宋孝武帝劉駿年號（454—456）。

[2]早卒：各本在此二字上有“子謨”二字，中華本據孫彪《考論》删。


　　謨子元嗣，海陵、廣陵太守。[1]元嗣弟謙，泰始初，以軍功歷軍校，[2]官至輔國將軍、臨川內史。


[1]海陵：郡名。治所在今江蘇泰州市姜堰區北。　廣陵：郡名。治所在今江蘇揚州市。

[2]軍校：官名。即軍隊中地位較低的校尉軍官。


　　永子坦，自巴西、梓潼太守遷梁、南秦二州刺史。[1]元嘉二十六年，爲世祖鎮軍諮議參軍。與王玄謨圍滑臺不剋，[2]免官。青州刺史蕭斌板行建威將軍、濟

南平原二郡太守，復攻碻磝，[3]敗退，下歷城。蕭思話
起義討元凶，[4]假坦輔國將軍，爲前鋒。世祖至新亭，[5]
坦亦進剋京城。孝建初，爲太子右衛率，[6]寧朔將軍，
徐州刺史。大明元年，虜寇兗州，世祖遣太子左衛率薛
安都、新除東陽太守沈法系北討，[7]至兗州，虜已去。
坦建議：“任榛亡命，屢犯邊民，軍出無功，宜因此翦
撲。”[8]上從之。亡命先已聞知，舉村逃走，安都與法系
坐白衣領職，[9]坦棄市。群臣爲之請，莫能得。將行刑，
始興公沈慶之入市抱坦慟哭曰：[10]“卿無罪，爲朝廷所
枉誅，我入市亦當不久。”市官以白上，[11]乃原生命，
繫尚方。[12]尋被宥，復爲驍騎將軍，病卒。

[1]太守：二字各本並脱，中華本據孫彪《考論》補。

[2]王玄謨：人名。宋時名將，時爲寧朔將軍。本書卷七六
有傳。

[3]碻（què）磝（áo）：古城名。在今山東茌平縣西南，時
爲軍事要地。

[4]蕭思話：人名。宋時名將。本書卷七八有傳。

[5]新亭：地名。在今江蘇南京市南。

[6]太子右衛率：官名。與太子左衛率同爲東宮屬官，分掌宿
衛、征伐等事。五品至七品。

[7]薛安都：人名。河東汾陰（今山西萬榮縣）人。本書卷八
八有傳。　東陽：郡名。治所在今浙江金華市。　沈法系：人名。
吳興武康人。本書卷七七有附傳。

[8]翦撲：翦除，消滅。翦，同“殲”。

[9]白衣領職：官制用語。指對犯有過失官員的一種削奪官職
的懲罰方式。白衣非官服，是一般人的衣服。

[10]始興公：公爵名。公國在今廣東韶關市東南蓮花嶺下。沈慶之：本書卷七七有傳。

[11]市官：官名。掌市場貿易之官，也是負責在市場上監督行刑的官員。

[12]繫：拴縛，拘囚。　尚方：官署名。役使工徒生產御用物品，隸於少府。

子令孫，前廢帝景和中，[1]爲永嘉王子仁左軍司馬、廣陵太守。[2]太宗以爲寧朔將軍、徐州刺史，討薛安都。行至淮陽，[3]即與安都合。弟闓，時爲濟陰太守，[4]戍睢陵城，[5]奉順不同安都，安都攻圍不能克。會令孫至，遣往睢陵令説闓降，闓既降，殺之，令孫亦見殺。

[1]前廢帝：即劉子業。　景和：宋前廢帝劉子業年號（465）。

[2]永嘉王：王爵名。王國在今浙江温州市。　子仁：人名。即劉子仁。宋孝武帝第九子。本書卷八〇有傳。

[3]淮陽：郡名。治所在今江蘇淮安市清浦區西。

[4]濟陰：郡名。治所在今江蘇睢寧縣。

[5]睢陵城：地名。在今江蘇睢寧縣境内，時爲濟陰郡治所。

先是，清河崔諲亦以將吏見知高祖，永初末，爲振威將軍、東萊太守。[1]少帝初，[2]亡命司馬靈期、司馬順之千餘人圍東萊，[3]諲擊之，斬靈期等三十級。太祖元嘉中，至青州刺史。[4]

[1]東萊：郡名。治所在今山東萊州市。

［2］少帝：即劉義符。公元423年至424年在位。

［3］亡命：指因逃亡等原因而在户籍上無名的人。　司馬靈期：人名。本書僅此一見，其事不詳。　司馬順之：人名。《南齊書》卷二五作"司馬從之"，實爲避梁武帝父蕭順之諱而改。

［4］青州刺史：官名。丁福林《校議》據本書卷五《文帝紀》及《南齊書》、《南史》卷四七《崔祖思傳》考證，認爲"青州"恐爲"冀州"之訛。

史臣曰：漢之良吏，居官者或長子孫，[1]孫、曹之世，[2]善職者亦二三十載，皆敷政以盡民和，[3]興讓以存簡久。[4]及晚代風烈漸衰，[5]非才有起伏，蓋所遭之時異也。劉道產之在漢南，歷年踰十，惠化流於樊沔，[6]頗有前世遺風，故能樹績垂名，斯爲美矣。

［1］居官者或長子孫：此語原出《史記·平準書》，作"爲吏者長子孫"，意即國家安定時官吏長期不調遷，以至子孫長大而仍在原地。

［2］孫、曹之世：指漢末三國的孫吳、曹魏時期。

［3］敷政：施行政化。《詩·商頌·長發》："敷政優優，百禄是遒。"

［4］興讓：提倡禮讓風氣。興，提倡、發動、興起。《左傳》哀公六年："大尹興空澤之士千甲。"　簡久：簡要而持久。簡，簡要。《易·繫辭上》："易則易知，簡則易從。"

［5］風烈：遺風、餘烈。《漢書》卷九《元帝紀》："號令溫雅，有古之風烈。"烈，功業。《詩·周頌·武》："於皇武王，無競維烈。"

［6］樊沔：地區名。樊水和沔水流域。劉道產任職之地，即今湖北襄陽市襄城區一帶。

# 宋書　卷六六

## 列傳第二十六

### 王敬弘　何尚之

　　王敬弘，琅邪臨沂人也。[1]與高祖諱同，[2]故稱字。曾祖廙，[3]晋驃騎將軍。[4]祖胡之，[5]司州刺史。[6]父茂之，[7]晋陵太守。[8]

　　[1]琅邪：郡名。治所在今山東臨沂市。　臨沂：縣名。治所在今山東費縣。但琅邪王氏故居在今臨沂市。
　　[2]與高祖諱同：敬弘名裕之，與宋武帝劉裕同名。高祖，劉裕廟號。
　　[3]廙：人名。即王廙。《晋書》卷七六有傳。
　　[4]驃騎將軍：官名。居諸名號將軍之首，僅作軍府名號，多爲重臣加官。二品。
　　[5]胡之：人名。即王胡之。事見《晋書·王廙傳》。
　　[6]司州：治所在今河南洛陽市。
　　[7]茂之：人名。即王茂之。事見《晋書·王廙傳》。
　　[8]晋陵：郡名。治所在今江蘇常州市。

敬弘少有清尚,[1]起家本國左常侍,[2]衛軍參軍。[3]性恬静,樂山水,爲天門太守。[4]敬弘妻,桓玄姊也。[5]敬弘之郡,玄時爲荆州,[6]遣信要令過。[7]敬弘至巴陵,[8]謂人曰:"靈寶見要,[9]正當欲與其姊集聚耳,我不能爲桓氏贅壻。"[10]乃遣别船送妻往江陵。[11]妻在桓氏,彌年不迎。山郡無事,恣其遊適,累日不回,意甚好之。轉桓偉安西長史、南平太守。[12]去官,居作唐縣界。[13]玄輔政及篡位,屢召不下。

[1]清尚:清純尚義。指操行純潔。

[2]起家:開始進入仕途擔任的第一個官職,也是出身官。當時官場最重起家出身。參見本書《百官志》。 本國:即琅邪王國。

左常侍:官名。王國屬官,掌侍從左右,參贊禮儀,獻替諫諍,員額依王國大小不等。

[3]衛軍參軍:官名。衛軍將軍屬官,掌參謀軍務。六品。

[4]天門:郡名。治所在今湖南石門縣。

[5]桓玄:人名。字敬道,一名靈寶。譙國龍亢人。《晋書》卷九九有傳。

[6]荆州:治所在今湖北荆州市荆州區。

[7]遣信:傳遞消息,傳信。

[8]巴陵:郡名。治所在今湖南岳陽市。

[9]靈寶:桓玄别名。

[10]贅壻:舊時指就婚於女家的男子,地位較低,爲人輕視。

[11]江陵:郡名。治所在今湖北荆州市荆州區。

[12]桓偉:人名。譙國龍亢人。事見《晋書》卷九八《桓偉傳》。 安西長史:官名。安西將軍屬官,掌顧問參謀,爲掾屬之

長。　南平：郡名。治所在今湖北公安縣西。

[13]作唐：縣名。治所在今湖南安鄉縣北。

　　高祖以爲車騎從事中郎，[1]徐州治中從事史，[2]征西將軍道規諮議參軍。[3]時府主簿宗協亦有高趣，[4]道規並以事外相期。嘗共酣飲致醉，敬弘因醉失禮，爲外司所白，[5]道規即更引還，重申初讌。召爲中書侍郎，[6]始攜家累自作唐還京邑。久之，轉黃門侍郎，[7]不拜。仍除太尉從事中郎，出爲吳興太守。[8]舊居餘杭縣，[9]悦是舉也。尋徵爲侍中。[10]高祖西討司馬休之，[11]敬弘奉使慰勞，通事令史潘尚於道疾病，[12]敬弘單船送還都，存亡不測，有司奏免官，詔可。未及釋朝服，[13]值赦復官。宋國初建，爲度支尚書，[14]遷太常。[15]

　　[1]車騎從事中郎：官名。車騎將軍屬官，職參謀議。六品。

　　[2]徐州：治所在今江蘇徐州市。　治中從事史：官名。又稱治中從事。掌衆曹文書事。六品。

　　[3]征西將軍：官名。高級將領之一，與征東、征南、征北將軍合稱四征將軍。三品。　道規：人名。即劉道規。宋武帝弟，封臨川王。本書卷五一有傳。　諮議參軍：軍府僚屬之一，掌顧問諫議，位在列曹參軍上。六品。

　　[4]主簿：官名。軍府高級幕僚，典領文書簿籍，經辦事務，爲府中最高政務長官。　宗協：人名。本書僅此一見，其事不詳。

　　[5]外司：官府名。司隸校尉別稱。

　　[6]中書侍郎：官名。中書省屬官，掌草擬詔令，職任機要。多爲諸王起家官。五品。

　　[7]黃門侍郎：官名。門下省次官，給事於宮門內，侍從皇帝，

顧問應對，出則陪乘。五品。

　　[8]吳興：郡名。治所在今浙江湖州市吳興區。

　　[9]餘杭：縣名。治所在今浙江杭州市餘杭區。

　　[10]侍中：官名。門下省長官，掌侍從皇帝左右，與聞朝政，顧問應對，諫諍糾察，傳諭御旨。三品。

　　[11]西討司馬休之：事在晋義熙十一年（415）。參見本書卷二《武帝紀中》。司馬休之，人名。晋宗室。《晋書》卷三七有附傳。

　　[12]通事令史：官名。中書、門下省屬吏，掌奏文案、宣詔令，經辦事務。　潘尚：人名。本書僅此一見，其事不詳。

　　[13]釋朝服：脱去官服。朝服，朝官衣服。

　　[14]度支尚書：官名。尚書省度支曹長官，掌財賦收支會計及事役漕運物價屯田政令。三品。

　　[15]太常：官名。九卿之一，主祭祀社稷、宗廟、朝會、喪葬禮儀。三品。


　　高祖受命，[1]補宣訓衛尉，[2]加散騎常侍。[3]永初三年，[4]轉吏部尚書，[5]常侍如故。敬弘每被除召，即便祗奉，既到宜退，旋復解官，高祖嘉其志，不苟違也。復除廬陵王師，[6]加散騎常侍，自陳無德，不可師範令王，固讓不拜。又除秘書監，[7]金紫光禄大夫，[8]加散騎常侍，本州中正，[9]又不就。太祖即位，[10]又以爲散騎常侍、金紫光禄大夫，領江夏王師。[11]


　　[1]受命：聽受天命的安排。指宋武帝劉裕代晋建宋事。

　　[2]宣訓衛尉：官名。宋武帝皇太后宣訓宮三卿之一，掌宮禁保衛，職比衛尉。三品。

　　[3]散騎常侍：官名。門下省屬官，掌侍從左右，諫諍得失，

顧問應對，兼掌圖書文籍。三品。

　　[4]永初：宋武帝劉裕年號（420—422）。

　　[5]吏部尚書：官名。尚書省吏部曹長官，掌官吏銓選、考課、獎懲，位在列曹尚書上。三品。

　　[6]廬陵王：王爵名。此處指劉義真。宋武帝次子。本書卷六一有傳。廬陵，王國名。治所在今江西吉水縣北。

　　[7]秘書監：官名。秘書省長官，掌圖書典籍，考校古今，課試署吏。三品。

　　[8]金紫光祿大夫：官名。光祿大夫加金章紫綬者，班與特進同。二品。

　　[9]中正：官名。評定世族內部品第的官員，多由家於當地的名宦兼任。

　　[10]太祖：宋文帝劉義隆廟號。

　　[11]領：官制用語。以本官暫領暫帶他官他職，而不居其位，不任其官。有暫攝之意。　　江夏王：王爵名。此處指劉義恭。宋武帝第五子。本書卷六一有傳。江夏，封國名。治所在今湖北武漢市武昌區。


　　元嘉三年，[1]爲尚書僕射。[2]關署文案，[3]初不省讀。嘗豫聽訟，上問以疑獄，敬弘不對。上變色，問左右："何故不以訊牒副僕射？"[4]敬弘曰："臣乃得訊牒讀之，政自不解。"上甚不悦。六年，遷尚書令。[5]敬弘固讓，表求還東，上不能奪。改授侍中、特進、左光祿大夫，[6]給親信二十人。[7]讓侍中、特進，求減親信之半，不許。及東歸，車駕幸冶亭餞送。[8]

　　[1]元嘉：宋文帝劉義隆年號（424—453）。

　　[2]尚書僕射：官名。尚書省次官，輔佐錄、令執行政務，參

議大政，諫静得失，監察百官，主選舉。三品。丁福林《校議》據本書卷五《文帝紀》考證，是時僕射有左右之分，此處不得單言僕射，疑僕射前佚一"左"字。

[3]關署文案：有關衙署報送的文件的記録。

[4]訊牒：審理案件時記録的文牒。

[5]尚書令：官名。尚書省長官，綜理政務，參議大政，職如宰相。三品。

[6]特進：官名。多爲加官名號，以安置閑退大臣。二品。左光禄大夫：官名。多爲顯職加官，金章紫綬。位在金紫光禄大夫上。二品。

[7]二十人：《南史》卷二四《王裕之傳》作"三十人"。

[8]冶亭：地名。在今江蘇南京市朝天宫一帶。


十二年，徵爲太子少傅。[1]敬弘詣京師上表曰："伏見詔書，以臣爲太子少傅，承命震惶，喜懼交悸。臣抱疾東荒，志絶榮觀，不悟聖恩，猥復加寵。東宫之重，四海瞻望，非臣薄德，所可居之。今内外英秀，應選者多，且版築之下，[2]豈無高逸？而近私愚朽，污辱清朝。嗚呼微臣，永非復大之一物矣。所以牽曳闕下者，[3]實瞻望聖顔，貪《繫》表之旨。[4]臣如此而歸，夕死無恨。"詔不許。表疏屢上，終以不拜。東歸，上時不豫，自力見焉。十六年，以爲左光禄大夫、開府儀同三司，[5]侍中如故。又詣京師上表曰："臣比自啓聞，謂誠心已達，天鑒玄邈，未蒙在宥，不敢宴處，牽曳載馳。臣聞君子行道，忘其爲身，三復斯言，若可庶勉，顧惜惛耄，[6]志與願違。禮年七十，老而傳家。[7]家道猶然，況於在國。伏願陛下矜臣西夕，愍臣一至，特迴聖恩，賜反其所，則天道下濟，愚心盡矣。”竟不拜，東歸。二十三年，重申前命，又表曰：“臣躬耕南澧，[8]不求聞達。先帝拔臣於蠻荆之域，[9]賜以國士之遇。陛下嗣徽，[10]特蒙眷齒，由是感激，委質聖朝。雖懷犬馬之誠，[11]遂無塵露之益。[12]年向九十，[13]生理殆盡，[14]永絶天光，淪没丘壑。謹冒奉表，傷心久之。”

[1]太子少傅：官名。太子府屬官，掌輔導太子及東宮事務，與太子太傅並稱二傅。三品。

[2]版築：築墻的用具，借指築墻之人或隱逸之士。相傳商代著名高士傅説就是被商王武丁發現於版築之下的。參見《孟子·告子下》。

[3]牽曳闕下：牽拉到皇宮之下。闕，宮門兩邊的高層建築物，左右各一，建成高臺，臺上起樓觀，兩闕之間有空缺故曰闕。

[4]《繫》：《周易》篇名。即《繫辭》，是解釋易卦的主要篇章之一。

[5]開府儀同三司：官名。意謂與太尉、司徒、司空禮制待遇相同，允許開設府署，自辟僚佐。多爲重臣加官。

[6]惛（hūn）耄：自謙詞。年老糊塗，不明。惛，同“昏”。

[7]禮年七十，老而傳家：禮教之一。規定年過七十的人應該把家事傳給子孫，在朝中任職的大夫七十致仕，專享老人禮遇。

[8]躬耕：親自進行勞動耕作。《三國志》卷三五《蜀書·諸葛亮傳》：“臣本布衣，躬耕於南陽。”躬，身體。　南澧：澧水流域，即王敬弘曾任職的天門郡一帶。

[9]蠻荆：地區名。即長江中游荆楚一帶，曾爲蠻族主要活動地區。

[10]嗣徽：繼承先人美德。出自《詩·大雅·思齊》：“大姒嗣徽音。”嗣，繼承。徽，美德。

［11］犬馬：臣下對君主的自喻，表示忠誠，甘願服勞奔走。

［12］塵露：塵埃和露水。比喻微不足道。

［13］年向九十：將近九十歲。向，將近，接近。

［14］生理殆盡：生存下去的希望幾乎都沒有了。

明年，薨於餘杭之舍亭山，[1]時年八十八。[2]追贈本官。順帝昇明二年詔曰：[3]“夫塗秘蘭幽，貞芳載越，徽猷沈遠，戀禮彌昭。故侍中、左光禄大夫、開府儀同三司敬弘，神韻沖簡，識宇標峻，德敷象魏，[4]道藹丘園。[5]高挹榮冕，凝心塵外，清光粹範，振俗淳風。兼以累朝延賞，聲華在詠，而嘉篆闕文，猷策韜采，[6]尚想遙芬，興懷寢瘵。便可詳定輝諡，式旌追典。”於是諡爲文貞公。[7]

［1］明年：應指元嘉二十四年（447），但本書卷五《文帝紀》、《建康實録》卷一二均記王敬弘卒於元嘉十五年七月。　舍亭山：山名。在今浙江杭州市西。

［2］八十八：各本並作“八十”，中華本據《南史》及張森楷《校勘記》改。

［3］順帝：即劉準。　昇明：宋順帝劉準年號（477—479）。

［4］象魏：宮廷外的闕門。

［5］丘園：丘墟，園圃，多指隱居之地。

［6］采：三朝本、北監本、毛本作“裏”，殿本作“裏”，中華本據《元龜》卷五九五改。

［7］文貞：諡號。按《諡法》：“道德博聞曰文。”“清白守節曰貞。”

敬弘形狀短小，而坐起端方，桓玄謂之“彈棋八勢”。[1]所居舍亭山，林澗環周，備登臨之美，時人謂之王東山。[2]太祖嘗問爲政得失，敬弘對曰：“天下有道，庶人不議。”[3]上高其言。左右常使二老婢，戴五條五辮，著青紋袴襦，飾以朱粉。女適尚書僕射何尚之弟述之，[4]敬弘嘗往何氏看女，值尚之不在，寄齋中臥。俄頃，尚之還，敬弘使二婢守閣不聽尚之入，云“正熱，不堪相見，君可且去”。尚之於是移於它室。子恢之被召爲秘書郎，[5]敬弘爲求奉朝請，[6]與恢之書曰：“秘書有限，[7]故有競。朝請無限，[8]故無競。吾欲使汝處於不競之地。”太祖嘉而許之。敬弘見兒孫歲中不過一再相見，見輒克日。恢之嘗請假還東定省，敬弘克日見之。至日輒不果，假日將盡，恢之乞求奉辭。敬弘呼前，既至閣，復不見。恢之於閣外拜辭，流涕而去。

[1]彈棋：一種游戲。二人對局，各以十六子相博。參見《御覽》卷七五五引《藝經》。

[2]王東山：意即隱居之山。東晋時，宰相謝安出仕前長期隱居會稽郡山中，時人以其在東土，亦稱東山。此意仿此。參見《晋書》卷七九《謝安傳》。

[3]天下有道，庶人不議：語出《論語·季氏》。

[4]何尚之：人名。廬江灊人。本卷有傳。　述之：人名。即何述之。本書僅此一見，其事不詳。

[5]秘書郎：官名。秘書省屬官，掌文書圖籍，考校舊文，隸於秘書監。多爲世族子弟起家官。六品。

[6]奉朝請：官名。散騎省屬官，多以安置閑散，無定員。

[7]秘書有限：《梁書》卷三四《張纘傳》：“秘書郎有四員。

宋、齊以來，爲甲族起家之選，待次入補，其居職例數十百日便遷任。”

[8]朝請無限：本書《百官志》：“奉朝請，無員……奉朝請者，奉朝會請召而已。”史稱齊永明中多達六百餘人。參見《南齊書·百官志》。

恢之至新安太守，[1]中大夫。[2]恢之弟瓚之，世祖大明中，[3]吏部尚書，金紫光禄大夫，謚曰貞子。[4]瓚之弟昇之，都官尚書。[5]昇之子延之，[6]昇明末，爲尚書左僕射，[7]江州刺史。[8]

[1]新安：郡名。治所在今浙江淳安縣西北。

[2]中大夫：官名。多以安置老疾退免大臣，禄賜同卿。五品。

[3]世祖：宋孝武帝劉駿廟號。　大明：宋孝武帝劉駿年號（457—464）。

[4]貞：謚號。按《謚法》：“大慮克就曰貞。”“不隱無屈曰貞。”

[5]都官尚書：官名。尚書省都官曹長官，領都官、水部、庫部等曹，掌水利河工庫藏等。三品。

[6]延之：人名。即王延之。《南齊書》卷三二有傳。

[7]尚書左僕射：官名。尚書省次官，位在右僕射上，領殿中、主客等曹，輔令處理日常事務。三品。

[8]江州：治所在今江西九江市。

何尚之字彥德，廬江灊人也。[1]曾祖準，[2]高尚不應徵辟。祖恢，[3]南康太守。[4]父叔度，恭謹有行業。姨適沛郡劉璩，[5]與叔度母情愛甚篤，叔度母蚤卒，奉姨有若所生。姨亡，朔望必往致哀，并設祭奠，食並珍新，躬自臨視。若朔望應有公事，則先遣送祭，皆手自料簡，流涕對之。公事畢，即往致哀，以此爲常，至三年服竟。義熙五年，[6]吳興武康縣民王延祖爲劫，[7]父睦以告官。[8]新制，凡劫身斬刑，家人棄市。睦既自告，於法有疑。時叔度爲尚書，[9]議曰：“設法止姦，本於情理，非謂一人爲劫，[10]闔門應刑。所以罪及同産，[11]欲開其相告，以出爲惡之身。睦父子之至，容可悉共逃亡，而割其天屬，還相縛送，螫毒在手，解腕求全，於情可愍，理亦宜宥。使凶人不容於家，逃刑無所，乃大絶根源也。睦既糾送，則餘人無應復告，並合從原。”[12]從之。[13]後爲金紫光禄大夫，吳郡太守，[14]加秩中二千石。[15]太保王弘稱其清身潔己。[16]元嘉八年，卒。

[1]廬江：郡名。治所在今安徽舒城縣。　灊（qián）：縣名。治所在今安徽霍山縣東北。

[2]準：人名。即何準。《晉書》卷九三有傳。

[3]惔：人名。各本並作“恢”，中華本據《晉書》改。詳見《晉書·何準傳》。

[4]南康：郡名。治所在今江西贛州市章貢區東北。

[5]沛郡：治所在今江蘇沛縣。　劉璩：人名。本書僅此一見，其事不詳。

[6]義熙：晉安帝司馬德宗年號（405—418）。

[7]武康：縣名。治所在今浙江德清縣西。　王延祖：人名。本書僅此一見，其事不詳。

[8]睦：人名。即王睦。本書僅此一見，其事不詳。

[9]尚書：官名。尚書省諸曹長官，位在令僕下、丞郎上，分理諸曹事。三品。

[10]謂：各本並脱，中華本據《南史》補。

[11]同產：同胞兄弟。

[12]並合從原：各本作“並全之”，中華本據《南史》補。

[13]從之：各本並脱，中華本據《南史》補。

[14]吴郡：治所在今江蘇蘇州市。

[15]中二千石：官員品秩名。位在真二千石下、比二千石上，多授中央九卿主管長官。

[16]王弘：人名。琅邪臨沂人。本書卷四二有傳。

尚之少時頗輕薄，好摴蒱，[1]既長折節蹈道，以操立見稱。爲陳郡謝混所知，[2]與之遊處。家貧，起爲臨津令。[3]高祖領征西將軍，[4]補府主簿。從征長安，[5]以公事免，還都。因患勞疾積年，飲婦人乳，乃得差。以從征之勞，賜爵都鄉侯。[6]少帝即位，[7]爲廬陵王義真車騎諮議參軍。義真與司徒徐羨之、尚書令傅亮等不協，[8]每有不平之言。尚之諫戒，不納。義真被廢，入爲中書侍郎。太祖即位，出爲臨川内史，[9]入爲黄門侍郎，尚書吏部郎，[10]左衛將軍，[11]父憂去職。服闋，復爲左衛，領太子中庶子。[12]尚之雅好文義，從容賞會，甚爲太祖所知。十二年，遷侍中，中庶子如故。尋改領游擊將軍。[13]

[1]摴（chū）蒱（pú）：賭博游戲之一，以擲骰決勝負。亦泛指賭博。參見唐·李肇《國史補·叙古摴蒱法》。

[2]陳郡：治所在今河南淮陽縣。　謝混：人名。字叔源。《晋書》卷七九有附傳。

[3]臨津：縣名。治所在今江蘇宜興市西北。

[4]征西：各本並作“征南”，中華本據《南史》改。

[5]從征長安：事在晉義熙十二年（416）。參見本書卷二《武帝紀中》。長安，地名。在今陝西西安市。

[6]都鄉侯：侯爵名。位次縣侯，封邑初在都之鄉（城郊），後無封地，以賞軍功。

[7]少帝：即劉義符。本書卷四有紀。

[8]徐羨之：人名。東海郯人。本書卷四三有傳。　傅亮：人名。北地靈州人。本書卷四三有傳。

[9]臨川：王國名。治所在今江西撫州市臨川區。　內史：官名。王國行政長官，掌民政治民，職比太守。五品。

[10]尚書吏部郎：官名。尚書省吏部曹長官，屬吏部尚書，主官吏銓選、調動事務。五品。

[11]左衛將軍：官名。禁衛軍主要統帥之一，與領軍、護軍、右衛、驍騎、游擊將軍並稱六軍。四品。

[12]太子中庶子：官名。太子府幕僚，掌侍從、諫議、奏事等，職比侍中。五品。

[13]游擊將軍：官名。禁衛將軍之一，與驍騎將軍分領虎賁，掌宿衛。四品。


十三年，彭城王義康欲以司徒左長史劉斌爲丹陽尹，[1]上不許。乃以尚之爲尹，立宅南郭外，置玄學，[2]聚生徒。東海徐秀，廬江何曇、黃回，潁川荀子華，太原孫宗昌、王延秀，魯郡孔惠宣，並慕道來遊，[3]謂之南學。女適劉湛子黯，[4]而湛與尚之意好不篤。湛欲領丹陽，乃徙尚之爲祠部尚書，[5]領國子祭酒。[6]尚之甚不平。湛誅，遷吏部尚書。時左衛將軍范曄任參機密，[7]尚之察其意趣異常，白太祖宜出爲廣州，若在內釁成，

不得不加以鈇鉞，[8]屢誅大臣，有虧皇化。上曰：“始誅
劉湛等，方欲超昇後進。曄事跡未彰，便豫相黜斥，萬
方將謂卿等不能容才，以我爲信受讒説。但使共知如
此，不憂致大變也。”曄後謀反伏誅，上嘉其先見。國
子學建，[9]領國子祭酒。又領建平王師，[10]乃徙中書令、
中護軍。[11]

[1]彭城王義康：即劉義康。宋武帝子。本書卷六八有傳。彭
城，王國名。治所在今江蘇徐州市。　司徒左長史：官名。司徒府
屬官，統領府内諸曹，位在右長史上。　劉斌：人名。本書僅此一
見，其事不詳。　丹陽尹：官名。京師所在郡府長官，掌行政事
務，職比太守。五品。丹陽，郡名。治所在今江蘇南京市東南。

[2]玄學：學習和講授玄學的學校，以“三玄”《周易》《老
子》《莊子》爲主要教材。

[3]東海：郡名。治所在今山東郯城縣。　徐秀：人名。本書
僅此一見，其事不詳。　何曇：人名。本書僅此一見，其事不詳。
黄回：人名。本書僅此一見，其事不詳。按：本書卷八三有《黄
回傳》，爲竟陵郡人，與此並非一人。　潁川：郡名。治所在今河
南許昌市。　荀子華：人名。本書僅此一見，其事不詳。　太原：
郡名。治所在今山西太原市。　孫宗昌：人名。本書僅此一見，其
事不詳。　王延秀：人名。本書《禮志三》載其任祠部郎及議有關
禮制事，餘事不詳。　魯郡：治所在今山東曲阜市。　孔惠宣：人
名。本書僅此一見，其事不詳。

[4]劉湛：人名。南陽涅陽（今河南鄧州市東）人。本書卷六
九有傳。　黯：人名。即劉黯。事見本書《劉湛傳》。

[5]祠部尚書：官名。尚書省祠部曹長官，領祠部、儀曹二曹
郎，與右僕射不並置。三品。

[6]國子祭酒：官名。主管國子學，參議禮制。隸太常，位比

尚書。三品。

　　［7］范曄：人名。南陽順陽人。本書卷六九有傳。

　　［8］鈇（fū）鉞：鍘刀和斧子，殺人的刑具。

　　［9］國子學：學校名。國立儒學最高學府，以儒家經典教授生徒，隸太常。設祭酒、博士等管理或教學人員。

　　［10］建平王：王爵名。即劉宏。宋文帝子。本書卷七二有傳。建平爲其封國，在今重慶巫山縣。

　　［11］乃：張森楷《校勘記》稱應爲"仍"字，參見本卷中華本校勘記。　　中書令：官名。中書省長官之一，掌納奏擬詔出令。三品。　　中護軍：官名。掌督護京師以外地方諸軍。三品。


　　二十二年，<sup>[1]</sup>遷尚書右僕射，<sup>[2]</sup>加散騎常侍。是歲造玄武湖，<sup>[3]</sup>上欲於湖中立方丈、蓬萊、瀛洲三神山，<sup>[4]</sup>尚之固諫乃止。時又造華林園，<sup>[5]</sup>並盛暑役人工，尚之又諫，宜加休息。上不許，曰："小人常自暴背，此不足爲勞。"時上行幸，還多侵夕，尚之又表諫曰："萬乘宜重，尊不可輕，此聖心所鑒，豈假臣啓。興駕比出，還多冒夜，群情傾側，實有未寧。清道而動，帝王成則，古今深誡，安不忘危。若值汲黯、辛毗，<sup>[6]</sup>必將犯顏切諫，但臣等碌碌，每存順默耳。伏願少採愚誠，思垂省察，不以人廢，適可以慰四海之望。"亦優詔納之。


　　［1］二十二年：各本並作"二十三年"，中華本據本書卷五《文帝紀》改。

　　［2］尚書右僕射：官名。尚書省次官，領祠部、儀曹二郎曹，位在錄、令及左僕射下。三品。

　　［3］是歲：因"二十三年"已改爲"二十二年"，而造玄武湖

實在二十三年，故“是歲”應改爲“明年”。　玄武湖：湖名。在今江蘇南京市東北玄武門外。

　　[4]三神山：傳說在東海中。參見《史記·封禪書》。此處所指爲仿造物。

　　[5]華林園：園苑名。在今江蘇南京市雞鳴山南古臺城内。

　　[6]汲黯：人名。西漢濮陽人，直臣。史稱其不能容人之過，其諫敢犯主之顏色。位至九卿。《漢書》卷五〇有傳。　辛毗：人名。三國魏潁川陽翟人，直臣。《三國志》卷二五有傳。

　　先是患貨重，鑄四銖錢，[1]民間頗盜鑄，多翦鑿古錢以取銅，上患之。二十四年，録尚書江夏王義恭建議，[2]以一大錢當兩，以防翦鑿，議者多同。尚之議曰：“伏覽明命，欲改錢制，不勞採鑄，其利自倍，實救弊之弘算，增貨之良術。求之管淺，猶有未譬。夫泉貝之興，以估貨爲本，事存交易，豈假數多。數少則幣重，[3]數多則物重，多少雖異，濟用不殊。況復以一當兩，徒崇虛價者邪！凡創制改法，宜從民情，未有違衆矯物而可久也。泉布廢興，[4]未容驟議，[5]前代赤仄白金，[6]俄而罷息，六貨憒亂，[7]民泣於市。[8]良由事不畫一，難用遵行，自非急病權時，宜守久長之業。煩政曲雜，致遠常泥。且貨偏則民病，故先王立井田以一之，使富不淫侈，貧不過匱。雖兹法久廢，不可頓施，要宜而近，粗相放擬。若今制遂行，富人貲貨自倍，貧者彌增其困，懼非所以欲均之意。又錢之形式，大小多品，[9]直云大錢，則未知其格。若止於四銖五銖，則文皆古篆，既非下走所識，加或漫滅，尤難分明，公私交亂，爭訟必起，此最是其深疑者也。命旨兼慮窮鑿日多，以至消盡；鄙意復謂殆無此嫌。民巧雖密，要有蹤跡，且用錢貨銅，事可尋檢，直由屬所怠縱，糾察不精，致使立制以來，發覺者寡。今雖有懸金之名，竟無酬與之實，若申明舊科，禽獲即報，畏法希賞，不日自定矣。愚者之議，智者擇焉，猥參訪逮，敢不輸盡。」

[1]鑄四銖錢：事在宋文帝元嘉七年。四銖錢，錢幣名稱，重量較五銖爲輕。銖，重量單位。約二十四銖爲一兩。

[2]録尚書：官名。總領尚書省政務，總知國事。位在三公上。

[3]重：各本並作「輕」，中華本據《通鑑》宋元嘉二十四年改。

[4]泉布：貨幣。古時泉與布並爲貨幣，統稱泉布。鄭玄《周禮·天官·外府》注：「布，泉也。其藏曰泉，其行曰布。」

[5]未容：各本並脱，中華本據《通志》卷一三四《何尚之傳》補。

[6]赤仄白金：漢代貨幣名稱，又稱赤仄五銖。用赤銅雜以白金及銀錫鑄造而成，一枚相當普通五銖五枚。始鑄於漢武帝時。參見《漢書·食貨志下》。

[7]六貨憒亂：指王莽時貨幣制度發生混亂事。時以金、銀、龜、貝、錢、布爲六貨，但因輕濫而不能流通。參見《漢書·食貨志下》。

[8]民泣於市：莽既代漢，變更幣制，省置無常，至使農商失業，食貨俱廢，民人至涕泣於市道。詳見《漢書》卷九九中《王莽傳中》。

[9]多品：各種形制、種類。品，等級，種類。

吏部尚書庾炳之、侍中太子左衛率蕭思話、中護軍趙伯符、御史中丞何承天、太常郗敬叔並同尚之議。[1] 中領軍沈演之以爲：[2]“龜貝行於上古，[3] 泉刀興自有周，[4] 皆所以阜財通利、實國富民者也。歷代雖遠，資用彌便，但採鑄久廢，兼喪亂累仍，糜散湮滅，何可勝計。晉遷江南，疆境未廓，或土習其風，錢不普用，其數本少，爲患尚輕。今王略開廣，聲教遐暨，金鑠所布，[5] 爰逮荒服，昔所不及，悉已流行之矣。用彌廣而貨愈狹，[6] 加復競竊翦鑿，銷毀滋繁，刑禁雖重，姦避方密，遂使歲月增貴，貧室日虛，[7] 啓作肆力之氓，[8] 徒勤不足以供贍。[9] 誠由貨貴物賤，常調未革，弗思釐改，爲弊轉深，斯實親教之良時，通變之嘉會。愚謂若以大錢當兩，則國傳難朽之寶，家贏一倍之利，不俟加憲，巧源自絕，施一令而衆美兼，無興造之費，莫盛於茲矣。”上從演之議，遂以一錢當兩，行之經時，公私非便，乃罷。

[1]庾炳之：人名。字仲文，潁川鄢陵人。本書卷五三有附傳。太子左衛率：官名。掌太子府宿衛，亦任征伐、領兵，地位頗重。五品。丁福林《校議》據本書卷七八《蕭思話傳》考證，時蕭思話任太子右衛率。　蕭思話：人名。南蘭陵人。本書卷七八有傳。　趙伯符：人名。下邳僮人。本書卷四六有附傳。　御史中丞：官名。御史臺長官，掌監察、執法。四品。　何承天：人名。東海郯人。本書卷六四有傳。　郗敬叔：人名。本書僅此一見，其事不詳。

[2]中領軍：官名。禁衛軍最高統領，掌京師駐軍及禁軍。三品。　沈演之：人名。吳興武康人。本書卷六三有傳。

[3]龜貝：龜甲、貝殼，古時作爲貨幣使用。

[4]泉刀：銅質貨幣。

[5]金鏹（qiǎng）：金錢、貨幣。鏹，錢串。

[6]廣：各本並作"曠"，中華本據《通典·食貨典》、《元龜》卷五○○改。

[7]虛：各本或作"處""劇"，中華本據《元龜》卷五○○改。

[8]暋（mǐn）作：勉強勞作。暋，努力，勉力。

[9]供：各本並脱，中華本據《元龜》卷五○○補。

　　二十五年，[1]遷左僕射，領汝陰王師，[2]常侍如故。二十八年，轉尚書令，領太子詹事。[3]二十九年，致仕，[4]於方山著《退居賦》以明所守，[5]而議者咸謂尚之不能固志。太子左衛率袁淑與尚之書曰：[6]"昨遣修問，[7]承丈人已晦志山田，[8]雖曰年禮宜遵，[9]亦事難斯貴，俾疏、班、邴、魏，[10]通美於前策，龔、貢、山、衛，[11]淪慚乎曩篇。規迢休告，雪滌素懷，冀尋幽之歡，畢棲玄之適。[12]但淑逸操偏迥，[13]野性蓸滯，果茲沖寂，必沈樂忘歸。然而已議塗聞者，謂丈人徽明未耗，譽業方籍，儻能屈事康道，降節殉務，舍南瀨之操，[14]淑此行永決矣。[15]望眷有積，約日無誤。"尚之宅在南澗寺側，[16]故書云"南瀨"，《毛詩》所謂"于以采蘋，南澗之瀨"也。[17]詔書敦勸，上又與江夏王義恭詔曰："今朝賢無多，且羊、孟尚不得告謝，[18]尚之任遇有殊，便未宜申許邪。"義恭答曰："尚之清忠貞固，歷事唯允，雖年在懸車，[19]而體獨充壯，未相申許，下情所同。"尚之復攝職。羊即羊玄保，孟即孟顗，字彦重，平昌安丘人。[20] 兄昶貴盛，[21] 顗不就徵辟。昶死後，起家爲東陽太守，[22] 遂歷吳郡、會稽、丹陽三郡，侍中，僕射，太子詹事，復爲會稽太守，[23] 卒官，贈左光祿大夫。子劭，尚太祖第十六女南郡公主，[24] 女適彭城王義康、巴陵哀王休若。[25]

[1]二十：各本並脱此二字，中華本據孫虨《考論》補。

[2]汝陰王：王爵名。即劉渾。宋文帝子。本書卷七九有傳。汝陰爲其王國，治所在今安徽阜陽市。

[3]太子詹事：官名。太子府屬官，掌內外庶務。三品。

[4]致仕：官制用語。交還官職，辭官，退休。

[5]方山：地名。在今江蘇南京市江寧區東南。

[6]袁淑：人名。陳郡陽夏人。本書卷七〇有傳。

[7]修問：派人或寫信問候。

[8]丈人：舊時對老人尊稱。

[9]年禮：尊老養老之禮。參見《禮記·曲禮上》。

[10]疏、班、邴、魏：即疏廣、班況、邴漢、魏尚，皆漢代懷止足之志的高逸之士。分別參見《漢書》卷七一、一〇〇上、七二、一〇〇下。

[11]龔、貢、山、衛：即龔勝、貢禹、山濤、衛臻，皆漢魏名宦及高逸之士。分別參見《漢書》卷七二、《晋書》卷四三、《三國志》卷二二各本傳。

[12]棲：三朝本、殿本空白，毛本作“談”。中華本據《元龜》卷九〇五補。

[13]偏迥：孤僻高遠。迥，各本並作“迴”，中華本據《元龜》卷九〇五改。

[14]南瀕之操：隱居山林的操守。其說詳下。

[15]永：各本並作“求”，中華本據《元龜》卷九〇五改。

［16］南澗寺：佛寺名。約在今江蘇南京市江寧區境内。

［17］于以采蘋，南澗之瀕：見《詩·召南·采蘋》。

［18］羊、孟：即羊玄保、孟顗。時爲朝賢。事見本書卷五四《羊玄保傳》及本卷。

［19］懸車：謂辭官家居。《漢書》卷一○○下《叙傳下》：“身修國治，致仕縣車。”

［20］平昌：郡名。治所在今山東安丘市西南。平，各本作“本”，中華本據錢大昕《考異》及本書卷四七《孟懷玉傳》、《南史》卷一九《孟顗傳》改。　安丘：縣名。治所在今山東安丘市。

［21］昶：人名。即孟昶。本書及《南史》無傳，事迹散見於本書卷一、一六、二五、四二、四九、五二及《南史》卷一五、一九、二四等紀傳中，《晉書》亦有記載。

［22］東陽：郡名。治所在今浙江金華市。

［23］會稽：郡名。治所在今浙江紹興市。

［24］南郡公主：其事不詳。封地在今湖北荆州市荆州區。

［25］巴陵哀王休若：即劉休若。宋文帝第十九子。本書卷七二有傳。巴陵，王國名。治所在今湖南岳陽市。哀，謚號。按《謚法》：“早孤短折曰哀。”“恭仁短折曰哀。”


尚之既還任事，上待之愈隆。是時復遣軍北伐，資給戎旅，悉以委之。元凶弑立，[1]進位司空，領尚書令。時三方興義，[2]將佐家在都邑，劭悉欲誅之，尚之誘説百端，並得免。世祖即位，[3]復爲尚書令，領吏部，遷侍中、左光禄大夫，領護軍將軍。[4]尋辭護軍，加特進。復以本官領尚書令。丞相南郡王義宣、車騎將軍臧質反，[5]義宣司馬竺超民、臧質長史陸展兄弟並應從誅，[6]尚之上言曰：“刑罰得失，治亂所由，聖賢留心，不可不慎。竺超民爲義宣司馬，[7]賊既遁走，一夫可禽，若反覆昧利，即當取之，非唯免咎，亦可要不義之賞，而超民曾無此意，微足觀過知仁。且爲官保全城府，謹守庫藏，端坐待縛。今戮及兄弟，與向始末無論者復成何異。陸展盡質復灼然，便同之巨逆，於事爲重。臣豫蒙顧待，自殊凡隸，苟有所懷，不敢自默。"超民坐者由此得原。

[1]元凶：凶惡作亂的首領。此指宋文帝太子劉劭。　弒立：指劉劭弒文帝自立事。詳見本書卷九九《劉劭傳》。

[2]三方興義：天下方鎮起兵勤王。按：文帝被殺後，方鎮多舉兵以討元凶，其大者有江州刺史武陵王駿、荊州刺史南譙王義宣、廣州刺史竟陵王誕、雍州刺史臧質等。參見本書卷六《孝武帝紀》及《劉劭傳》。

[3]世祖：宋孝武帝劉駿廟號。

[4]護軍將軍：官名。高級武官之一，掌督護京師以外諸軍。三品。

[5]南郡王義宣：即劉義宣。宋武帝子。本書卷六八有傳。南郡，王國名。在今湖北荊州市荊州區。　車騎將軍：官名。多爲重臣加官，位次驃騎將軍，在諸名號將軍上。二品。　臧質：人名。東莞莒人。其與南郡王義宣曾於孝建元年起兵反對孝武帝，旋即兵敗被殺。本書卷七四有傳。

[6]司馬：官名。軍府幕僚或州郡王國佐官，掌參贊軍務，管理府內武職。位次長史，品秩隨府主高低不等。　竺超民：人名。本書無傳，其事迹散見本書卷四六、五九、六八、七四、七六、八一等傳中。

[7]義宣司馬：各本並脫此四字，中華本據《元龜》卷六一五補。

時欲分荆州置郢州，[1]議其所居。江夏王義恭以爲宜在巴陵，尚之議曰：“夏口在荆、江之中，[2]正對沔口，[3]通接雍、梁，[4]實爲津要，由來舊鎮，根基不易。今分取江夏、武陵、天門、竟陵、隨五郡爲一州，[5]鎮在夏口，既有見城，浦大容舫。竟陵出道取荆州，雖水路，與去江夏不異，諸郡至夏口皆從流，並爲利便。湘州所領十一郡，[6]其巴陵邊帶長江，去夏口密邇，既分湘中，乃更成大，亦可割巴陵屬新州，於事爲允。”上從其議。荆、揚二州，户口半天下，江左以來，揚州根本，委荆以閫外。[7]至是並分，欲以削臣下之權，而荆、揚並因此虛耗。尚之建言復合二州，上不許。

[1]郢州：治所在今湖北武漢市武昌區。

[2]夏口：城名。在今湖北武漢市武昌區。

[3]沔口：地名。即沔水入長江處，在今湖北武漢市西北。

[4]雍：州名。治所在今湖北襄陽市襄城區東南。　梁：州名。治所在今陝西漢中市。

[5]江夏：郡名。治所在今湖北武漢市武昌區。　武陵：郡名。治所在今湖南常德市。　隨：郡名。治所在今湖北隨州市。

[6]湘州：治所在今湖南長沙市。　十一郡：即巴陵、長沙、邵陵、衡陽、湘東、零陵、桂陽、營陽、始安、始興、臨賀。

[7]閫（kǔn）外：郭門以外。《史記》卷一〇二《張釋之馮唐列傳》：“閫以外者，將軍制之。”後因稱軍事職務。閫，門檻。

大明二年，[1]以爲左光禄、開府儀同三司，侍中如故。尚之在家常著鹿皮帽，及拜開府，天子臨軒，[2]百僚陪位，沈慶之於殿廷戲之曰：[3]“今日何不著鹿皮冠？”慶之累辭爵命，朝廷敦勸甚篤，尚之謂曰：“主上虛懷側席，詎宜固辭。”慶之曰：“沈公不效何公，去而復還也。”尚之有愧色。愛尚文義，老而不休，與太常顏延之論議往反，[4]傳於世。立身簡約，車服率素，妻亡不娶，又無姬妾。秉衡當朝，畏遠權柄，親戚故舊，一無薦舉，既以致怨，亦以此見稱。復以本官領中書令。四年，疾篤，詔遣侍中沈懷文、黃門侍郎王釗問疾。[5]薨于位，時年七十九。追贈司空，侍中、中書令如故。謚曰簡穆公。[6]子偃，別有傳。

[1]大明：宋孝武帝劉駿年號（457—464）。

[2]臨軒：皇帝在殿前平臺上接見臣屬。軒，殿前檐下平臺。

[3]沈慶之：人名。吳興武康人。本書卷七七有傳。

[4]顏延之：人名。琅邪臨沂人。本書卷七三有傳。

[5]沈懷文：人名。吳興武康人。本書卷八二有傳。　王釗：人名。琅邪臨沂人。本書卷四二有附傳。

[6]簡穆：謚號。按《謚法》：“一德不懈曰簡。”“平易不訾曰簡。”“布德執義曰穆。”“中情見貌曰穆。”

尚之弟悠之，義興太守，[1]侍中，太常。與琅邪王微相善。[2]悠之卒，微與偃書曰：“吾與義興，直恨相知之晚，每惟君子知我。若夫嘉我小善，矜余不能，唯賢叔耳。”悠之弟愉之，新安太守。愉之弟翌之，都官尚書。悠之子顯之，尚太祖第四女臨海惠公主。[3]太宗世，[4]官至通直常侍。[5]

[1]義興：郡名。治所在今江蘇宜興市。

[2]微：人名。各本並作“徽”。中華本據本書卷六二《王微傳》及孫猷《考論》改。下同。

[3]臨海惠公主：本書僅此一見，其事不詳。封邑在今浙江臨海市。“惠”爲諡號，按《諡法》：“柔質慈民曰惠。”“愛民好與曰惠。”

[4]太宗：宋明帝劉彧廟號。

[5]通直常侍：官名。即通直散騎常侍。職同散騎常侍，掌侍從、諷諫，平尚書奏事。三品。


史臣曰：江左以來，樹根本於揚越，任推轂於荆楚。[1]揚土自廬、蠡以北，[2]臨海而極大江；荆部則包括湘、沅，[3]跨巫山而掩鄧塞。[4]民户境域，過半於天下。晉世幼主在位，政歸輔臣，荆、揚司牧，[5]事同二陝。[6]宋室受命，權不能移，二州之重，咸歸密戚。[7]是以義宣藉西楚强富，[8]因十載之基，[9]嫌隙既樹，遂規問鼎。而建郢分揚，矯枉過直，藩城既剖，盜實人單，閫外之寄，於斯而盡。若長君南面，威刑自出，至親在外，事不患强。若運經盛衰，時艱主弱，雖近臣懷禍，止有外憚，吕宗不競，實由齊、楚，[10]興喪之源，於斯尤著。尚之言并合，可謂識治也矣！


[1]推轂（gǔ）：君主任將帥出征的禮儀形式。《史記》卷一〇二《張釋之馮唐列傳》：“臣聞上古王者之遣將也，跪而推轂，曰閫以內者，寡人制之；閫以外者，將軍制之。”此處意即委荆楚以重任。轂，車輪。

[2]廬、蠡：地區名。即廬山、彭蠡湖（鄱陽湖）。在今江西

九江市一帶。

[3]湘、沅：河名。即湘水、沅水。湘水發源於今廣西北部海洋山一帶，北流入洞庭湖。沅水發源於今貴州省東部，東北流入洞庭湖。二水爲湘州重要河流，今名湘江、沅江。

[4]巫山：山名。在今湖北與重慶交界處，長江穿流其中，形成三峽。　鄧塞：地名。在今河南鄧州市一帶。

[5]司牧：州司、牧守，即官吏。

[6]二陝：以陝縣爲界，東爲陝東，西爲陝西，合稱二陝。周初分別由周公和召公治理。

[7]密戚：皇室近親。

[8]西楚：地區名。此與《史記》卷一二九《貨殖列傳》所指西楚有異，指今湖北一帶，原爲楚國統治地區。因地處揚州之西，故名。

[9]十載：十年。本書卷六八《南郡王義宣傳》稱，義宣於元嘉二十一年出爲荆州刺史，至孝建元年起兵反，前後十年。詳見其本傳。

[10]吕宗不競，實由齊、楚：吕氏宗族的基業沒有得到發展，實在由於齊王襄和楚王交的緣故。指西漢初年吕后及其家族作亂事。參見《漢書》卷三《高后紀》。齊，即齊王劉襄。楚，即楚王劉交。二人皆漢初參與平定諸吕叛亂的諸侯王。詳見《史記》卷五二、《漢書》卷三六各本傳。

# 宋書　卷六七

## 列傳第二十七

謝靈運

謝靈運，[1]陳郡陽夏人也。[2]祖玄，[3]晋車騎將軍。[4]父瑍，[5]生而不慧，爲秘書郎，[6]蚤亡。靈運幼便穎悟，玄甚異之，謂親知曰：“我乃生瑍，瑍那得生靈運！”[7]

[1]謝靈運：人名。此處不言其名與字，約爲史書漏載。據本書卷五八《謝弘微傳》及劉敬叔《異苑》卷七，靈運幼名客兒，族人多稱其爲阿客，時人或稱其爲謝客。參見周一良《札記·謝靈運傳》。

[2]陳郡：治所在今河南淮陽縣。　陽夏：縣名。治所在今河南太康縣。

[3]玄：人名。即謝玄。東晋孝武帝時人。《晋書》卷七九有附傳。

[4]車騎將軍：官名。掌京師及皇宮禁衛，或爲重臣及州郡長官加官，位在驃騎將軍下。二品。

[5]瑍：人名。即謝瑍。東晋中葉人。事見《晋書·謝玄傳》。

[6]秘書郎：官名。秘書省屬官，掌圖書典籍整理及保管等。六品。

[7]我乃生瑍，瑍那得生靈運：此語《南史》作"我乃生瑍，瑍兒何爲不及我"，《晋書·謝玄傳》作"我尚生瑍，瑍那得不生靈運"。錢大昕《考異》、孫彪《考論》並以《晋書》爲是，謂本書無"不"字乃傳寫脱誤，《南史》因改易而失去原語雋永。中華本《晋書》校勘記則謂《晋書》"不"爲衍文，文意不貫，且稱係襲本書而來，徑删之。周一良《札記·謝靈運傳》則謂《南史》文義不明，疑有誤。

靈運少好學，博覽群書，文章之美，江左莫逮。[1]從叔混特知愛之。[2]襲封康樂公，[3]食邑二千户。以國公例，[4]除員外散騎侍郎，[5]不就。爲琅邪王大司馬行參軍。[6]性奢豪，車服鮮麗，衣裳器物，多改舊制，世共宗之，咸稱謝康樂也。撫軍將軍劉毅鎮姑孰，[7]以爲記室參軍。[8]毅鎮江陵，[9]又以爲衛軍從事中郎。[10]毅伏誅，高祖版爲太尉參軍，[11]入爲秘書丞，[12]坐事免。

[1]江左：地區名。亦名江東，指長江下游以東地區，即今江蘇、浙江一帶。古人多以東爲左，故以江東爲江左。

[2]混：人名。即謝混。《晋書》卷七九有附傳。

[3]康樂公：公爵名。原爲靈運祖父謝玄封爵，玄去世後以其子瑍先玄而卒，故靈運得以謝玄長孫故襲爵。參見《晋書》卷七九《謝玄傳》。康樂，公國名。在今江西萬載縣東北。

[4]國公：公爵名。公爵之一，位在郡公下。

[5]員外散騎侍郎：官名。門下省屬官，多以公族和功臣子弟充任。五品。

[6]琅邪王：王爵名。此處指晋恭帝司馬德文，即位前爲琅邪

王。《晋書》卷一〇有紀。琅邪，王國名。治所在今江蘇句容市。

　大司馬：官名。三公之一，多爲重臣加官，無職司。一品。　行

參軍：官名。諸府屬官，多爲府主自辟，品階低於中央辟除的

參軍。

　〔7〕撫軍將軍：官名。職比四鎮將軍。三品。　劉毅：人名。

彭城沛人。《晋書》卷八五有傳。　姑孰：地名。在今安徽當塗縣。

　〔8〕記室參軍：官名。諸王、公、都督府記室曹長官，掌文疏

表奏。七至九品不等。

　〔9〕江陵：縣名。治所在今湖北荆州市荆州區。

　〔10〕衛軍：官名。即衛將軍。位在諸名號大將軍上，僅次三

公。二品。　從事中郎：官名。將軍府屬官之一，掌謀議等軍務。

六品。

　〔11〕高祖：宋武帝劉裕廟號。　版：官制用語。指不經吏部正

式任命，由地方軍政長官自行選聘的官員，行版文委派。　太尉：

官名。三公之一，多爲重臣加官，省置無常，無其人則缺。一品。

　參軍：官名。將軍都督府屬官，掌參謀軍務，品秩不等。

　〔12〕秘書丞：官名。秘書省官員，輔佐秘書監掌圖書典籍，爲

清要之官。六品。

　　高祖伐長安，[1]驃騎將軍道憐居守，[2]版爲諮議參

軍，[3]轉中書侍郎，[4]又爲世子中軍諮議，[5]黃門侍郎。[6]

奉使慰勞高祖於彭城，[7]作《撰征賦》。[8]其序曰：

　〔1〕高祖伐長安：實指宋武帝劉裕於晋安帝義熙十二年（416）

率衆討伐後秦姚興事。參見本書卷二《武帝紀中》。長安，地名。

在今陝西西安市。

　〔2〕驃騎將軍：官名。位居諸名號將軍之首，多爲大臣及重要

州郡長官加官。二品。　道憐：人名。即劉道憐。宋武帝中弟，封

長沙王。本書卷五一有傳。按：劉裕伐後秦時，劉道憐不任留守，伐司馬休之時任留守。

[3]諮議參軍：官名。幕府屬官之一，掌顧問諫議，位在列曹參軍上，無定員。

[4]中書侍郎：官名。又稱中書郎。中書省屬官，掌草擬詔令，職任機要。位在監、令下。五品。

[5]世子：諸侯王公正妻所生之長子。此處指宋武帝長子劉義符，時封豫章郡公。　中軍諮議：官名。世子府屬官，掌軍中顧問、諮議。

[6]黃門侍郎：官名。掌侍從皇帝，顧問應對，出則陪乘。五品。

[7]奉使：據本賦序及本書《武帝紀中》，事在義熙十二年九月。　彭城：郡名。治所在今江蘇徐州市。

[8]作《撰征賦》：據本書《武帝紀中》及本賦序，本賦作於義熙十三年正月。


　　蓋聞昏明殊位，貞晦異道，雖景度迴革，亂多治寡，是故升平難於恒運，剝喪易以橫流。皇晉□□河汾，[1]來遷吳楚，[2]數歷九世，[3]年踰十紀，[4]西秦無一援之望，[5]東周有三辱之憤，[6]可謂積禍纏釁，[7]固以久矣。況迺陵塋幽翳，[8]情敬莫遂，日月推薄，帝心彌遠。慶靈將升，時來不爽，相國宋公，[9]得一居貞，迴乾運軸，內匡寰表，外清遐陬。每以區宇未統，側席盈慮。值天祚攸興，昧弱授機，龜筮元謀，符瑞景徵。於是仰祇俯協，順天從兆，興止戈之師，[10]躬暫勞之討。以義熙十有二年五月丁酉，[11]敬戒九伐，申命六軍，治兵于京畿，次師于汜上。[12]靈檣千艘,[13]雷輜萬乘,羽騎盈塗,飛旟蔽日。別命群帥,誨謨惠策,法奇於《三略》,[14]義秘於《六韜》。[15]所以鉤棘未曜,殞前禽於金墉,[16]威弧始殼,走釳隼於滑臺。[17]曾不踰月,二方獻捷。宏功懋德,獨絶古今。天子感《東山》之劬勞,[18]慶格天之光大,明發興於鑒寐,使臣遵于原隰。余攝官承乏,謬充殊役,《皇華》愧於先《雅》,[19]靡鹽頜於征人。[20]以仲冬就行,分春反命。塗經九守,路踰千里。沿江亂淮,溯薄泗、汜,詳觀城邑,周覽丘墳,眷言古迹,其懷已多。昔皇祖作藩,[21]受命淮、徐,[22]道固苞桑,[23]勳由仁積。年月多歷,市朝已改,永爲洪業,纏懷清曆。於是采訪故老,尋履往迹,而遠感深慨,痛心殞涕。遂寫集聞見,作賦《撰征》,俾事運遷謝,託此不朽。其詞曰:

[1]□□:據中華本考證:三朝本、北監本、毛本、殿本、局本及明萬曆十一年焦竑刻《謝康樂集》並闕,張溥《百三家集》作"受命",或作"鼎移"。 河汾:地區名。指黃河、汾水一帶,原西晉的統治中心區域,在今河南、山西省等地。

[2]吳楚:地區名。指三吳和荊楚一帶,爲東晉統治重心所在,約相當於今江、浙、湘、鄂等省。

[3]九世:九代人。此指自東晉建國至謝靈運撰作本賦時已經歷晉元、明、成、康、穆、哀、廢、簡文、孝武九位皇帝,正是第十位皇帝晉安帝在位時期。參見《晉書》各有關帝紀。

[4]年踰十紀:時間超過了一百二十年。實際是一百年。紀,年代,古時稱十二年爲紀。

[5]西秦無一援之望：指劉曜攻陷長安，西晋最後一個皇帝愍帝得不到援救而被迫投降事。西秦，本指西方的秦國，此喻指西晋。

[6]東周有三辱之憤：指東晋建國後經過王敦、蘇峻、桓玄三次作亂的耻辱。東周，本指建都於洛陽的東周，此喻指東晋。

[7]可謂：《宋文集》卷一〇、《百三家集》作“可爲”。

[8]陵塋幽翳：墳墓被荒棄掩蔽，無人灑掃封祭。此指在西晋京師洛陽一帶的西晋皇陵。計有宣帝高原陵、景帝峻平陵、文帝崇陽陵、武帝峻陽陵、惠帝顯陽陵，號曰五陵。

[9]相國宋公：即劉裕。時任相國又封宋公。參見本書卷二《武帝紀中》。

[10]興止戈之師：指調動軍隊作戰。古時或釋“止戈”爲“武”字，止戈之師即軍隊。《左傳》宣公十五年：“夫文，止戈爲武。”

[11]義熙：晋安帝司馬德宗年號（405—418）。

[12]汳：水名。一作“汴”，即汴水，黄河支流之一，是宋武帝北伐時水路的主要通道，在今安徽碭山縣至河南開封市一帶。

[13]靈檣：《宋文集》卷一〇作“雲檣”，似是。

[14]《三略》：古代兵書名。相傳爲漢黄石公所作。《隋書·經籍志》載有《黄石公三略》三卷，題下邳神人撰，今已佚，後人多有僞作。參見清·姚際恒《古今僞書考》。

[15]《六韜》：古代兵書名。傳爲周吕尚所作，分《文韜》《武韜》《龍韜》《虎韜》《豹韜》《犬韜》六部分，故稱《六韜》，實爲漢人采掇舊説而作。

[16]殞前禽於金墉：此指劉裕北伐後秦，軍至洛陽，圍金墉，姚泓弟平南將軍姚洸投降事。參見本書《武帝紀中》。前禽，在前面逃跑的野獸，此喻敵軍。金墉，城名。原爲西晋宫城之一，在今河南洛陽市東部一帶。

[17]走鈒隼於滑臺：指劉裕大敗魏軍後進平滑臺事。鈒隼，猛

禽名。貪殘的小鵰，此喻北魏軍隊。滑臺，地名。在今河南滑縣東。

[18]《東山》：《詩·豳風》篇名。傳爲周公所作，記遠征軍士還鄉事。　劬（qú）勞：勞頓，辛苦。劬，勤勞。

[19]《皇華》：《詩·小雅》篇名。即《皇皇者華》，爲君遣使臣之作，也指使者或出使。　《雅》：《詩經》篇章之一，與風、賦、比、興、頌並稱六義。參見《詩大序》。

[20]靡鹽（gǔ）：無止息。鹽，止息。　顇（cuì）：同“瘁”，勞累。　征人：出征的軍人。

[21]皇祖：帝王的祖先。此指宋開國皇帝劉裕。

[22]淮、徐：地區名。指淮水及徐州一帶，約相當於今江蘇、安徽二省淮河以北，以江蘇徐州市爲中心的地區。

[23]苞桑：桑樹的本幹，比喻根基穩固。《易·否卦》：“其亡其亡，繫于苞桑。”孔穎達疏：“苞，本也。凡物繫于桑之苞本，則牢固也”；“桑之爲物，其根衆也，衆則牢固之義”。

　　系烈山之洪緒，[1]承火正之明光。[2]立熙載於唐后，[3]申讚事於周王。[4]疇庸命而順位，[5]錫寶圭以徹疆。[6]歷尚代而平顯，[7]降中葉以繁昌。[8]業服道而德徽，風行世而化揚。投前蹤以永冀，省輶質以遠傷。[9]睽謀始于蓍蔡，[10]違用舍於行藏。[11]

[1]烈山：傳說中的帝王名。即烈山氏。又稱神農氏或炎帝，因生於烈山而得名，其地在今湖北隨州市一帶。參見《國語·魯語上》、盛弘《荆州記》。

[2]火正：官名。上古管理火種的官員。此指祝融，高辛氏時任火正，後世則尊以爲火神。

[3]立熙載於唐后：孫彪《考論》云：“經傳皆言申祖四岳。

立字疑岳字之譌。”其言頗是。如此，“立”爲“岳”，即四岳，相傳爲義和四子，唐堯時爲分管四方的諸侯。熙載，弘揚功業。《尚書·舜典》：“舜曰：咨四岳，有能奮庸熙帝之載。”唐后，即唐堯。又稱陶唐氏或帝堯，傳說中的帝王之一。后，在上古時指帝王。

　　[4]申讚事於周王：指炎帝的後代申伯任職於周朝事。申，即申伯，炎帝四岳之後，周宣王母舅，封於申（今河南南陽市北）。周王，即周宣王。事見《史記》卷四《周本紀》。

　　[5]疇庸命而順位：指四岳奉事於陶唐氏事。《史記》卷一《五帝本紀》稱，四岳於陶唐氏爲諸侯，舉薦虞舜於堯，使繼堯位。

　　[6]錫寶圭以徹疆：指周宣王分封申伯事。《詩·大雅·崧高》：“王遣申伯，路車乘馬。我圖爾居，莫如南土，錫爾介圭，以作爾寶。往近王舅，南土是保。”錫，同“賜”，給予。徹疆，分封疆土。

　　[7]歷尚代而平顯：指經歷上代而治理有序。尚代，同“上代”，古代。

　　[8]降中葉以繁昌：指到了中世而興隆昌盛。中葉，中世，中期。

　　[9]輶（yóu）質：車的本體，踪迹。輶，一種輕車，多爲使臣所乘坐。質，本體。

　　[10]睽謀始于蓍蔡：用蓍草占卜吉凶，定計謀。蓍，蓍草，一種多年生草本植物。相傳黃帝最早用其莖演義八卦。蔡，占卜用的大龜。古時因以蓍蔡指占卜。

　　[11]行藏：行止。《論語·述而》：“子謂顏淵曰：‘用之則行，舍之則藏，唯吾與爾有是夫！’”意即出仕即行其所學之道，否則退隱藏道以待時機。

　　　庇常善之罔棄，憑曲成之不遺。昭在幽而偕

煦，<sup>[1]</sup>賞彌久而愈私。顧晚草之薄弱，仰青春之葳
蕤。<sup>[2]</sup>引蔓穎於松上，擢纖枝於蘭逵。<sup>[3]</sup>施隆貸而有
渥，<sup>[4]</sup>報涓塵而無期。歡太階之休明，<sup>[5]</sup>穆皇道之
緝熙。<sup>[6]</sup>

[1]煦煦（xù）：同見光明。煦，日出的温暖。
[2]葳蕤：鮮麗。一説草名，又稱麗草、女草或娃草，根長多
鬚，如冠纓下垂，鮮麗而有威儀，故名。
[3]蘭逵：蘭花的枝葉。逵，本指四通八達的道路。
[4]有渥：有恩惠。渥，沾潤，濃厚，指恩惠。
[5]太階：道路。階，臺階，途徑。　休明：美善旺盛。
[6]緝熙：光明。

惟王建國，辨方定隅，內外既正，華夷有殊。
惟昔《小雅》，<sup>[1]</sup>逮于班書，<sup>[2]</sup>戎蠻孔熾，<sup>[3]</sup>是殛是
誅。所以宣王用棘於獫狁，<sup>[4]</sup>高帝方事於匈奴。<sup>[5]</sup>然
侵鎬至涇，<sup>[6]</sup>自塞及平。<sup>[7]</sup>闕郊伺鄙，□□□□，<sup>[8]</sup>
慕攜王之矯虔，階喪亂之未寧。竊強秦之三輔，<sup>[9]</sup>
陷隆周之兩京。<sup>[10]</sup>雄崤、澠以制險，<sup>[11]</sup>據繞霤而作
扃。<sup>[12]</sup>家永懷於故壤，國願言於先塋。俟太平之曠
期，屬應運之聖明。坤寄通於四瀆，<sup>[13]</sup>乾假照於三
辰。<sup>[14]</sup>水潤土以顯比，火炎天而同人。惟上相之叡
哲，<sup>[15]</sup>當草昧而經綸。總九流以貞觀，<sup>[16]</sup>協五才而
平分。<sup>[17]</sup>時來之機，悟先於介石，納隍之誠，一援
於生民。<sup>[18]</sup>龜筮允臧，人鬼同情。順天行誅，司典
詳刑。樹牙選徒，<sup>[19]</sup>秉鉞抗旍。<sup>[20]</sup>弧矢罄楚孝之心

智，[21]戈棘單吳子之精靈。[22]

[1]《小雅》：《詩經》組成部分之一，多爲周朝貴族宴會樂歌，也有批評時政或抒發怨憤的民間歌謠。

[2]班書：東漢人班固所撰的《漢書》，記述西漢二百餘年史事。《後漢書》卷四〇有《班固傳》及對其所著《漢書》的綜論、評價。

[3]孔熾：勢力旺盛。孔，甚。熾，火旺。

[4]宣王用棘（jí）於獫（xiǎn）狁（yǔn）：指周宣王討伐獫狁事。棘，通“戟”，古代兵器，引申爲作戰。獫狁，周朝時北方的少數民族，常南下威脅周邊。《詩·小雅·六月》稱其“侵鎬及方，至于涇陽”，宣王“薄伐玁狁，至于太原。文武吉甫，萬邦爲憲”。

[5]高帝方事於匈奴：指漢高祖劉邦受匈奴困擾且帶兵征伐之事。《史記》卷一一〇《匈奴列傳》稱，漢初，匈奴大盛，南侵至晉陽。高祖率衆擊之，被困於平城白登，七日後始得脫。同書卷八《高祖本紀》、卷五六《陳丞相世家》亦見記載。

[6]侵鎬至涇：指周宣王時獫狁侵入周朝腹地事。鎬，鎬京。西周都城，在今陝西西安市西南。涇，涇水。鎬京附近河流。《詩·小雅·六月》：“玁狁匪茹，整居焦穫，侵鎬及方，至于涇陽。”

[7]自塞及平：指前述匈奴侵漢北邊，自塞外一直到達平城事。平，即平城。今山西大同市東北。

[8]□□□□：據中華本考證：三朝本、北監本、毛本、殿本、局本、《謝康樂集》並闕四字，一本或作“圍郭攻城”。

[9]三輔：地區名。指今以陝西咸陽、西安市爲中心的地區，秦漢時爲近畿之地。參見《三輔黃圖·三輔沿革》。

[10]隆周之兩京：隆盛周朝的兩個京城，即鎬京和洛邑，分別

在今陝西西安市和河南洛陽市境内。

[11]崤、澠：地區名。崤山和澠阨，古時中原與關中的交通要道，分別在今河南洛寧縣北和澠池縣附近。

[12]繞霤：古地名。以險固著稱，在今陝西商州市一帶。《漢書》卷九九中《王莽傳中》：“繞霤之固，南當荆楚。”注：“謂之繞霤者，言四面塞阨，其道屈曲，谿谷之水，回繞而霤也。”

[13]四瀆：古河名。即江、淮、河、濟四條河流。因其發源後皆獨流入海，故名。《爾雅·釋水》：“江淮河濟爲四瀆。四瀆者，發源注海者也。”

[14]三辰：星宿名。即日、月、星。

[15]上相：指宋武帝劉裕。時任相國。

[16]九流：天下各種言論和流派。原指戰國時儒、道、陰陽、法等九個學術流派，後泛稱各種流派和言論。

[17]五才：又作“五材”，指金、木、水、火、土五種物質，古人認爲是人類所需的基本材料。

[18]介石：操守堅貞。　納隍：原義爲推入城池中，後指出民於水火的迫切心情。

[19]樹牙選徒：打起軍旗，挑選戰士。牙，牙旗，古時指大將所立、以象牙爲飾的大旗。《文選》張衡《東京賦》“牙旗繽紛”，薛綜注：“兵書曰：牙旗者，將軍之旌。謂古者天子出，建大牙旗，竿上以象牙飾之，故云牙旗。”

[20]秉鉞抗旍（jīng）：手持節鉞和令旗指揮軍隊。鉞，形如斧子的一種兵器，多作爲將軍指揮軍隊的權杖。旍，同“旌”，用牛尾和鳥羽作杆飾的旗。

[21]楚孝：即楚悼王熊疑。在位二十一年（前401—前381），用吳起爲令尹以富國强兵。事見《史記》卷四〇《楚世家》。

[22]吳子：即吳起。戰國軍事家，楚悼王時任令尹，以善於治軍著稱，著有《吳子》一書。《史記》卷六五有傳。

迅三翼以魚麗,[1] 襄兩服以雁逝。[2] 陣未列於都甸,[3] 威已振於秦、薊。[4] 灑嚴霜於渭城,[5] 被和風於洛汭。[6] 就終古以比猷,考墳册而莫契。昔西怨於東徂,[7] 今北伐而南悲。[8] 豈朝野之恒情,動萬乘之幽思。歌零雨於《豳風》,[9] 興《採薇》於周詩。[10] 慶金墉之凱定,眷戎車之遷時。佇千里而感遠,涉弦望而懷期。詔微臣以勞問,奉王命於河湄。[11] 夕飲餞以俶裝,旦出宿而言辭。歲既晏而繁慮,日將邁而戀乖。闕敬恭於桑梓,[12] 謝履長於庭階。[13] 冒沈雲之晻藹,迎素雪之紛霏。凌結湍而凝清,風矜籟以揚哀。情在本而易阜,物雖末而難懷。眷余勤以就路,苦憂來其城頹。

[1]三翼:船隻。古時船以長度不同,分爲大、中、小三種,稱爲三翼。《文選》張協《七命》"爾乃浮三翼"注引《越絶書》:"大翼一艘,長十丈;中翼一艘,長九丈六尺;小翼一艘,長九丈。" 魚麗:軍陣名。據《左傳》桓公五年"爲魚麗之陣"注引《司馬法》:"車戰二十五乘爲偏,以車居前,以伍次之,承偏之隙而彌縫闕漏也,五人爲伍。此蓋魚麗陣法。"

[2]兩服:指拉車的四匹馬中夾著車轅的兩匹馬。 雁逝:古軍陣名。一名雁行陣,橫列展開,似飛雁的行列。銀雀山漢墓竹簡《孫臏兵法·十陣》:"雁行之陣者,所以接射也。"

[3]都甸:都城及近郊。古時稱帝王居住的城邑爲都,都以外的近郊爲甸,後泛指國家的統治中心。

[4]秦、薊:地區名。泛指關中和河北一帶,分指原秦國和燕國的統治中心。

[5]渭城:地名。即渭水流域的城鎮,所指當爲前述周秦都城

鎬京、咸陽等地，都在渭水附近。

[6]洛汭：河名。即洛水。主要流經今河南洛陽市一帶，原爲周朝洛邑之地。汭，河流彎曲處。

[7]昔西怨於東徂：指周成王時周公東征受阻且在國都引起流言事。相傳周公因此而作《東山》詩，其中有“我徂東山，慆慆不歸”等句。參見《詩·豳風·東山》及注。

[8]今北伐而南悲：指劉裕北伐後秦而没先顧南方，南方感到悲傷。此乃頌詞，意爲南方人願意擁護劉裕。

[9]歌零雨於《豳風》：指《詩·豳風·東山》歌唱遠征戰士還鄉事，其中有“我來自東，零雨其濛”等句。零雨，徐徐降落的小雨。《豳風》，《詩·國風》之一，共七篇二十七章。

[10]《採薇》：《詩·小雅》中的篇名。寫出征戰士遠征辛苦，采薇以食，而念歸期之遠。薇，一種野菜，今名巢菜或野豌豆。

[11]河湄：黃河岸邊。湄，指岸邊水和草的相接處。

[12]桑梓：樹木名。古時多植於住宅旁，後因指故鄉。

[13]履長：孫彪《考論》云：“履長疑履綦之誤。”履綦，鞋的飾物。《漢書》卷九七下《外戚傳下》：“俯視兮丹墀，思君兮履綦。”師古注：“綦，履下飾也。言視殿上之地，則想君履綦之跡也。綦音其。”


　　爾乃經雉門，[1]啓浮梁，[2]眺鍾巖，[3]越查塘。[4]覽永嘉之紊維，[5]尋建武之緝綱。[6]于時内慢神器，[7]外侮戎狄。君子横流，[8]庶萌分析。[9]主晉有祀，[10]福祿來格。[11]明兩降覽，[12]三七辭厄。[13]元誕德以膺緯，[14]肇回光於陽宅。[15]明思服於下武，[16]興繼代以消逆。簡文因心以秉道，[17]故沖用而刑廢。孝武捨己以杖賢，[18]亦寧外而治内。觀日化而就損，庶雍熙之可對。閔隆安之致寇，[19]傷龜玉之毀碎。[20]漏妖凶於滄洲，[21]纏釁難而盈紀。時焉依於晉、鄭，[22]國有蹙於百里。[23]賴英謨之經營，弘兼濟以忘己。主寰內而緩虞，澄海外以漬澤。至如昏褺蔽景，鼎祚傾基。《黍離》有嘆，[24]《鴻雁》無期。[25]瞻天命之貞符，秉順動而履機。率駿民之思效，普邦國而同歸。蕩積霾之穢氛，啓披陰之光暉。反平陵之杳藹，[26]復七廟之依稀。[27]務役簡而農勸，每勞賞而忠甄。變時雍於祖宗，□□□□□□。[28]掃逋醜於漢渚，[29]滌僭逆於岷山。[30]羈巢處於西木，引鼻飲於源淵。惠要襋而思韙，[31]援冠弁而來虔。

[1]雉門：門名。天子宮門之一，與皋門、庫門、路門、應門並稱五門。參見《周禮・天官・閽人》及鄭玄注。

[2]浮梁：把船連在一起做成的浮橋。《方言》云："艁舟謂之浮梁。"艁，古文"造"字。

[3]鍾巖：山名。即鍾山，又名紫金山。在京師建康東，即今江蘇南京市東北部一帶。此處代指京師。

[4]查塘：地名。即查浦。在建康石頭山南，即今江蘇南京市清凉山一帶。此處代指京師。

[5]永嘉：晉懷帝司馬熾年號（307—313）。　紊維：秩序混亂。

[6]建武：晉惠帝司馬衷年號（304）。　緝綱：綱紀協調政治和睦。

[7]神器：帝位。

[8]横流：水不按原道而泛濫，比喻局勢動蕩。

[9]庶萌：平民百姓。萌，同"氓"，民眾。　分析：分崩

離析。

　　[10]主晋：即晋朝爲天下共主。主，主人。

　　[11]來格：降臨。格，至。

　　[12]明兩：本謂《易·離卦》離下離上，爲兩明前後相續之象。離，太陽，明也。後指帝王或太子，頌揚其明照四方。

　　[13]三七辭厄：本書《符瑞志上》："讖云：'赤厄三七。'三七，二百一十年，有外戚之篡。"指王莽篡漢。"三七辭厄"即"赤厄三七"。

　　[14]元：即晋元帝司馬睿。東晋開國皇帝。《晋書》卷六有紀。

　　[15]陽宅：指晋元帝降生時"有神光之異，一室盡明"。參見《晋書·元帝紀》。

　　[16]明：即晋明帝司馬紹。晋元帝子。《晋書》卷六有紀。思服：想念。　下武：指有聖德能繼先王基業。《詩·大雅·下武》："下武維周，世有哲王。"鄭玄《箋》："下，猶後也……後人能繼先祖者，維有周家最大。"

　　[17]簡文：即晋簡文帝司馬昱。晋元帝子。《晋書》卷九有紀。

　　[18]孝武捨己以杖賢：指東晋孝武帝司馬曜讓賢臣謝安執政，終於寧外治內事。參見《晋書》卷九《孝武帝紀》。

　　[19]隆安：晋安帝司馬德宗年號（397—401）。是時東晋發生了以孫恩、盧循爲首的反晋戰爭，下文"寇"即指此。

　　[20]龜玉：指寶龜和寶玉，皆爲國家的珍寶重器，後因以指國運。

　　[21]妖凶：妖賊，凶徒。此指前述孫恩、盧循的反晋軍。

　　[22]依於晋、鄭：指周平王東遷後依靠晋、鄭等諸侯國而得以自立事。《左傳》隱公六年："周桓公言於王曰：'我周之東遷，晋鄭焉依。'"

　　[23]國有蹙（cù）於百里：國君能够行使權力的地方不足百

里之地。蹙,收縮。

[24]《黍離》:《詩·王風》篇名。爲西周官吏感傷亡國觸景生情之作。

[25]《鴻雁》:《詩·小雅》篇名。爲歌頌周宣王安定流離灾民所作,後因以指因灾亂而流離之民,也稱哀鴻。

[26]平陵:帝王陵寢名。此指在平陽的西晉懷帝司馬熾、愍帝司馬鄴墳墓。二人被俘北遷,死後皆葬於此。參見《晉書》卷五的二人本紀。平陽,今山西臨汾市西南。 杳藹:茂盛。

[27]七廟:古時帝王供奉七代祖先的宗廟。後也以之指王朝。《禮記·王制》:"天子七廟,三昭三穆,與太祖之廟而七。"

[28]□□□□□□:三朝本、北監本、毛本、殿本、局本及《謝康樂集》並闕。中華本考證:一本作"布乂安於海甸"。

[29]掃逋醜於漢渚:此指劉裕平司馬休之、魯宗之亂事。逋醜,逃亡的醜類、叛賊。漢渚,水名。即漢水。古時稱水中的陸地爲渚。

[30]滌僭逆於岷山:此指平定巴蜀譙縱之亂事。岷山,山名。在今四川松潘縣北。

[31]襟(jí):衣領。


視冶城而北屬,[1]懷文獻之收揚。[2]匪元首之康哉,孰股肱之惟良。譬觀曲而識節,似綴組以成章。業彌纏而彌微,事愈有而莫傷。


[1]冶城:地名。在今江蘇南京市西南部一帶。

[2]文獻:東晉宰相王導謚號。按《謚法》:"經緯天地曰文。""知質有聖曰獻。"按:王導,琅邪臨沂人,晉初輔佐元帝渡江建國功臣。《晉書》卷六五有傳。

次石頭之雙岸，[1]究孫氏之初基。[2]幸漢庶之漏網，憑江介以抗維。初鵲起於富春，[3]果鯨躍於川湄。[4]匝三世而國盛，[5]歷五僞而宗夷。[6]察成敗之相仍，猶脣亡而齒寒。載十二而謂紀，豈蜀滅而吳安。衆咸昧於謀兆，羊獨悟於理端。[7]請廣武以誨情，[8]樹襄陽以作藩。[9]拾建業其如遺，[10]沿萬里而誰難。疾魯荒之詖辭，[11]惡京陵之譖言。[12]責當朝之憚貶，對曩籍而興嘆。

[1]石頭：地名。即石頭城，建康諸城之一，在今江蘇南京市西清凉山一帶。該城爲孫吳建國初年所築，東晉南朝皆以爲軍事要地。

[2]孫氏：指三國吳國統治者孫權等人，其國亦因此被稱爲孫吳。參見《三國志》卷四七《吳書·吳主傳》及注。

[3]富春：縣名。治所在今浙江富陽市。爲三國吳國統治者孫權等人的祖居之地。

[4]川湄：河邊。此泛指江東。

[5]三世：三個時期。此指三國吳的建國歷程，經歷了孫堅及其長子孫策、次子孫權三個時期，始最後完成。參見《三國志》卷四六《吳書·孫破虜討逆傳》及卷四七《吳書·吳主權傳》。

[6]五僞：五個僭僞的君主。此指三國吳相繼掌權的孫策、孫權、孫亮、孫休和孫晧五人。參見《三國志》卷四六至四八諸人傳。

[7]羊獨悟於理端：羊祜獨能最先領悟滅吳的道理。羊，即羊祜。西晉泰山南城人，官至太傅，爲西晉最早經營消滅孫吳事業的人。《晉書》卷三四有傳。

[8]請廣武以誨情：指韓信真情請趙降將廣武君李左車爲破燕、齊而出謀獻策事。參見《史記》卷九二《淮陰侯列傳》。誨情，教

誨人要以真情相待。

[9]樹襄陽以作藩：指晉武帝爲滅孫吳而以羊祜出鎮襄陽事。《晉書·羊祜傳》稱："帝將有滅吳之志，以祜爲都督荆州諸軍事、假節、散騎常侍、衛將軍如故。"襄陽，地名。時爲荆州治所，在今湖北襄陽市襄城區。

[10]建業：地名。在今江蘇南京市。原爲三國吳的首都。

[11]魯荒之詖辭：不知出自何典。詖辭，偏頗的話。

[12]京陵之譖言：不知出自何典。譖言，讒言。

　　　　敦怙寵而判違，[1]敵既勍而國圮。彼問鼎而何階，必先賊於君子。原性分之異託，雖殊塗而歸美。或卷舒以愚智，[2]或治亂其如矢。謝昧迹而託規，[3]卒安身以全里。周顯節而犯逆，[4]抱正情而喪己。

[1]敦怙寵而判違：指東晉初年大將軍王敦怙寵作亂事。《晉書》卷九八《王敦傳》稱，敦既有大功於江左，專任閫外，手控强兵，遂欲專制朝廷，有問鼎之心，終以二度舉兵向闕，朝廷幾爲所滅。敦，人名。即王敦。琅邪臨沂人。

[2]卷舒：屈伸。《淮南子·原道訓》："與剛柔卷舒兮，與陰陽俛仰兮。"高誘注："卷舒，猶屈申也。"

[3]謝昧迹而託規：指謝鯤在王敦作亂時巧與周旋且時有規諫事。《晉書》卷四九《謝鯤傳》稱，王敦亂時，鯤爲長史，"是時朝望被害，皆爲其憂。而鯤推理安常，時進正言"。謝鯤，陳郡陽夏人。

[4]周顯節而犯逆：指周顗在東晉初年因不滿王敦之亂而終遭殺身之禍事。《晉書》卷六九《周顗傳》稱，顗既任職朝端，甚爲王敦所憚，後因亂收之，終不爲屈，竟罵賊而死。史臣譽之爲"事

君盡節者"。

　　薄四望而尤昉，嘆王路之中鯁。[1]蠢于越之妖
燼，敢凌蹈於五嶺。[2]崩雙嶽於中流，擬凶威於荊
郢。[3]隱雷霆於帝坐，飛芒鏃於宮省。[4]于時朝有遷
都之議，人無守死之志。[5]師旅痛於久勤，城墉闕
於素備。[6]安危勢在不侔，衆寡形於見事。於赫淵
謀，研其神策。緩轡待機，追奔躡迹。遇雷池而振
曜，次彭蠡而殲滌。[7]穆京甸以清晏，[8]撤多壘而
寧役。[9]

　　[1]薄四望而尤昉，嘆王路之中鯁：此指盧循、徐道覆乘劉裕
北伐南燕而北上湘、贛，劉裕被迫回建康途中的感嘆。四望，山
名。又稱四望磯，在今江蘇南京市西北。

　　[2]蠢于越之妖燼，敢凌蹈於五嶺：此指孫恩殘部退取廣州事。
于越，地區名。約在今江蘇蘇州市至浙江紹興市一帶。五嶺，即大
庾、始安、臨賀、桂陽、揭陽五嶺，在今粵、桂二省區北部一帶。

　　[3]崩雙嶽於中流，擬凶威於荊郢：此指何無忌大敗於豫章，
劉毅大敗於桑落洲之事。雙嶽，指何無忌、劉毅二人及其所任鎮南
將軍、撫軍將軍的職務。荊郢，地區名。指今湖北省中西部一帶。

　　[4]隱雷霆於帝坐，飛芒鏃於宮省：此指盧循、徐道覆逼近京
師之事。芒鏃，弓箭。

　　[5]朝有遷都之議，人無守死之志：指盧循、徐道覆逼近京師
時，孟昶、諸葛長民欲擁天子過江以避亂之事。

　　[6]師旅痛於久勤，城墉闕於素備：指劉裕剛回建康時的緊急
情況。久勤，長久地征戰、勞苦。城墉，城牆。

　　[7]遇雷池而振曜，次彭蠡而殲滌：指劉裕大敗盧循於雷池、
彭蠡事。雷池，水名。即大雷水，今名楊溪河，在安徽望江縣南。

彭蠡，湖名。即鄱陽湖，在今江西九江市東南。

[8]京甸：京師及其近郊地區。甸，古時指城郊。

[9]多壘：四郊的軍事堡壘。典出《禮記·曲禮上》："四郊多壘，此卿大夫之辱也。"此反其義而用之。

　　造白石之祠壇，[1]懟二豎之無君。[2]踐掖庭以幽辱，[3]凌祧社而火焚。[4]愍文康之罪己，[5]嘉忠武之立勳。[6]道有屈於災蝕，功無謝於如仁。

[1]白石：地名。又稱白石壘、白下城，東晉荆州刺史陶侃入討蘇峻時所築，在今江蘇南京市金川門外獅子山下一帶。參見《晉書》卷六六《陶侃傳》。

[2]懟（duì）：怨恨。　二豎：兩位作亂的逆臣，指王敦、蘇峻等。豎，小臣。

[3]掖庭：宮中的旁舍，嬪妃居住的地方。《後漢書》卷四〇上《班彪傳》："後宮則有掖庭、椒房，后妃之室。"

[4]祧（tiāo）社：宗廟。祧，祭祀始祖的宗廟。《左傳》襄公九年："以先君之祧處之。"注："諸侯以始祖之廟爲祧。"

[5]文康：晉司徒庾亮謚號。按《謚法》："經緯天地曰文。""合民安樂曰康。"庾亮，潁川鄢陵人。《晉書》卷七三有傳。

[6]忠武：晉大將軍溫嶠謚號。按《謚法》："危身奉上曰忠。""克定禍亂曰武。"溫嶠，太原祁人。《晉書》卷六七有傳。

　　訊落星之饗旅，[1]索舊棲於吳餘。[2]迹階屺而不見，[3]橫榛卉以荒除。彼生成之樂辰，亦猶今之在余。慨齊吟於爽鳩，[4]悲唐歌於《山樞》。[5]

[1]落星：建築名。即落星樓。在今江蘇南京市東北。

[2]吴：地名。指今江蘇蘇州市一帶。

[3]戺（shì）：也作"扂"，堂前階石的兩端。

[4]慨齊吟於爽鳩：慨嘆齊人吟咏爽鳩氏。事見《左傳》昭公二十年。

[5]悲唐歌於《山樞》：悲嘆唐人歌咏《山有樞》。《山有樞》，《詩·唐風》篇名，是諷刺晋昭公"不能修道以正其國……政荒民散，將以危亡……國人作詩以刺之也"。

弔偽孫於涂首，[1]率君臣以奉疆。時運師以伐罪，偏投書於武王。[2]迄西北之落紐，乏東南以振綱。誠鉅平之先覺，[3]實中興之後祥。據左史之攸徵，[4]胡影迹之可量。

[1]涂首：各本並作"徐首"。孫彪《考論》云："按《吳志》，晧致印綬於琅邪王伷。時伷軍向涂中，徐首當作涂首。"據改。涂，地區名。即涂中。指今安徽全椒縣東部一帶。

[2]武王：指西晋琅邪王司馬伷。謚號爲武。按《謚法》："威强敵德曰武。"按：司馬伷，晋武帝司馬炎叔父，晋滅吳時任鎮軍將軍，出涂中以伐吳。《晋書》卷三八有傳。

[3]誠鉅平之先覺：指羊祜先覺滅吳之事。鉅平，縣名。治所在今山東寧陽縣西北。西晋曾封羊祜於此，爲鉅平侯。參見《晋書》卷三四《羊祜傳》。

[4]左史：官名。記載帝王起居言行的官員。

過江乘而責始，[1]知遇雄之無謀。厭紫微之宏凱，甘陵波而遠遊。越雲夢而南泝，[2]臨浙河而東浮。[3]觳連弩於川上，[4]候蛟龍於中流。

[1]江乘：縣名。治所在今江蘇句容市北。　始：即秦始皇。孫彪《考論》云：“始謂秦始皇。始皇三十七年，登會稽，還過吳，從江乘渡。”

[2]雲夢：澤名。在古荆州地，約相當於今湖北荆州市至湖南益陽市之間地區。

[3]浙河：水名。即浙江。在今浙江省西部至中北部一帶。《史記》卷六《秦始皇本紀》記始皇於三十七年出游時曾到此。

[4]連弩：弓箭名。因裝有機括，可以連續發射。《史記·秦始皇本紀》載徐市爲始皇求不老之藥，曾請以此射蛟龍。

　　爰薄方與，[1]迆届歐陽。[2]入夫江都之域，[3]次乎廣陵之鄉。[4]易千里之曼曼，泝江流之湯湯。洊赤圻以經復，[5]越二門而起漲。眷北路以興思，看東山而怡目。林叢薄，路逶迤，石參差，山盤曲。水激瀨而駿奔，日映石而知旭。審兼照之無偏，怨歸流之難濯。羨輕鼢之涵泳，[6]觀翔鷗之落啄。在飛沈其順從，顧微躬而緬邈。

[1]方與：地名。在今山東魚臺縣西北。

[2]歐陽：地名。在今江蘇揚州市西南。

[3]江都：縣名。治所在今江蘇揚州市西南。

[4]廣陵：郡名。治所在今江蘇揚州市西北。

[5]洊（jiàn）：再次。

[6]鼢（fén）：魚名。即斑魚。產於濊國海一帶。

　　於是抑懷蕩慮，揚摧易難。利涉以吉，天險以艱。于敵伊阻，在國期便。勾踐行霸於琅邪，[1]夫差爭長於黃川。[2]葛相發嘆而思正,[3]曹后愧心於千魂。[4]登高堁以詳覽,知吳濞之衰盛。[5]戒東南之逆氣,[6]成劉后之騺聖。[7]藉鹽鐵之殷阜,臨淮楚之剽輕。[8]盛几杖而弭心,怒抵局而遂爭。[9]忿爰盎之扶禍,[10]惜徒傷於家令。[11]匪條侯之忠毅,[12]將七國之陵正。[13]褒漢藩之治民,並訪賢以招明。侯文辯其誰在,曰鄒陽與枚生。[14]據忠辭於吳朝,[15]執義說於梁庭。[16]敷高才於兔園,[17]雖正言而免刑。[18]闕里既已千載,[19]深儒流於末學。欽仲舒之睟容,[20]遵縫掖於前躅。對園圃而不闚,下帷幌而論屬。相端、非之兩驕,遭弘、偃之雙愿。[21]恨有道之無時,步險塗以側足。

[1]勾踐行霸於琅邪:指春秋時越王勾踐北上爭霸而至琅邪事。參見《史記》卷四一《越王句踐世家》。琅邪,地名。又稱琅邪臺。在今山東諸城市東。

[2]夫差爭長於黃川:指春秋時吳王夫差北上爭霸以至黃池事。參見《史記》卷三一《吳太伯世家》。黃川,地名。即黃池。在今河南封丘縣西南。

[3]葛相發嘆而思正:指三國蜀漢丞相諸葛亮嘆息尚書令法正過早去世事。《三國志》卷三七《蜀書·法正傳》云:劉備“將東征孫權以復關羽之恥。群臣多諫,一不從。章武二年,大軍敗績,還住白帝。亮嘆曰:‘法孝直若在,則能制主上,令不東行。’”孝直,法正字。

[4]曹后愧心於千魂:指三國魏武帝曹操為陣亡將士感到愧心事。參見《三國志》卷一《魏書·武帝紀》。

[5]吳濞:人名。即吳王劉濞。西漢高帝從子,晚年因作亂被

殺。《漢書》卷三五有傳。

[6]戒東南之逆氣：指西漢景帝時吳王劉濞等人以吳楚等國作亂於東南部事。參見《漢書》卷五《景帝紀》及相關各傳。

[7]劉后：劉姓皇帝。此指西漢景帝，吳楚七國之亂時在位。駴（hài）：同"駭"，驚擾。

[8]淮楚：西漢王國名。即淮南國、楚國。漢景帝時的在位國王分別是劉辟光和劉戊，其國各以盛産鹽鐵、士兵驃悍而著稱。

[9]盛几杖而弭心，怒抵局而遂爭：此指漢文帝時，吳王太子來朝，與皇太子博棋而爭棋道，被皇太子用博局（棋盤）打死。文帝爲安慰吳王而賜其以几杖。事見《漢書·吳王劉濞傳》。

[10]忿爰盎之扶禍：指西漢文、景帝時吳國相爰盎姑息養奸事。爰盎，一作袁盎，字絲，楚人。《漢書》卷四九《爰盎傳》稱，盎爲吳相，多受吳王金錢，不言其反狀。及御史大夫晁錯欲治其罪，又讒言殺之，終於釀成吳楚之亂。故史稱盎難辭其咎。

[11]家令：官名。西漢太子府屬官，掌輔佐教導太子等事。此指晁錯，在漢景帝爲太子時任此職，後因與爰盎在削藩一事上意見相左而被讒殺。參見《漢書》卷四九本傳。

[12]條侯：即周亞夫。西漢景帝時任太尉，率軍平定七國之亂，因功封條侯。封國在今河北景縣南。《漢書》卷四〇有傳。

[13]七國：西漢景帝時作亂的七個諸侯國，即吳、楚、趙、膠西、膠東、濟南、葘川。

[14]鄒陽：人名。漢初齊人。《漢書》卷五一有傳。　枚生：人名。即枚乘。西漢淮陰人。其傳與鄒陽同卷。

[15]據忠辭於吳朝：指鄒陽、枚乘二人任吳王劉濞屬吏時諫諍其效忠朝廷、戒除不臣之心事。參見《漢書》兩人本傳。吳朝，吳國官署。

[16]執義説於梁庭：指鄒陽諫諍梁王安於本職、勿爲非分之事。詳見《漢書》卷五一《鄒陽傳》。梁，即梁國。西漢時諸侯國之一，國都在今河南商丘市南。

[17]兔園：園林名。西漢梁孝王所築，用以游處和款待文學之士。在今河南商丘市東南。參見《漢書》卷四七《梁孝王傳》。

[18]雖正言而免刑：指西漢鄒陽在任梁國屬吏時初受誣陷下獄而終受洗雪事。詳見《漢書·鄒陽傳》。

[19]闕里：地名。傳爲孔子講學處，在今山東曲阜市內。

[20]仲舒：人名。即董仲舒。西漢廣川人，著名儒生。《漢書》卷五六有傳。　晬（suì）容：容貌溫和潤澤。晬，潤澤。

[21]弘、偃之雙慝：公孫弘、主父偃兩個虛僞之人。指公孫弘對仇人雖陽與善而後竟報其過，主父偃上推恩策而私受諸王賄賂事。各見《漢書》卷五八、卷六四上其本傳。


　　聞宣武之大閱，[1]反師旅於此廛。[2]自皇運之都東，[3]始昌業以濟難。抗素旄於秦嶺，[4]揚朱旗於巴川。[5]懼帝系之墜緒，故黜昏而崇賢。嘉收功以垂世，嗟在嗣而覆旂。德非陟而繼宰，[6]釁踰禹其必顛。[7]


[1]宣武：東晉大司馬桓溫諡號。按《諡法》："聖善周聞曰宣。""威强敵德曰武。"桓溫，譙國龍亢人。《晉書》卷九八有傳。

[2]此廛：這裏。廛，古時指房舍。《荀子·王制》："順州里，定廛宅。"注："廛，謂市內百姓之居。"

[3]都東：在江東建都。指西晉滅亡後原宗室司馬睿重建晉朝，以建康爲國都，在西晉國都洛陽之東，故稱。

[4]抗素旄於秦嶺：此指東晉伐關中苻健事。事見《晉書·桓溫傳》。秦嶺，山名。即今陝西省境南的終南山。

[5]揚朱旗於巴川：此指東晉平四川李勢事。巴川，河名。即巴江。源於大巴山，西南流入四川省境。事見《晉書·桓溫傳》。

[6]德非陟而繼宰：德不及伊陟而繼任宰相。此指桓溫繼殷浩

而執政事。陟，人名。即伊陟。伊尹之子，商王太戊之宰相。見
《史記》卷三《殷本紀》。

　　[7]釁踰禹其必顛：過失超過夏禹而必滅亡。意爲夏禹由禪讓
而掌權，桓温是篡權，故必滅亡。禹，人名。傳説中的帝王。事見
《史記》卷二《夏本紀》。

　　造步丘而長想，[1]欽太傅之遺武。[2]思嘉遁之餘
風，紹素履之落緒。民志應而願税，國屯難而思
撫。譬乘舟之待楫，象提釣之假緡。總出入於和
就，兼仁用於默語。弘九流以擽四維，復先陵而清
舊宇。却西州之成功，指東山之歸予。惜圖南之啓
運，恨鵬翼之未舉。

　　[1]造步丘而長想：此指謝安爲避司馬道子而出鎮廣陵之步丘
事。“步丘”各本並作“步兵”，錢大昕《考異》云：“步兵當作步
丘。”據改。步丘，地名。在廣陵。即今江蘇揚州市西北。
　　[2]太傅：官名。代指謝安。陳郡陽夏人，晋孝武帝時任太傅。
《晋書》卷七九有傳。

　　發津潭而迴邁，[1]逗白馬以憩艅。[2]貫射陽而望
邗溝，[3]濟通淮而薄角城。[4]城坡陁兮淮驚波，平原
遠兮路交過。面芜野兮悲橋梓，[5]溯急流兮苦磧沙。
夐千里而無山，緬百谷而有居。被宿莽以迷徑，覩
生煙而知墟。□□□□□□，[6]謂信美其可娱。身
少長於樂土，實長嘆於荒餘。

　　[1]津潭：水名。確址不詳。參之以上下文，約在今江蘇南京

市附近。

　　[2]白馬：城名。即白馬城。在今江蘇南京市東北燕子磯附近。三國吳築，爲沿江戍守要隘，並築烽火臺於此。　舲（líng）：有窗的小船。

　　[3]射陽：湖名。即古射陂。在今江蘇淮安市東南，與鹽城市、寶應縣分界，周圍三百餘里。　邗溝：水名。又稱邗江，即今江蘇省境内自揚州市至淮安市，連接長江與淮河的古運河。

　　[4]角城：城名。各本並作“甬城”，中華本據《水經·淮水注》《魏書·地形志》等改。又《魏書》卷五四《高閭傳》：“角城蕞爾，處在淮北，去淮陽十八里。”其地在今江蘇淮安市淮陰區西南。

　　[5]芃（qiú）野：荒遠之地。《詩·小雅·小明》：“我征徂西，至于芃野。”芃，荒遠。

　　[6]□□□□□：各本並闕，無考。

　　　　□□□□具瘁，[1]值歲寒之窮節。視層雲之崔巍，[2]聆悲飅之掩屑。彌晝夜以滯淫，怨凝陰之方結。望新晴於落日，起明光於躋月。眷轉蓬之辭根，[3]悼朔雁之赴越。披微物而疚情，此思心其可說。[4]問徭役其幾時，駭閱景於興没。感日歸於《采薇》，予來思於雨雪。豈初征之懼對，冀鶴鳴之在埕。[5]

　　[1]□□□□：三朝本、北監本、毛本、殿本、局本及《謝康樂集》並闕。一本作“哀神形之”。

　　[2]崔巍：高聳。

　　[3]轉蓬：蓬草隨風飄轉。

　　[4]説（yuè）：同“悦”。愉快。

[5]鸛鳴之在垤：鸛鶴在土丘上鳴叫。垤，本指蟻蛾築建的巢穴，後也指小山丘。《詩·豳風·東山》："鸛鳴于垤。"注："垤，蟻冢也，將陰雨，則穴處先知之。"

　　□□□□踰宿，[1]鶩吾楫於邳鄉。[2]奚車正以事夏，[3]虺左相以輔湯。[4]綿三代而享邑，厠踐土之一匡。[5]嗟仲幾之寵侮，[6]遂捨存以徵亡。喜薛宰之善對，[7]美士彌之能綱。[8]

　　[1]□□□□：三朝本、北監本、毛本、殿本、局本、《謝康樂集》並闕，一本作"停驂騑于"。

　　[2]邳：地名。在今江蘇邳州市。相傳奚仲爲夏車正，自薛遷此。

　　[3]奚車正：即奚仲。夏時任車正，管理車輛等事務。

　　[4]虺左相：即奚虺。夏車正奚仲十三世孫，商湯時任左相，居薛。

　　[5]厠踐土之一匡：參與踐土之盟，晉文公一匡天下。踐土，地名。在今河南原陽縣西南。

　　[6]嗟仲幾之寵侮：嗟嘆宋大夫仲幾的啓寵納侮。事見《左傳》定公元年。仲幾，人名。宋國大夫，因想讓薛、滕、郳三小國替宋修成周城，被韓簡子押解至京師治罪。

　　[7]喜薛宰之善對：指薛宰反駁仲幾讓薛替宋修成周城的答話。同見上書。薛宰，即薛國的宰臣。姓名不詳。

　　[8]美士彌之能綱：贊美士彌能抓住總綱。意指士彌勸仲幾服役，仲幾不聽，他又建議韓簡子把仲幾抓起來。同見上書。士彌，人名。即士景伯。晉國大夫。

　　升曲垣之逶迤，訪淮陰之所都。[1]原入跨之達耻，<sup>[2]</sup>俟遭時以遠圖。捨西楚以擇木，<sup>[3]</sup>迨南漢以定謨。<sup>[4]</sup>亂孟津而魏滅，<sup>[5]</sup>攀井陘而趙徂。<sup>[6]</sup>播靈威於齊橫，<sup>[7]</sup>振餘猛於龍且。<sup>[8]</sup>觀讓通而告豨，<sup>[9]</sup>曷始智而終愚。

［1］淮陰：地名。在今江蘇淮安市淮陰區。漢高祖劉邦曾封功臣韓信於此，爲列侯，建侯國。本文所指即此。

［2］入跨之達耻：指韓信早年甘受胯下之辱事。《史記》卷九二《淮陰侯列傳》：“淮陰屠中少年有侮信者……曰：‘信能死，刺我；不能死，出我袴下。’於是信孰視之，俛出袴下。”

［3］捨西楚以擇木：指韓信初隨西楚霸王項羽而後又投奔漢王劉邦事。西楚，西楚霸王的簡稱。項羽封號。擇木，喻像飛鳥選擇樹木一樣更換主人。

［4］南漢：漢高祖劉邦封號。其初封漢王，都南鄭，因稱南漢。參見《漢書》卷一《高帝紀》。　定謨（mó）：確定謀謨之功。謨，計謀，謀劃。

［5］亂孟津而魏滅：指韓信在孟津一帶擊敗魏王豹事。孟津，津渡名。在今河南孟州市西南一帶。魏，指魏王豹。戰國時魏王族之後，項羽反秦時被立爲魏王。事迹散見《史記》卷七《項羽本紀》等。

［6］攀井陘而趙徂：指韓信在井陘一帶擊敗趙軍事。井陘，山名。又作“井陘口”，太行山支脉之一，在今河北井陘縣一帶。趙，指由趙王歇和成安君陳餘率領的趙國軍隊。

［7］播靈威於齊橫：指韓信在秦末幫助漢王劉邦平定齊地事。齊，國名。指今山東半島北部一帶。橫，即田橫。先秦時齊國著名將領。

［8］振餘猛於龍且：指韓信在平齊時擊敗楚將龍且率領的援軍事。龍且，人名。楚將，奉項羽命救齊。

[9]讓通而告狶：指韓信拒絕蒯通勸其背漢自立而後又勸陳狶叛漢事。通，人名。即蒯通。齊人，善辯之士。狶，人名。即陳狶。韓信故將，後因叛漢被殺。

　　迄沂上而停枻，[1]登高坯而不進。[2]石幽期而知賢，[3]張揣景而示信。[4]本文成之素心，[5]要王子於雲仞。[6]豈無累於清霄，[7]直有概於貞吝。[8]始熙績於武關，[9]卒敷功於皇胤。[10]處夷險以解挫，弘憂虞以時順。矜若華之翳暮，哀飛驖之落駿。傷粒食而興念，[11]眷逸翩而思振。

　　[1]沂：水名。今稱沂河。源於山東沂源縣魯山，南流入江蘇境。　枻（yì）：船槳。
　　[2]高坯：橋名。《史記》卷五五《留侯世家》：“良嘗閒從容步游下邳坯上。”索隱：“李奇云‘下邳人謂橋爲坯，音怡’。文穎曰‘沂水上橋也’。”
　　[3]石幽期而知賢：指秦時黃石公在沂水橋上約會張良並授以兵法事。石，即黃石公。相傳爲神仙。
　　[4]張揣景而示信：指張良如約赴黃石公之約事。張，即張良。漢初名臣。揣景，揣度時間，以便赴約。
　　[5]文成：張良諡號。按《諡法》：“道德博聞曰文。”“安民立政曰成。”
　　[6]要王子於雲仞：此指張良建議擁立韓公子韓成爲韓王事。
　　[7]清霄：天，天空。
　　[8]貞吝：占卜用語。意即占卜不吉，其事難成。
　　[9]始熙績於武關：在武關開始弘揚功業。指張良用計助劉邦破武關事。武關，關名。在今陝西商南縣西北，爲關東通往關中的重要關口。

[10]卒敷功於皇胤：終於成功地穩定了皇位繼承權。此指張良讓呂后聘商山四皓以穩定劉盈的太子地位事。

[11]傷粒食而興念：此指張良學辟穀道引輕身之事。

　　　戾臣山而東顧，[1]美相公之前代。[2]嗟殘虜之將糜，熾餘焱於海濟。驅鮐稚於淮曲，[3]暴鰥孤於泗滋。[4]託末命□□雲，[5]冀靈武之北閱。[6]惟授首之在晨，當盛暑而選徒。肅嚴威以振響，漸溫澤而沾腴。既雲撤於朐城，[7]遂席卷於齊都。[8]曩四關其奚阻，道一變而是孚。

[1]戾臣山而東顧：指王粲作詩贈蔡睦東歸事，詩中有"翼翼飛鸞，載飛載東。我友云徂，言戾舊邦"等句。戾，至，到。

[2]美相公之前代：指曹操西征張魯，魯及五子皆降事。王粲作《從軍詩》以美其事，詩中有"相公征關右，赫怒震天威"句。相公，指曹操。前代，即前代人，指王粲。詩見《文選》卷二七。王粲，《三國志》卷二一有傳。

[3]鮐（tái）稚：指老人與孩童。鮐，一種海魚。古代以"鮐背"形容高壽的老人，指人老背上生斑如鮐的斑紋。

[4]泗滋（shì）：泗水岸邊。泗，水名。即泗水。發源於今山東泗水縣陪尾山，南流入淮。滋，水濱。

[5]託末命□□雲："末命"各本並作"未命"，中華本據《謝康樂集》改。□□，中華本校勘記云："三朝本、北監本、毛本、殿本、局本、《謝康樂集》並闕二字，一本作'託未命于風雲'。"

[6]冀靈武之北閱：希望劉秀北上閱兵。此指耿弇勸劉秀不要南下，而應北上收河北兵以討王朗事。靈武，神靈威武，此指劉秀。

[7]既雲撤於朐城：此指吳漢征董憲於朐城事。朐城，地名。

在今山東臨朐縣境内。

　　[8]遂席卷於齊都：此指耿弇平張步事。齊都，地名。今山東淄博市臨淄區北。古稱臨淄，爲齊國國都。

　　　　傷炎季之崩弛，[1]長逆布以滔天。[2]假父子以詐愛，[3]借兄弟以僞恩。[4]相魏武以譎狂，[5]宄謨奮於東藩。柝未諜於東郭，身已馘於樓門。[6]

　　[1]炎季：東漢末年。漢代自稱以火得天命，其朝代因亦稱炎或炎漢、炎劉。
　　[2]布：人名。即吕布。東漢五原郡九原人，獻帝時因作亂被殺。《三國志》卷七有傳。
　　[3]假父子以詐愛：指漢獻帝時權臣董卓以父子名義籠絡吕布借以作亂事。參見《三國志》卷六及卷七之二人本傳。
　　[4]借兄弟以僞恩：指吕布自以殺董卓有恩於袁氏，而先後投靠袁術、袁紹兄弟事。參見《後漢書》卷七五《吕布傳》。
　　[5]相魏武以譎狂：指吕布被俘後，對曹操所説的有他相助可天下無敵的狂言。事見《後漢書·吕布傳》。相，輔助，幫助。魏武，即魏武帝曹操。《三國志》卷一有紀。
　　[6]身已馘（guó）於樓門：指吕布在白門樓被曹操處死事。見書同上。馘，本指戰爭中割取敵方左耳以計功，後也指殺害。

　　　　審貢牧於前説，證所作於舊徐。聆泗川之浮磬，[1]翫夷水之蠙珠。[2]草漸苞於燀壤，桐孤幹於嶧隅。[3]慨禹迹於尚世，惠遺文於《夏書》。[4]

　　[1]泗川：水名。即泗水。詳見前注。
　　[2]夷水：水名。在今山東即墨市西。　蠙（pín）珠：蚌珠。

《尚書・禹貢》："淮夷蠙珠暨魚。"疏："蠙是蚌之別名，此蚌出珠，遂以蠙爲珠名。"

[3]嶧隅：嶧山旁。嶧，即嶧山。在山東鄒城市東南。傳説古代山南多桐樹，可作琴材。

[4]《夏書》：記載夏代史實的書籍，有《禹貢》《甘誓》《五子之歌》《胤征》等篇，爲《尚書》組成部分。

　　紛征邁之淹留，彌懷古於舊章。商伯文於故服，[1]咸徵名於彭、殤。[2]眺靈壁之曾峰，[3]投吕縣之迅梁。[4]想蹈水之行歌，雖齊汨其何傷。啓仲尼之嘉問，[5]告性命以依方。豈苟然於迂論，聆寓言於達莊。[6]

[1]商伯：即商湯。商朝建立者。在夏代爲方伯，都於亳。

[2]彭：即彭祖。傳説中最爲長壽的神仙，後因以"彭"借指長壽。　殤：未成年去世的人，義與"彭"相對，後也以"彭殤"指人的壽和夭。

[3]靈壁：地名。在今安徽靈璧縣。相傳其地山上所産之石有細白紋如玉，叩之有聲，又名磬石。《尚書・禹貢》"泗濱浮磬"，所指即此。

[4]吕縣：治所在今江蘇徐州市銅山區東南。《水經注・泗水》："又東南過吕縣南。"注："泗水之上有石梁焉，故曰吕梁也。"　迅梁：山名。即吕梁山。在吕縣境內，其石可爲梁。

[5]仲尼：人名。孔丘字，即孔子。春秋時魯國人。《史記》卷四七有傳。

[6]達莊：豁達的莊子。莊，即莊周。戰國時宋國蒙（今河南商丘市）人，著有《莊子》一書，書中多寓言。《史記》卷六三有附傳。

　　於是濫石橋，登戲臺。[1]策馬釣渚，息轡城隅。永感四山，零淚雙渠。怨物華之推驛，慨舟壑之遞遷。謂徂歲之悠闊，結幽思之方根。感皇祖之徽德，爰識沖而量淵。降俊明以鏡鑒，迴風猷以昭宣。道既底於國難，惠有覃於黎元。[2]士頌歌於政教，民謠詠於渥恩。兼《採芑》之致美，[3]協《漢廣》之發言。[4]强虎氏之搏翼，[5]灑雲網於所禁。[6]驅黔萌以蘊崇，取園陵而湮沈。錫殘落於河西，[7]序淪胥於漢陰。[8]攻方城而折扃，[9]擾譙潁其誰任。[10]世闕才而貽亂，時得賢而興治。救祖考之邦壤，在幽人而枉志。體飛書之遠情，悟犒師之通識。迨明達之高覽，契古今而同事。拔淵謨於潛機，[11]騁神鋒於雲旆。[12]驅斥澤而風靡，蹙坑谷而鳥竄。中華免夫左衽，[13]江表此焉緩帶。既剋黜於肥六，[14]又作鎮於彭沛。[15]晏皇塗於國内，震天威於河外。掃東齊而已寧，[16]指西崤而將泰。[17]值秉均而代謝，實大業之興廢。心無忝於樂生，[18]事有像於燕惠。[19]抱明哲之不伐，奉宏勳而是税。捐七州以爰來，[20]歸五湖以投袂。[21]屈盛績於平生，申遠期於暮歲。

[1]戲臺：地名。即戲馬臺。在今江蘇徐州市南。
[2]黎元：百姓，民衆。
[3]《採芑》：《詩·小雅》篇名。記周宣王命方叔南征、軍隊威武雄壯事。

［4］《漢廣》：《詩・周南》篇名。歌頌周文王功德遍及全國、化行江漢流域事。

［5］虎氐：武勇凶殘的氐人。氐，古代少數民族名。爲西晋末年以後入主中原的主要少數民族之一，其首領苻健等人曾建前秦等割據政權。

［6］濁（zhú）：指渾沌、元氣未分之地。

［7］錫殘落於河西：指十六國之一的前凉後主張天錫亡國事。參見《晋書》卷八六《張軌傳》及附傳。河西爲前凉國土所在，約相當於今甘肅省中西部一帶。

［8］序淪胥於漢陰：指東晋將領朱序在任梁州刺史時爲前秦所敗並爲之俘獲事。漢陰，漢水之南。古時謂水南山北爲陰。

［9］方城：地名。在今河南方城縣。

［10］譙潁：地區名。指今安徽北及西北部、河南東南部一帶。東晋與前秦對峙時此爲四戰之地。

［11］拔淵謨於潛機：此指苻堅南侵時謝安選拔謝玄領兵出征事。淵謨，謀略深遠。喻指謝玄。

［12］雲旆（pèi）：旗幟。旆，古代旗上的垂旒。

［13］中華免夫左衽：指東晋因淝水之戰而免於被少數民族統治事。中華，中原地區華夏族居住之地，此處借指東晋。

［14］肥六：地區名。即肥水、六合一帶，亦東晋大敗前秦之地，在今安徽淮南市至江蘇南京市西部一帶。

［15］作鎮於彭沛：指讓謝玄鎮守彭沛事。彭、沛，地區名。即彭城、沛郡，分別在今江蘇徐州市和沛縣一帶。

［16］東齊：地區名。指今山東半島一帶，東晋十六國後期爲南燕統治之地，後歸於宋。

［17］西崤：地區名。指崤關以西的關中之地，即今河南西部及陝西一帶。

［18］樂生：人名。即樂毅。戰國燕將。《史記》卷八〇有傳。

［19］燕惠：即燕惠王。史稱其在位時，初以樂毅爲將，後因齊

國行反間計，樂毅因而被逐。

[20]捐七州以爰來：指謝玄放棄都督徐兗青司冀幽并七州諸軍事以病求休事。爰來，等待來人接替。

[21]歸五湖以投袂：指謝玄投袂要求退休事。五湖，指太湖及附近長蕩湖、射湖、貴湖、滆湖。此處爲約指。投袂，甩袖，形容情緒激奮。

訪曩載於宋鄙，[1]採《陽秋》於魯經。[2]晋申好於東吳，[3]鄭憑威於南荆。[4]故反師於曹門，[5]將以塞於夷庚。[6]納五叛以長寇，[7]伐三邑以侵彭。[8]美西鉏之忠辭，[9]快韓厥之奇兵。[10]

[1]宋：地區名。指以今河南商丘市爲中心的河南東部及與安徽、江蘇、山東等省交界處一帶。先秦時爲宋國之地。

[2]《陽秋》：書名。即《春秋》。晋人避簡文帝鄭太后名阿春諱改。 魯：地區名。在今山東曲阜市一帶，先秦時爲魯國之地。

[3]晋申好於東吳：指春秋時晋國在吳王夫差北上爭霸中原時與之修好以避其鋒事。參見《史記》卷三一《吳太伯世家》。

[4]鄭憑威於南荆：指春秋時鄭國憑借南鄰楚國餘威以侵宋事。荆，國名。楚國別稱。

[5]反師於曹門：指鄭伯侵宋，軍隊屯於宋曹門外。曹門，宋國城門名。在今河南商丘市一帶。

[6]以塞於夷庚：堵塞交通要道。此指鄭伯侵宋事。夷庚，地名。《左傳》稱"吳晋往來之要道"，今址不詳。

[7]納五叛以長寇：指宋五大夫在彭城降楚，被晋俘虜事。

[8]伐三邑以侵彭：指鄭與楚伐宋國朝郟、城郜、幽丘三邑及攻彭城事。

[9]美西鉏之忠辭：贊美西鉏的忠言。指宋大夫西鉏吾反對鄭

依靠楚國而侵宋的話。鉏，同“鋤”。

[10]快韓厥之奇兵：指韓厥助宋反對鄭、楚進攻以出兵彭城事。韓厥，人名。春秋時晋國人，景公時任執政。爲六卿之一，號獻子。

　　追項王之故臺，[1]迹霸楚之遺端。[2]挺宏志於總角，[3]奮英勢於弱冠。[4]氣蓋天而倒日，[5]力拔山而傾湍。始飇起於勾越，[6]中電激於衡關。[7]興偏慮於攸吝，[8]忘即易於所難。忌陳錦而莫照，思反鄉而有嘆。[9]且夫殺義害嬰，[10]而慁豐疑，[11]鰈賢不策，[12]失位誰持。迨理屈而愈閉，方怨天而懷悲。[13]對駿騅以發憤，[14]傷虞姝於末詞。[15]

[1]項王：即項羽。秦末爲楚王，故稱。　故臺：即前述“戲臺”，原爲項羽掠（凉）馬臺。

[2]霸楚：强楚，指秦末項羽反秦時稱霸天下的楚王勢力。

[3]總角：指幼年時期的男女。古時男女在未成年前束髮爲兩結，形狀如角，故稱。

[4]弱冠：古時男子二十成人，初加冠，因體還未壯，故稱。

[5]氣蓋天：志氣比天高。又作“氣蓋世”。項羽自刎前曾歌“力拔山兮氣蓋世”。

[6]勾越：地區名。指春秋時勾踐任越王時的越國之地，也爲項羽勢力興起之處。

[7]衡關：關名。即函谷關。因在衡山嶺（今河南靈寶市），故稱。

[8]攸吝：指有功當封爵者，項羽因吝惜權力、金錢而不願給予人以封爵。

[9]忌陳錦而莫照，思反鄉而有嘆：指項羽欲返故鄉而説衣綉

夜行事。

[10]殺義害嬰：指項羽殺害義帝和秦王子嬰事。參見《史記》卷七《項羽本紀》。

[11]而慢豐疑：中華本以此四字其意不可解，疑有奪誤。

[12]緤賢不策：約束賢才而不聽其計策。指項羽不用范增欲殺劉邦之獻計事。緤，繫縛，約束。

[13]方怨天而懷悲：指項羽所説"天亡我也，非戰之罪"事。

[14]對駿騅（zhuī）以發憤：指項羽在自刎前，面對軍陣及所騎騅馬悲歌事。騅，黑白相間的馬。

[15]傷虞姝於末詞：指項羽在自刎前對虞姬悲歌事。虞姝，即虞姬。項羽愛妃。

　　陟亞父之故營，[1]諒謀始之非託。遭衰嬴之崩綱，[2]值威炎之結絡。[3]迄皓首於阜陵，[4]猶謬覺於然諾。視一人於三傑，[5]豈在己之庸弱。置豐沛而不舉，[6]故自同於俎鑊。[7]

[1]亞父：即范增。項羽謀士，此爲項羽對他的尊稱。

[2]衰嬴：衰落的嬴秦王朝。嬴，秦朝國姓。

[3]威炎：强盛有力的漢朝。炎，火。漢朝自認以火德王，故其王朝也稱炎漢或炎劉。參見此前有關注文。

[4]皓首：白頭，終老。皓，潔白。　阜陵：地名。在今安徽全椒縣東南。

[5]一人：指范增。　三傑：分別指蕭何、張良、韓信。

[6]豐沛：地名。即豐縣、沛縣。漢高祖劉邦初起之地，在今江蘇豐縣、沛縣一帶。

[7]俎鑊（huò）：砧板和釜鍋，做飯的用具。鑊，煮食物用的釜。

發卞口而游歷，[1]迄西山而弭轡。[2]觀終古之幽憤，懷元王之沖粹。[3]丁戰國之權爭，方恬心於道肆。學浮丘以就德，[4]友三儒以成類。[5]潔流始於初源，累仁基於前美。撥楚族之休烈，傳芳素於來祀。彊見譽於清虛，[6]德致稱於千里。[7]或避寵以辭姻，[8]或遺榮而不仕。[9]政直言以安身，[10]駿絕才以喪己。[11]驅信道之成終，表昧世之虧始。悟介焉之已差，則不俟於終日。既防萌於未著，雖念德其何益。

[1]卞口：地名。在今山東泗水縣東南。

[2]西山：山名。約在今江蘇徐州市附近，確址不詳。　弭轡：止轡不行。

[3]元王：即楚元王劉交。劉邦少弟。《漢書》卷三六有傳。沖粹：中和純正。

[4]浮丘：人名。即浮丘伯。秦時儒生，荀子的門人。

[5]友三儒以成類：指元王以穆生、白生、申生爲友以學魯詩事。

[6]彊見譽於清虛：指劉辟彊以清靜少欲受到稱譽事。

[7]德致稱於千里：指劉德被武帝喻爲千里駒事。

[8]或避寵以辭姻：指劉德辭大將軍霍光女爲妻事。

[9]或遺榮而不仕：指劉辟彊清靜少欲不肯出仕事。

[10]政直言以安身：指劉子政（劉向）以直言敢諫而得安身事。

[11]駿絕才以喪己：指劉子駿（劉歆）有絕頂才華而喪身事。

爾乃孟陬發節，[1]雷隱蟄驚。散葉黃柯，[2]芳蔿
飾萌。[3]麥萋萋於旄丘，[4]柳依依於高城。相雎鳩之
集河，[5]觀鳴鹿之食苹。[6]沂泗遠兮清川急，秋冬近
兮緒風襲。風流蕙兮水增瀾，訴愁衿兮鑑戚顔。愁
盈根而蘊際，[7]戚發條而成端。嗟我行之彌日，待
征邁而言旋。荷慶雲之優渥，周雙七於此年。[8]陶
逸豫於京甸，違險難於行川。轉歸舮而眷戀，[9]望
修檣而流漣。願關鄩之遄清，[10]遲華巒之凱旋。穆
淳風於六合，[11]溥洪澤於八埏。[12]頌賢愚於大小，
順規矩於方圓。固四民之獲所，宜稅稷於萊田。[13]
苦邯鄲之難步，[14]庶行迷之易痊。長守朴以終稔，
亦拙者之政焉。

[1]孟陬：農曆正月。《離騷》：“攝提貞于孟陬兮，惟庚寅吾
以降。”注：“孟，始也。貞，正也。于，於也。正月爲陬。”

[2]黃（tí）柯：初生嫩草的枝莖。

[3]芳蔿（wěi）：小草開的花。蔿，花。《後漢書》卷五九
《張衡傳》：“歌曰：天地烟熅，百卉含蔿。”注：“張揖《字詁》
曰：‘蔿，古花字也。’”

[4]旄丘：前高後低的山丘。

[5]雎鳩：水鳥名。俗稱魚鷹，相傳其情意專一。

[6]鳴鹿之食苹：指《詩·小雅·鹿鳴》：“呦呦鹿鳴，食野之
苹。”苹，即蘋蒿。一種青葉白莖的野草。

[7]蘊（wēn）際：水草積聚。蘊，水草名。即蘊藻。

[8]雙七：即十四年。指劉裕從起兵討伐桓玄（404）至討伐
後秦發彭城（417）整十四年。或謂謝靈運任官的年數。參見顧紹
伯《謝靈運集校注》。

　　[9]舷：各本作“弦”。孫彪《考論》云：“弦蓋舷誤文。”據改。

　　[10]關鄴：地區名。分別指關中和鄴城，即今陝西省及河北省南部一帶，當時爲北伐的重點地區。鄴，即鄴城。在今河北臨漳縣境内。

　　[11]六合：天地四方。

　　[12]八埏（yán）：八方的邊際。埏，大地的邊際。

　　[13]萊田：古時指休耕的農田。

　　[14]苦邯鄲之難步：指邯鄲學步事。典出《莊子·秋水》。邯鄲，地名。在今河北邯鄲市。

　　仍除宋國黃門侍郎，[1]遷相國從事中郎，[2]世子左衛率。[3]坐輒殺門生，免官。高祖受命，降公爵爲侯，食邑五百户。起爲散騎常侍，[4]轉太子左衛率。[5]靈運爲性褊激，多愆禮度，朝廷唯以文義處之，不以應實相許。自謂才能宜參權要，既不見知，常懷憤憤。廬陵王義真少好文籍，[6]與靈運情款異常。少帝即位，[7]權在大臣，靈運構扇異同，非毁執政，司徒徐羨之等患之，[8]出爲永嘉太守。[9]郡有名山水，靈運素所愛好，出守既不得志，遂肆意游遨，徧歷諸縣，動踰旬朔，民間聽訟，不復關懷。所至輒爲詩詠，以致其意焉。在郡一周，稱疾去職，從弟晦、曜、弘微等並與書止之，[10]不從。

　　[1]宋國：王國名。宋武帝劉裕在東晉的封國，劉裕代晉後即以此轉爲王朝名。

　　[2]相國從事中郎：官名。相國府屬官，掌參謀諮議，或分掌諸曹事。六品。

[3]世子左衛率：官名。世子府屬官，掌府中宿衛、征伐等事宜。位在右衛率上。

[4]散騎常侍：官名。門下省官員，掌侍從皇帝左右，諫諍得失，顧問應對。三品。

[5]太子左衛率：官名。太子府屬官，掌宿衛東宮，亦任征伐，位在右衛率上。五品。

[6]廬陵王義真：即劉義真。宋武帝子，封廬陵王，王國在今江西吉水縣北。本書卷六一有傳。

[7]少帝：即劉義符。宋武帝子。本書卷四有紀。

[8]徐羨之：人名。東海郯（今山東郯城縣）人。本書卷四三有傳。

[9]永嘉：郡名。治所在今浙江溫州市。

[10]晦、曜、弘微：皆人名。即謝晦、謝曜、謝弘微。事迹分別見本書卷四四、五六、五八。


靈運父祖並葬始寧縣，[1]并有故宅及墅，遂移籍會稽，[2]脩營別業，[3]傍山帶江，盡幽居之美。與隱士王弘之、孔淳之等縱放爲娛，[4]有終焉之志。每有一詩至都邑，貴賤莫不競寫，宿昔之間，士庶皆徧，遠近欽慕，名動京師。作《山居賦》并自注，[5]以言其事。曰：

[1]始寧：縣名。會稽郡屬縣，治所在今浙江上虞市西南。

[2]會稽：郡名。下轄始寧等縣，治所在今浙江紹興市。

[3]別業：別墅，住宅。

[4]王弘之、孔淳之：皆人名。分別爲琅邪臨沂和魯郡魯人。本書卷九三各有傳。

[5]作《山居賦》并自注：據顧紹伯《謝靈運集校注》考證，此賦作於靈運第一次退居故鄉始寧三年內，或作於元嘉三年春

二月。

　　古巢居穴處曰巖棲，棟宇居山曰山居，在林野曰丘園，在郊郭曰城傍，四者不同，可以理推。言心也，黃屋實不殊於汾陽。[1]即事也，山居良有異乎市廛。抱疾就閑，順從性情，敢率所樂，而以作賦。揚子雲云：[2]“詩人之賦麗以則。”[3]文體宜兼，以成其美。今所賦既非京都宮觀遊獵聲色之盛，而叙山野草木水石穀稼之事，才乏昔人，心放俗外，詠於文則可勉而就之，求麗，邈以遠矣。覽者廢張、左之艷辭，[4]尋臺、皓之深意，[5]去飾取素，儻值其心耳。意實言表，而書不盡，遺迹索意，託之有賞。其辭曰：

[1]言心也，黃屋實不殊於汾陽：謂祇要有隱逸之心，居住在皇宮或者汾水之陽實在沒有什麼區別。黃屋，帝王所居宮室。汾陽，汾水以北地區。此借指“汾射”，即隱士居處。見《莊子·逍遥遊》：“堯治天下之民，平海內之政，往見四子藐姑射之山，汾水之陽，窅然喪其天下焉。”汾陽，後亦代指隱士。窅然，猶悵然。

[2]揚子雲：人名。即揚雄。字子雲，西漢蜀郡成都人。《漢書》卷八七有傳。

[3]詩人之賦麗以則：此語轉見《漢書·藝文志》。

[4]張：即張衡。東漢人，以作賦聞名。《後漢書》卷五九有傳。　左：即左思。西晉人，以作賦聞名。《晉書》卷九二有傳。

[5]臺：即臺佟。字孝威，東漢章帝時隱士。事見《後漢書》卷八三《臺佟傳》。　皓：即商山四皓。爲西漢初期四個隱士。事見《漢書》卷四〇《張良傳》。

謝子臥疾山頂，[1]覽古人遺書，與其意合，悠然而笑曰：夫道可重，故物爲輕；理宜存，故事斯忘。古今不能革，質文咸其常。合宮非縉雲之館，[2]衢室豈放勛之堂。[3]邁深心於鼎湖，[4]送高情於汾陽。嗟文成之却粒，[5]願追松以遠遊。[6]嘉陶朱之鼓棹，[7]迺語種以免憂。[8]判身名之有辨，權榮素其無留。孰如牽犬之路既寡，[9]聽鶴之塗何由哉！[10]理以相得爲適，古人遺書，與其意合，所以爲笑。孫權亦謂周瑜“公瑾與孤意合”。[11]夫能重道則輕物，存理則忘事，古今質文可謂不同，而此處不異。縉雲、放勛不以天居爲所樂，[12]故合宮、衢室，皆非淹留，鼎湖、汾陽，乃是所居。□文成張良，[13]却粒棄人間事，從赤松子遊。陶朱范蠡，臨去之際，亦語文種云云。謂二賢既權榮素，故身名有判也。牽犬，李斯之嘆；[14]聽鶴，陸機領成都衆大敗後，[15]云“思聞華亭鶴唳，不可復得”。

[1]謝子：謝靈運自稱。古時對男子通稱爲“子”。

[2]合宮：相傳爲黃帝的明堂。　縉雲：黃帝時官名。相傳黃帝以雲紀官，縉雲即其一，爲夏官。

[3]衢室：相傳爲帝堯聽政之所，因築於衢旁，故名。衢，道路。　放勛：人名。即帝堯。事見《史記》卷一《五帝本紀》。

[4]鼎湖：地名。在今河南靈寶市西。傳爲黃帝鑄鼎之所。鼎成，有龍垂鬍髯迎之上天。

[5]文成：西漢張良謚號。　却粒：辟穀不食，道家的一種修行方式。

[6]松：仙人名。即赤松子。相傳爲神農時雨師。

[7]陶朱：即陶朱公。春秋楚宛人范蠡別稱。因居於陶，自稱

朱公，故名。　鼓棹：劃水行船。

　　[8]種：人名。即文種。越王勾踐時大夫，與范蠡同班。范蠡在越滅吳後勸其辭官避禍，不聽，終爲越王所殺。

　　[9]牽犬：牽犬而游，享受生活樂趣。

　　[10]聽鶴：聆聽鶴鳥的鳴叫，喻悠閑自由的生活。《晉書》卷五四《陸機傳》：“嘆曰：‘華亭鶴唳，豈可復聞乎！’”此處所本即此。

　　[11]孫權：人名。三國吳郡富春人，吳開國君主。《三國志》卷四七有傳。　周瑜：人名。字公瑾，三國吳廬江舒人。《三國志》卷五四有傳。　公瑾與孤意合：孫權語。見《三國志》卷五四《吳書·周瑜傳》注引《江表傳》。

　　[12]天居：天子居住的宮殿、皇宮。

　　[13]□：各本並闕，無考。　張良：人名。潁川城父人。《史記》卷五五有傳。

　　[14]李斯：人名。秦上蔡人。《史記》卷八七有傳。

　　[15]陸機：人名。西晉吳郡吳人。《晉書》卷五四有傳。惠帝時爲後將軍，領成都王司馬穎軍作戰，失利被殺。此“領成都衆”即指此。

　　若夫巢穴以風露貽患，則《大壯》以棟宇袪弊；[1]宮室以瑤琁致美，[2]則白賁以丘園殊世。[3]惟上託於巖壑，[4]幸兼善而罔滯。雖非市朝而寒暑均也，雖是築構而飾朴兩逝。《易》云，上古穴居野處，後世聖人易之以宮室，上棟下宇，以蔽風雨，蓋取諸《大壯》。琁堂自是素，故曰白賁最是上爻也。此堂世異矣。謂巖壑道深於丘園，而不爲巢穴，斯免□□得寒暑之適，[5]雖是築構，無妨非朝市云云。

[1]《大壯》：《易》卦名。乾下震上，陽剛盛長之象。

[2]瑤琁：以美玉裝飾的房間。也作"瑤臺""琁室"，傳爲桀、紂的住所。《淮南子·本經訓》："晚世之時，帝有桀、紂，爲琁室、瑤臺、象廊、玉牀。"注："琁、瑤，石之似玉，以飾室臺也。"

[3]白賁：樸素的裝飾。

[4]託：三朝本、北監本、毛本、殿本、局本空白，錢大昕《諸史拾遺》云："闕處一本是託字。"中華本考證："錢氏所指一本者即《謝康樂集》。"據補。

[5]□□：據中華本考證，三朝本、北監本、毛本、殿本、局本及《謝康樂集》並闕，一本作"拘滯"。

　　昔仲長願言，[1]流水高山；應璩作書，[2]邙阜洛川。[3]勢有偏側，地闕周員。[4]銅陵之奧，[5]卓氏充鈗攕之端；[6]金谷之麗，[7]石子致音徽之觀。[8]徒形域之薈蔚，[9]惜事異於栖盤。[10]至若鳳、叢二臺，[11]雲夢、青丘，[12]漳渠、淇園，[13]橘林、長洲，[14]雖千乘之珍苑，[15]孰嘉遁之所遊。[16]且山川之未備，亦何議於兼求。仲長子云："欲使居有良田廣宅，在高山流川之畔。[17]溝池自環，竹木周布，場圃在前，果園在後。"應璩與程文信書云：[18]"故求道田，[19]在關之西，南臨洛水，北據邙山，託崇岫以爲宅，因茂林以爲蔭。"謂二家山居，不得周員之美。揚雄《蜀都賦》云：[20]"銅陵衍。"卓王孫採山鑄銅，故《漢書·貨殖傳》云："卓氏之臨邛，[21]公擅山川。"揚雄《方言》："梁、益之間裁木爲器曰鈗，裂帛爲衣曰攕。"金谷，石季倫之別廬，在河南界，有山川林木池沼水碓。其鎮下邳時，[22]過遊賦詩，一代盛集。謂二地雖珍麗，然制作非栖盤之意也。鳳臺，秦穆公時秦女所居，[23]以致簫史。叢臺，趙之崇館。張衡謂趙築叢臺於前，楚建章華於後。[24]楚之雲夢，大中□居《長飲賦》：[25]楚靈王遊雲夢之中，息於荆臺之上。[26]前方淮之水，左洞庭之波，[27]右顧彭蠡之濤，[28]南望巫山之阿，[29]遂造章華之臺。亦見諸史。淮南青丘，齊之海外，皆獵所。司馬相如云：[30]"秋田乎青丘，徬徨乎海外。"漳渠，史起爲魏文侯所起，[31]溉水之所。淇園，衛之竹園，[32]在淇水之澳，[33]《詩》人所載。[34]橘林，蜀之園林，揚子雲《蜀都賦》亦云橘林。左太沖謂户有橘柚之園。[35]長洲，吳之苑囿，左亦謂長洲之茂苑，因江海洲渚以爲苑囿□。[36]□□□□□□□□，[37]故□表此園之珍靜。[38]千乘譙嬉之所，非幽人憩止之鄉，[39]且山川亦不能兼茂，隨地勢所遇耳。

[1]仲長：人名。即仲長統。後漢山陽高平人。《後漢書》卷四九有傳。　願言：心願之言，希望達到的目的。

[2]應璩：人名。後漢汝南人。《三國志》卷二一有附傳。

[3]邙阜洛川：山川名。即邙山、洛水。分別在今河南洛陽市北部和南部。

[4]周員：四圍，義同"周匝"。

[5]銅陵：産銅之山，其地不詳。《古文苑》載揚雄《蜀都賦》："西有鹽泉鐵冶，橘林銅陵。"

[6]卓氏：即卓王孫。西漢時采山鑄鐵以至暴富的巨商。　釽（pī）：製作木質工具。　撗（guī）：裁衣。各本並作"槻"，中華本據《文選》左思《蜀都賦》改。

[7]金谷：即金谷園。西晉富紳石崇所建園林之一，在今河南洛陽市西北。園中有金谷水流過，因以得名。

[8]石子：即石崇。字季倫，西晉渤海南皮人。《晉書》卷三

三有附傳。

[9]薈蔚：繁茂華麗。

[10]栖盤：居住和游樂。盤，游樂。

[11]鳳、叢二臺：即鳳臺和叢臺。分別爲春秋時秦穆公和戰國時趙國所築，在今陝西寶雞市東南和河北邯鄲市内。《水經注·渭水》：“秦穆公時有蕭史者，善吹簫，能致白鵠、孔雀。穆公女弄玉好之。公爲作鳳臺以居之。”二臺詳見靈運下注。

[12]雲夢：古湖名。即雲夢澤。在今湖北中西部至湖南北部一帶。附近有臺，名荆臺，傳爲楚靈王游賞之處。參見靈運下注。青丘：古時游獵之所。在淮南，今址不詳。參見靈運下注。

[13]漳渠：水渠名。戰國時史起爲魏文侯所開掘，可以用作灌溉。參見靈運下注。 淇園：西周時衛國竹園。在淇水之濱，約爲今河南淇縣西北一帶。

[14]橘林：以栽種橘樹著名的園林，在今四川成都一帶。詳見靈運下注。 長洲：古苑囿名。傍江海洲渚而建，約在今江蘇南京市一帶。詳見靈運下注。

[15]千乘：原指戰國時擁有軍隊和戰車的中小諸侯國，後也指王公貴族。按：戰國時，諸侯小者稱千乘，大者稱萬乘。

[16]嘉遁：舊時指合乎正道的退隱。遁也作“遯”。

[17]高山流川：《百三家集》作“高山流水”。

[18]璩：各本作“據”，中華本據《謝康樂集》及張元濟《校勘記》改。 程文信：人名。其事不詳。

[19]道田：《御覽》卷八二作“遠田”，似是。

[20]《蜀都賦》：文章名。見《古文苑》。

[21]臨邛：縣名。《禹貢》梁州地，治所在今四川邛崍市。

[22]鎮下邳時：即石崇在西晉武帝末年任征虜將軍，假節、監徐州諸軍事，時鎮下邳。下邳，地名。在今江蘇邳州市境内。

[23]秦穆公：名任好，春秋時秦國國君，在位三十九年（前659—前621）。參見《史記》卷五《秦本紀》。 秦女：即弄玉。

秦穆公女。詳見前注。

[24]章華：臺名。即章華臺。春秋楚靈王築，在今湖北監利縣西北。《左傳》昭公七年：“楚子成章華之臺，願與諸侯落之。”即此。

[25]□：據中華本考證，三朝本、北監本、毛本、殿本、局本及《謝康樂集》並闕，一本作“山”。孫彪《考論》云：“居《長飲賦》有脫誤。此蓋引邊文禮《章華臺賦》也。”

[26]荊臺：古臺名。楚靈王所築，爲游賞之處。在今湖北雲夢縣一帶。

[27]洞庭：湖名。即洞庭湖。在今湖南省北部一帶。

[28]彭蠡：湖名。今名鄱陽湖。在今江西省北部、九江市東南一帶。

[29]巫山之阿：巫山旁邊。在今重慶巫山縣一帶。阿，山或水邊。

[30]司馬相如：人名。字長卿，西漢蜀郡成都人，長於作賦。《史記》卷一一七有傳。

[31]史起：人名。戰國時魏國人，仕於魏文侯，爲之築漳渠等。　魏文侯：名都，一說名斯。戰國時魏國國君，在位三十八年（前446—前396）。見《史記》卷四四《魏世家》。

[32]衛：西周至春秋諸侯國名。在今河南北部一帶。

[33]淇水之澳（yù）：淇水邊、轉彎處。淇水，河流名。流經今河南淇縣一帶。澳，水邊彎曲的地方。

[34]《詩》人所載：見《詩·衛風·淇奧》。

[35]左太沖：人名。即左思，字太沖。西晉齊國臨淄人。《晉書》卷九二有傳。

[36]□：三朝本、《謝康樂集》並闕，北監本、毛本、殿本、局本作“也”。

[37]□□□□□□□□：北監本、殿本、局本、毛本並闕，一本作“長洲亦珍靈之所産”。

［38］□：三朝本、北監本、毛本、殿本、局本及《謝康樂集》並闕，一本作"特"。

［39］非幽人憩止之鄉：三朝本、北監本、毛本、局本、殿本及萬曆本《謝康樂集》作"非□□憩止之□"。此據《百三家集》本《謝康樂集》、清·嚴可均輯《全宋文》補。一本作"非隱逸憩止之地"。

　　覽明達之撫運，乘機緘而理默。指歲暮而歸休，詠宏徽於刊勒。狹三閭之喪江，[1]矜望諸之去國。[2]選自然之神麗，盡高樓之意得。余祖車騎建大功淮、肥，[3]江左得免橫流之禍。[4]後及太傅既薨，[5]遠圖已輟，[6]於是便求解駕東歸，[7]以避君側之亂。[8]廢興隱顯，當是賢達之心，故選神麗之所，以申高樓之意。經始山川，實基於此。

［1］狹：中華本稱《類聚》卷六四作"悼"。　三閭：即戰國時楚人屈原。去世前官居三閭大夫，掌王族昭、屈、景三姓，故稱。《史記》卷八四有傳。

［2］望諸：即樂毅。戰國時燕國名將，以平齊之功封望諸君，後因見疑於燕惠王而去國。《史記》卷八〇有傳。

［3］余祖車騎：即謝玄。晋車騎將軍。《晋書》卷七九有附傳。

［4］橫流：原指水行不按原道而泛濫，後亦比喻局勢動蕩。

［5］太傅：即謝安。官至太傅。《晋書》卷七九有傳。

［6］遠：各本並作"建"，中華本據《文選》卷一九謝靈運《述祖德詩》注引改。

［7］求解駕東歸：即謝玄求解職東歸事。

［8］避君側之亂：即避權臣司馬道子之禍。

仰前哲之遺訓，俯性情之所便。奉微軀以宴
息，保自事以乘閑。愧班生之夙悟，[1]慚尚子之晚
研。[2]年與疾而偕來，志乘拙而俱旋。謝平生於知
遊，棲清曠於山川。謂經始此山，遺訓於後也。性情各有
所便，山居是其宜也。《易》云："向晦入宴息。"[3]莊周云：
"自事其心。"[4]此二是其所處。班嗣本不染世，故曰夙悟；
尚平未能去累，故曰晚研。想遲二人，更以年衰疾至。志寡
求拙曰乘，并可山居。曰與知遊別，故曰謝平生；就山川，
故曰棲清曠。

[1]班生：即班嗣。扶風人，班彪從弟，雖修儒學，然好老莊，
事見《漢書》卷一○○上《叙傳上》。

[2]尚子：即尚子平。名長，後漢朝歌人，隱居不仕，好
《老》《易》。建武中，男女嫁娶既畢（下文"未能去累"即指此），
遂肆意游五岳名山，不知所終。其事見《高士傳》。《後漢書》卷
八三《逸民傳》作"向子平"。

[3]向晦入宴息：見《易·隨卦》。意即黑夜到來則應入內宴
息。向晦，天色將晚的時候。

[4]自事其心：見《莊子·人間世》。意即追求自己內心的
滿足。

其居也，左湖右江，往渚還汀。面山背阜，東
阻西傾。抱含吸吐，款跨紆縈。[1]縣聯邪亘，側直
齊平。枚乘曰："左江右湖，其樂無有。"此吳客説楚公子之
詞。當謂江都之野，[2]彼雖有江湖而乏山巖，此憶江湖左右與
之同，而山嶽形勢，池城所無也。往渚還汀，謂四面有水；
面山背阜，亦謂東西有山，便是四水之裏也。抱含吸吐，謂
中央復有川。款跨紆縈，謂邊背相連帶。迂回處謂之邪亘，

平正處謂之側直。

[1]紆縈：也作“縈紆”。回旋曲折。
[2]江都：地區名。即江邊的國都。約指今江蘇南京市一帶。

近東則上田、下湖，西谿、南谷，石塚、石滂，[1]閔硎、黄竹。[2]决飛泉於百仞，森高薄於千麓。寫長源於遠江，派深毖於近瀆。上田在下湖之水口，名爲田口。下湖在田之下下處，並有名山川。西谿、南谷分流，谷鄣水䀌入田口。[3]西谿水出始寧縣西谷鄣，是近山之最高峰者，西谿便是□之背。[4]入西谿之裏，得石塚，以石爲阻，故謂爲塚。石滂在西谿之東，從縣南入九里，兩面峻峭數十丈，水自上飛下。比至外谿，封墱十數里，[5]皆飛流迅激，左右巖壁緑竹。閔硎，在石滂之東谿，逶迤下注良田。黄竹與其連，南界莆中也。[6]

[1]塚（zhuàn）：各本並作“塚”。高壟。疑爲“冢”字。
[2]硎（kēng）：同“坑”。深谷。
[3]谷鄣水：河名。在今浙江嵊州市西。
[4]□：中華本稱三朝本、北監本、毛本、局本及《謝康樂集》並闕，一本作“山”。
[5]墱（dèng）：石級，自低向高的坡道。
[6]莆中：地名。在今浙江嵊州市一帶。

近南則會以雙流，縈以三洲。表裏回游，離合山川。崿崩飛於東峭，[1]槃傍薄於西阡。拂青林而激波，揮白沙而生漣。雙流，謂剡江及小江，[2]此二水同會於山南，便合流注下。三洲在二水之口，排沙積岸，成此洲漲。表裏離合，<sup>[3]</sup>是其貌狀也。嶭者，謂回江岑，<sup>[4]</sup>在其山居之南界，有石跳出，將崩江中，行者莫不駭慄。槃者，是縣故治之所，在江之□□用槃石竟渚，<sup>[5]</sup>並帶青林而連白沙也。

[1]嶭（è）：山崖。

[2]剡江：水名。指今浙江曹娥江上游剡溪。 小江：水名。注入剡溪的一條小水流，今名失考。

[3]離：各本並脱“離”字，中華本據《百三家集》本《謝康樂集》補。

[4]回江岑：山嶺名。在今浙江嵊州市北部一帶。

[5]□□：三朝本、北監本、毛本、殿本、局本及《謝康樂集》並闕，一本作“東西”。中華本校勘記稱原句有訛奪，補此二字亦不可通。

　　近西則楊、賓接峰，<sup>[1]</sup>唐皇連縱。<sup>[2]</sup>室、壁帶谿，<sup>[3]</sup>曾、孤臨江。<sup>[4]</sup>竹緣浦以被綠，石照澗而映紅。月隱山而成陰，木鳴柯以起風。楊中、元賓，並小江之近處，與山相接也。唐皇便從北出。室，石室，在小江口南岸。壁，小江北岸。並在楊中之下。壁高四十丈，色赤，故曰照澗而映紅。曾山之西，孤山之南，王子所經始，<sup>[5]</sup>並臨江，皆被以綠竹。山高月隱，便謂爲陰；鳥集柯鳴，便謂爲風也。

[1]楊、賓：即楊中、元賓。在始寧小江附近，江與山相連處，即今浙江嵊州市北部一帶。

[2]唐皇：河流名。在今浙江嵊州市境内。

[3]室、壁：皆地名。即石室、石壁。在小江口南北岸，今浙

江嵊州市北部一帶。

[4]曾、孤：皆山名。即曾山、孤山。在始寧縣境內，今浙江嵊州市北部。

[5]王子：即王弘之。琅邪臨沂人，亦在始寧一帶隱居。本書卷九三《隱逸傳》稱"始寧沃川有佳山水，弘之又依巖築室。謝靈運、顏延之並相欽重"。中華本校勘記謂沃川即沃洲，當在本傳所謂曾、孤山附近。


　　近北則二巫結湖，[1]兩智通沼。[2]橫、石判盡，[3]休、周分表。[4]引脩隄之逶迤，[5]吐泉流之浩漾。[6]山巘下而回澤，瀨石上而開道。大小巫湖，中隔一山。外智周回，在圻西北。[7]邊浦出江，並是美處。義熙中，[8]王穆之居大巫湖，[9]經始處所猶在。兩智皆長溪，外智出山之後四五里許，裹智亦隔一山，出新塚。[10]橫山，野舍之北面。常石，野舍之西北。巫湖舊唐，故曰脩隄。長谿甚遠，故曰泉流。常石巘□□□□故曰山巘下而回澤。[11]裹智漫石數里，水從上過，故曰瀨石上而開道。休山東北，周里山在休之南，並是北邊。


[1]二巫結湖：即下文所指大小巫湖。中有山峰相隔，其址約在今浙江嵊州市江東村境內。

[2]智：水名。讀音不詳。中華本引錢大昕《考異》云："智字不見字書，訪之通人，亦無知者。"李慈銘《札記》云："智，必非誤字，蓋當時吾越方言也。"

[3]橫、石：皆山名。即下文所指橫山、常石。一在謝靈運所經營莊園北，一在其西北，即今浙江嵊州市江東村境內。參見下注。

[4]休、周：皆山名。即下文所指休周山和周里山，前者在其

別墅東山，後者在前者之南。參見靈運下注。

[5] 逶迤：彎曲而延續不斷。

[6] 漾：《百三家集》本《謝康樂集》作"漾"。

[7] 在圻西北：各本及萬曆本《謝康樂集》並作"在西圻北"，中華本據《百三家集》及嚴輯《全宋文》改。

[8] 義熙：晉安帝司馬德宗年號（405—418）。

[9] 王穆之：人名。琅邪臨沂人，本書無傳，事迹散見本卷及卷八、七四、八四。

[10] 新墅：地名。在今浙江嵊州市江東村一帶。

[11] □□□□：三朝本、北監本、毛本、殿本、局本及《謝康樂集》並闕，一本作"低而水曲"。　巘下：各本並作"下巘"，中華本據正文改正。

　　遠東則天台、桐栢，[1] 方石、太平，[2] 二韭、四明，[3] 五奧、三菁。[4] 表神異於緯牒，驗感應於慶靈。凌石橋之莓苔，[5] 越楢谿之紆縈。[6] 天台、桐栢，七縣餘地，南帶海。二韭、四明、五奧，皆相連接，奇地所無，高於五嶽，[7] 便是海中三山之流。[8] 韭以菜爲名。四明、方石，四面自然開窗也。五奧者，曇濟道人、蔡氏、郗氏、謝氏、陳氏各有一奧，[9] 皆相掎角，並是奇地。三菁，太平之北。太平，天台之始。方石，直上萬丈，下有長谿，亦是縉雲之流云。此諸山並見圖緯，神仙所居。往來要徑石橋，過楢谿，人跡之艱，不復過此也。

[1] 天台、桐栢：皆山名。即天台山、桐栢山。前者在今浙江天台縣北，後者在天台縣西北。參見原文下注。

[2] 方石、太平：皆山名。天台山餘脉。前者爲山中巨峰，後者爲天台山發源處。二者約在今浙江天台縣北部一帶。

　　[3]二韭、四明：皆山峰名。約爲天台、桐栢二山餘脉。參見原文下注。

　　[4]五奥、三菁：皆山峰名。約爲天台、桐栢二山餘脉。參見原文下注。

　　[5]石橋：橋梁名。約在天台山中，以石築成。參見原文下注。

　　[6]楢谿：河流名。爲山中小溪，約在今浙江天台縣北部一帶。

　　[7]五嶽：古時所指的五大名山，即中嶽嵩山、南嶽衡山、北嶽恒山、東嶽泰山和西嶽華山。

　　[8]海中三山：傳說中的三個神奇山脉，在東海中，分別名方丈、蓬萊、瀛洲。

　　[9]曇濟道人：本書僅此一見，其事不詳。　蔡氏、郗氏、謝氏、陳氏：約爲在始寧一帶占固山澤的南下世族，即濟陽考城蔡氏、高平金鄉郗氏、陳郡陽夏謝氏和潁川長社陳氏。參本書各有關本傳。　奥：同“坳”。指山間的平地。

　　　遠南則松篾、棲雞，[1]唐嶺、漫石。[2]崒、嵊對嶺，[3]崑、孟分隔。[4]入極浦而遭回，迷不知其所適。上嶔崎而蒙籠，[5]下深沈而澆激。棲雞，在保口之上，[6]別浦入其中，周回甚深，四山之裏。松篾在棲雞之上，緣江。唐嶺入太平水路，上有瀑布數百丈。漫石在唐嶺下，郗景興經始精舍，[7]亦是名山之流。崒、嵊與分界，去山八十里，故曰遠南。前嶺鳥道，正當五十里高，左右所無，就下地形高，乃當不稱。遠望崑山甚奇，謂白爍尖者最高，[8]下有良田，王敬弘經始精舍。[9]曇濟道人住孟山，名曰孟埭，芋薯之畷田。[10]清溪秀竹，迴開巨石，有趣之極。此中多諸浦澗，傍依茂林，迷不知所通，嶔崎深沈，處處皆然，不但一處。

　　　遠西則下關。[11]

[1]松箴、樓雞：皆山名。約在今浙江嵊州市南。參見原文下注。

[2]唐嶬、漫石：皆山名。約在今浙江嵊州市南。參見原文下注。

[3]崒、嵊：皆山名。在今浙江嵊州市南一帶。參見原文下注。

[4]崑、孟：皆山名。即崑山、孟山。在始寧縣境內，即今浙江嵊州市一帶。參見原文下注。

[5]嶔（qīn）崎：崎嶇險峻。嶔，高峻。

[6]保口：地名。約在今浙江嵊州市南。

[7]郗景興：人名。即郗超。字景興。高平金鄉人。《晉書》卷六七有附傳。

[8]白爍尖：山峰名。爲崑山最高處，約在今浙江嵊州市境內。

[9]王敬弘：人名。即王裕之。字敬弘，琅邪臨沂人。本書卷六六有傳。

[10]嘐（liú）田：用溝渠灌溉的耕地。

[11]下闕：中華本校勘記云：“三朝本闕四十字，殿本及《謝康樂集》闕四十四字，《全宋文》缺四十三字。以上字數，各本皆據《山居賦》正文行數計算。一本補‘邛州綠嶺，菌桂臨巖。旁挺龍目，側生荔枝。布綠葉之萋萋，結朱實之離離。匪隆冬而不凋，常蔚鬱以依依’。本注云：‘本左太沖《蜀都賦》也。’按龍目、荔枝，越中所不植，此正文及注文四十八字，顯係後人所補，非靈運原作。”

　　遠北則長江永歸，巨海延納。崐漲緬曠，島嶼綢杳。山縱橫以布護，水迴沈而縈澴。[1]信荒極之綿眇，究風波之瞑合。江從山北流，窮上虞界，[2]謂之三江口，[3]便是大海。老子謂海爲百谷王，以其善處下也。海人

謂孤山爲崛。薄洲有山，謂之島嶼，即洲也。漲者，沙始起
將欲成嶼，縱橫無常，於一處迴沈相縈擾也。大荒東極，故
爲荒極。風波不恒，爲睽合也。[4]

[1] 縈湆（yì）：環繞浸潤。湆，濕潤。
[2] 上虞：縣名。治所在今浙江上虞市。
[3] 三江口：地名。江水入海處，在今浙江上虞市北。
[4] 睽合：離合。

　　徒觀其南術之 □□□□□□□□□□ 岸測
深，[1] 相渚知淺。洪濤滿則曾石沒，[2] 清瀾減則沈沙
顯。及風興濤作，水勢奔壯。于歲春秋，在月朔
望。湯湯驚波，滔滔駭浪。電激雷崩，飛流灑漾。
凌絶壁而起岑，橫中流而連薄。始迅轉而騰天，終
倒底而見壑。此楚貳心醉於吳客，[3] 河靈懷慚於海
若。[4] 南術是其臨江舊宅，門前對江，三轉曾山，路窮四江，
對岸西面常石。此二山之間，西南角岸孤山，此二山皆是狹
處，故曰生㵎。勇門以南上便大閣，[5] 故曰成衍。岸高測深，
渚下知淺也。江中有孤石沈沙，隨水增減，春秋朔望，是其
盛時。故枚乘云，楚太子有疾，吳客問之，舉秋濤之美，得
以瘳病。太子，國之儲貳，故曰楚貳。河靈，河伯居河，所
謂河靈。慚於海若，事見莊周《秋水篇》。

[1] 南術：建築名。原爲謝靈運祖謝玄等人所居別墅，約在今
浙江嵊州市江東村一帶。　　□□□□□□□□□□：中華本原空十
字，其校勘記稱三朝本、北監本、毛本、殿本、局本及《謝康樂
集》作“□□□生㵎□□成衍□”，“生㵎”“成衍”爲後人據原注
文補，非靈運原賦句法如此。一本作“臨池生㵎望遠成衍窺岸”，

亦不足據。

　　[2]曾石：山名。即曾山、常石。靈運別墅附近山名，約在今
浙江嵊州市江東村境內。參見原文下注。

　　[3]楚貳心醉於吳客：指漢枚乘所謂楚太子用吳客治病事。參
見原文下注。楚貳，楚國太子。爲國家的儲貳，故稱。

　　[4]河靈懷慚於海若：指《莊子·秋水》所謂河伯在海神面前
自慚形穢事。參見原文下注。河靈，即河伯。古時所謂河神。海
若，海神。

　　[5]勇門：山峰名。爲曾山、常山之間的狹窄處。約在今浙江
嵊州市江東村一帶。　　大閬：地名。約在今嵊州市境內。參見原
文注。

　　　爾其舊居，曩宅今園，枌槿尚援，[1]基井具存。
曲術周乎前後，直陌蠱其東西。豈伊臨谿而傍沼，
迺抱阜而帶山。考封域之靈異，實茲境之最然。葺
駢梁於巖麓，[2]棲孤棟於江源。敞南戶以對遠嶺，
闢東窗以矚近田。田連岡而盈疇，嶺枕水而通阡。
葺室在宅裏山之東麓。東窗矚田，兼見江山之美。三間故謂
之駢梁。門前一棟，枕巘上，存江之嶺，南對江上遠嶺。此
二館屬望，殆無優劣也。

　　[1]枌槿：木名。枌指白榆，槿即木槿。三朝本、北監本、毛
本、殿本、局本在二字之間空二字，一本補以“榆木”二字，《謝
康樂集》無闕字。孫虨《考論》云：“此處無闕字。”李慈銘《宋
書札記》云：“此處所闕二字，當在曩宅之下。園與存爲韻。”中
華本從《謝康樂集》不空。

　　[2]駢梁：並列的房間。駢，並列。

阡陌縱橫，塍埒交經。導渠引流，脉散溝幷。蔚蔚豐秫，[1] 苾苾香秔。[2] 送夏蚤秀，迎秋晚成。兼有陵陸，麻麥粟菽。候時覘節，遞藝遞熟。供粒食與漿飲，謝工商與衡牧。生何待於多資，理取足於滿腹。許由云：[3]“偃鼠飲河，不過滿腹。”[4] 謂人生食足，則歡有餘，何待多須邪！工商衡牧，似多須者，若少私寡欲，充命則足。但非田無以立耳。

[1]秫：各本及《謝康樂集》並作“秋”。孫彪《考論》云：“秋，疑‘秫’字誤。”據改。秫，一種高粱。

[2]苾（bì）苾：濃烈的香氣。苾，芳香。　秔：一種水稻，今稱粳稻。

[3]許由：人名。相傳爲唐堯時高士，隱於箕山，不受唐堯延請。

[4]偃鼠飲河，不過滿腹：語出《莊子·逍遙遊》。

自園之田，自田之湖。泛濫川上，緬邈水區。潺潭潤而窈窕，除菰洲之紆餘。[1] 悐溫泉於春流，馳寒波而秋徂。風生浪於蘭渚，日倒景於椒涂。飛漸榭於中沚，[2] 取水月之歡娛。且延陰而物清，夕棲芬而氣敷。顧情交之永絕，覬雲客之暫如。此皆湖中之美，但患言不盡意，萬不寫一耳。諸澗出源入湖，故曰潺潭潤。潤長是以窈窕。除菰以作洲，言所以紆餘也。

[1]除菰：拔除菰草。菰，植物名。一種生長在河邊、波澤的植物，又名茭白，可作蔬菜。　紆餘：形容山水地勢曲折延伸。

[2]中沚（zhǐ）：水中的小塊陸地。沚，小洲。

水草則萍藻蘊菼,[1]蓲蒲芹蓀,[2]蒹菰蘋蘩,[3]蕨荇菱蓮。[4]雖備物之偕美,獨扶渠之華鮮。[5]播綠葉之鬱茂,含紅敷之繽翻。[6]怨清香之難留,矜盛容之易闌。必充給而後搴,[7]豈蕙草之空殘。[8]卷《敂弦》之逸曲,[9]感《江南》之哀嘆。[10]秦箏倡而溯游往,[11]《唐上》奏而舊愛還。[12]搴出《離騷》。《敂弦》是《采菱歌》。[13]《江南》是《相和曲》,[14]云江南采蓮。秦箏倡《蒹茄篇》,[15]《唐上》奏《蒲生》詩,[16]皆感物致賦。魚藻蘋蘩荇亦有詩人之詠,不復具叙。

[1]蘊菼(tǎn):皆水草名。即蘊藻和荻。前者喜聚生,又稱聚藻;後者指初生之荻。菼,小草。

[2]蓲:水草名。即蘿藦。《詩經》稱為芄蘭,可作藥用。蓀:香草名。即荃。

[3]蒹:水草名。指抽穗以前的蘆荻。《詩·秦風·蒹葭》疏:"郭璞云:'蒹似蓷而細,高數尺,蘆葦也。'陸機疏云:'蒹,水草也。堅實,牛食之,令牛肥强。'" 蘩:植物名。即白蒿。可食。

[4]蕨(jué):水草名。 荇:水草名。即荇菜。又名接餘,水生植物,多生於湖塘中。

[5]扶渠:即芙蕖。荷花。

[6]繽翻:繁盛,眾多。繽,盛。

[7]搴:拔取。

[8]蕙草:一種香草,俗名佩蘭。

[9]《敂弦》:樂府曲名。又稱《采菱歌》。參見原文下注。

[10]《江南》:樂府曲名。為《相和曲》之一。參見原文下注及《樂府詩集》卷二六《相和歌辭·江南》。

[11]秦箏倡而溯游往:指《詩·秦風·蒹葭》中對蒹葭的詠

吟，其中有“溯游從之，宛在水中央”等句。秦，先秦古國名。在今關中一帶。倡，同“唱”。

[12]《唐上》奏而舊愛還：指《詩·唐風·葛生》，爲思念故人之作，其中有“葛生蒙楚，蘞蔓于野。予美亡此，誰與獨處”等句。

[13]《采菱歌》：又稱《采菱》，《詩·唐風》篇名之一，爲女子采菱時咏唱心事之作。

[14]《相和曲》：古樂府曲目之一，又稱《相和歌》。原爲漢代舊歌，後流傳至南朝江南地區。參見本書《樂志三》及《樂府詩集》卷二六《相和歌辭》解題。

[15]《蒹茄篇》：又作《蒹葭》。《詩·秦風》篇名之一。參見前注。

[16]《蒲生》：又作《葛生》。《詩·唐風》之一。參見前注。

　　《本草》所載，[1]山澤不一。雷、桐是別，[2]和、緩是悉。[3]參核六根，[4]五華九實。[5]二冬並稱而殊性，[6]三建異形而同出。[7]水香送秋而擢蒨，[8]林蘭近雪而揚猗。[9]卷栢萬代而不殞，[10]伏苓千歲而方知。[11]映紅萐於綠蔕，茂素蕤於紫枝。既住年而增靈，亦驅妖而斥疵。《本草》所出藥處，於今不復依，隨土所生耳。此境出藥甚多，雷公、桐君，古之采藥。醫緩，古之良工，故曰別悉。參核者，雙核桃杏人也。六根者，苟七根、五茄根、葛根、野葛根，[12]□□根也。[13]五華者，菫華、芫華、樾華、菊華、旋覆華也。[14]九實者，連前實、槐實、栢實、兔絲實、女貞實、蛇床實、蔓荊實、蓼實、□□也。[15]二冬者，天門、麥門冬。[16]三建者，附子、天雄、烏頭。[17]水香，蘭草。林蘭，支子。卷栢、伏苓，並皆仙物。凡此眾藥，事悉見於《神農》。[18]

[1]《本草》：書名。又名《神農本草經》，傳爲神農氏所著中醫藥書籍，收録中草藥名三百六十五種。

[2]雷、桐：即雷公、桐君。傳説中善於采摘甄别中草藥的神醫。雷公相傳爲黄帝時人，黄帝曾在明堂詢問他有關醫藥之事。桐君也爲黄帝醫師，曾結廬於東山桐樹下。

[3]和、緩：傳説中的神醫名。即和與醫緩。和爲古時名醫，與扁鵲齊名。醫緩爲春秋時秦國良醫，曾爲秦景公治病。

[4]參核六根：中草藥名簡稱。參核指核桃仁、桃仁、杏仁，六根指苟杞根、五茄根、葛根、野葛根、白芽根等，中醫皆可入藥。參見原文下注。

[5]五華九實：中草藥名簡稱。五華指堇花、芫花、槐花、菊花、旋覆花，九實指連前果、槐果、柏果、兔絲實、女貞實、蛇床實、蔓荆實、蓼實、黄實。參見原文下注。華，同“花”。實，果實。

[6]二冬：兩種中草藥簡稱。即天門冬和麥門冬。參見原文下注。

[7]三建：三種中草藥簡稱。即附子、天雄、烏頭。參見原文下注。

[8]水香：水草名。一種蘭草。又名澤蘭、都梁香。葉似蘭，生長於江南池澤中，花紅白而香。可入藥，煮水可治傷風。

[9]林蘭：藥物名。即栀。又名支子。果實可入藥。

[10]卷栢：植物名。爲多年生孢子植物，俗名還魂草。耐乾旱，細葉如柏，旱時内卷如拳，濕潤時復平展，故名。生於裸露山頂巖石上。可入藥，主治血症。

[11]伏苓：植物名。即茯苓。菌類植物，别名松腴，寄生於山林松根，狀如塊球，可入藥。

[12]苟杞：樹木名。即枸杞。中醫用果實和根皮入藥，根稱地骨皮。　五茄：植物名。即五加。中醫用根、皮入藥，以醫治風

濕，壯筋骨，《本草》列木部上品。　葛：植物名。多年生蔓草，塊根可入藥。參見清·吳其濬《植物名實圖考長編》卷一〇。　野葛：藥草名。也作"冶葛"，又名鈎吻，俗稱胡蔓草或斷腸草。

[13]□□：三朝本、北監本、毛本、殿本、局本及《謝康樂集》並闕，一本作"白芽"。

[14]堇：樹木名。即木槿。落葉灌木，夏季開花，中醫取以入藥。　芫：草本植物名。又作"杬"，根名蜀桑，花可入藥。　棧：樹木名。又稱赤蘿、山梨、楊棧，中醫以花入藥。　旋覆華：植物名。即旋覆花。多年生草本植物，菊科，葉大如菊，花可入藥。

[15]連前：草名。又稱連錢草、地錢草、積雪草。葉圓大如錢，果實可入藥。　兔絲：藥草名。即菟絲。俗稱菟絲子、女蘿。果實可入藥。　女貞：樹木名。又稱蠟樹。果實可入藥。　蛇床：植物名。又稱蛇粟、蛇米。果實可入藥，稱蛇床子。　蔓荊：樹木名。生於水邊，苗莖蔓延，九月結果，可入藥。　蓼：植物名。草本，葉味辛香，果實可入藥。　□□：三朝本、北監本、毛本、殿本、局本及《謝康樂集》並闕，一本作"黃實"。按：黃實即黃芩或黃芪、黃耆所結果實，可入藥。

[16]天門：草名。即天門冬。多年生蔓草，全草入藥，藥效與麥門冬同。《本草》列爲上品。　麥門冬：草名。根似麥而有須，可入藥。

[17]附子：植物名。根形似烏頭，附子即附根而生。入藥，有毒。　天雄：植物名。性質如附子的一種中藥，形狀較長。　烏頭：中藥名。又稱土附子、烏喙、奚毒。莖、葉、根都有毒。

[18]《神農》：書名。即《神農本草經》。

其竹則二箭殊葉，[1]四苦齊味。[2]水石別谷，[3]巨細各彙。既修竦而便娟，[4]亦蕭森而翁蔚。[5]露夕沾而悽陰，風朝振而清氣。捎玄雲以拂杪，臨碧潭而挺翠。薆上林與淇澳，[6]驗東南之所遺。企山陽之游踐，[7]遲鸞鷖之棲託。[8]憶崑園之悲調，[9]慨伶倫之哀籥。[10]衛女行而思歸詠，[11]楚客放而防露作。[12]二箭，一者苦箭，大葉；一者笋箭，細葉。四苦，青苦、白苦、紫苦、黃苦。水竹，依水生，甚細密，吳中以爲宅援。石竹，本科叢大，以充屋椽，巨者竿挺之屬，細者無箬之流也。脩竦、便娟、蕭森、蓊蔚，皆竹貌也。上林，關中之禁苑，淇澳，衛地之竹園，方此皆不如。東南會稽之竹箭，唯此地最富焉。山陽，竹林之游；鸞鷖，棲食之所。崑山之竹任爲笛，黃帝時，伶倫斬其厚均者吹之，爲黃鍾之宮。[13]衛女思歸，作《竹竿》之詩，[14]楚人放逐，東方朔感江潭而作《七諫》。[15]

[1]二箭：竹名。即苦箭竹和笋箭竹。因竹葉形狀不同而加以區別。參見原文下注。

[2]四苦：四種苦竹的合稱。即青、白、紫、黃苦竹。參見原文下注。

[3]水石：竹名。即水竹和石竹。參見原文下注。

[4]脩竦（sǒng）：脩長而聳立秀出。竦，同“聳”。　便娟：輕柔美麗的樣子。

[5]蕭森：錯落聳立的樣子。　蓊（wěng）蔚：茂盛濃密的樣子。蓊，密盛。

[6]上林：皇家苑囿名。即上林苑。初築於秦代，漢時擴建，方圓三百里，爲皇帝游獵之所。司馬相如有《上林賦》頌其盛況。

淇澳：古代園林名。在淇水邊，原衛國境內，以竹林著名。其址約在今河南淇縣一帶。

[7]山陽：郡名。治所在今河南焦作市一帶。郡內以竹園聞名於世，魏晉時山濤、向秀等人曾在此作竹林之游，時稱“竹林七

賢"。

[8]鸑鷟（yì）：鸑鳥與鳳凰。鸑，鳳凰之類的神鳥。鷟，鳳的別名。

[9]崑園：地名。即崑山竹園。傳爲黃帝製作竹笛的地方。參見原文下注。

[10]伶倫：古時掌管音樂的官吏。相傳黃帝時的伶倫以竹爲笛，發明音律。參見原文下注。

[11]衛女行而思歸詠：指《詩·衛風·竹竿》所載衛女行詠、思念故鄉及親人事。衛女，衛國之女。

[12]楚客放而防露作：指漢人東方朔有感於楚人屈原被放逐而著文咏懷事。參見原文下注。楚客，在楚國游歷的賓客，此指屈原。

[13]黃鍾：古樂十二律之一，聲調洪大響亮。參見《周禮·春官·大司樂》。

[14]《竹竿》：《詩·衛風》篇名。參見前注。

[15]東方朔：西漢平原厭次人。《漢書》卷六五有傳。《七諫》爲其名作之一，今不傳。


其木則松栢檀櫟，□□桐榆。[1]㮈柘榖棟，[2]楸梓椶櫄。[3]剛柔性異，貞脆質殊。卑高沃墝，各隨所如。榦合抱以隱岑，杪千仞而排虛。凌岡上而喬竦，蔭澗下而扶疏。沿長谷以傾柯，攢積石以插衢。華映水而增光，氣結風而回敷。當嚴勁而蔥倩，承和煦而芬腴。送墜葉於秋晏，遲含萼於春初。皆木之類，選其美者載之。山脊曰岡。岡上澗下，長谷積石，各隨其方。《離騷》云："青春受謝，白曰昭只。"[4]《詩》云"萼不韡韡"也。[5]

[1]□□：三朝本、北監本、毛本、殿本、局本及《謝康樂集》並闕，一本作“楩楠”。楩（pián），樹木名。即黄楩木。

[2]檿（yǎn）：樹木名。即山桑。木質堅硬，可製弓或車轅。　穀：樹木名。又名楮、構，樹皮可用以造紙。

[3]楸：樹木名。木材可用作造船、製棋盤等，種子可入藥。　檉：樹木名。即河柳。　樗：樹木名。俗名臭椿，爲落葉喬木。又稱鬼目、虎目。

[4]青春受謝，白曰昭只：見《楚辭·大招》。王逸《楚辭注》以爲屈原所作，或以爲景差作。又“白曰”乃“白日”之誤。又據黄靈庚《楚辭異文辯證》卷一〇《大招》考證，“受”乃“爰”之誤。從韻脚考慮，全句應爲“白日爰昭，青春謝只”。録此以備一説。

[5]萼不韡（wěi）韡：見《詩·小雅·常棣》，原作“鄂不韡韡”或“鄂不靴靴”。韡，光明。

植物既載，動類亦繁。飛泳騁透，胡可根源。觀貌相音，備列山川。寒燠順節，[1]隨宜匪敦。草、木、竹，植物。魚、鳥、獸，動物。獸有數種，有騰者，有走者。走者騁，騰者透。謂種類既繁，不可根源，但觀其貌狀，相其音聲，則知山川之好。興節隨宜，自然之數，非可敦戒也。

[1]寒燠（yù）：寒暑，冷熱。燠，熱、暖。

魚則鰋鱧鮒鱮，[1]鱒鯇鰱鯿，[2]魴鮪魦鱖，[3]鱨鯉鯔鱣。[4]輯采雜色，錦爛雲鮮。[5]唼藻戲浪，[6]汎苻流淵。或鼓鰓而湍躍，或掉尾而波旋。鱸鮆乘時以入浦，[7]鱤鮋沿瀨以出泉。[8]鰋音偃。鱧音禮。鮒音附。鱮音叙。鱒音寸衮反。鯇音睆。鰱音連。鯿音悆仙反。魴音房。鮪音痏。[9]鯋音沙。鱖音居綴反。鱨音上羊反。鰦音比之反。鱔音竹企反。[10]皆《説文》《字林》音。[11]《詩》云："錦衾有爛。"[12]故云錦爛。鱸鮆一時魚。鱤音感。鮷音迅。皆出谿中石上，恒以爲飪。

[1]鱧（lǐ）：魚名。又名鮦魚。俗稱黑魚。　鮒（fù）：魚名。即鯽魚，似鯉而腹大脊隆。　鱮（xù）：魚名。即鰱魚。

[2]鱒（zūn）：魚名。似鱤而小，身圓長。　鯇（huàn）：魚名。又稱鰀魚、草魚。　鯿（bián）：魚名。又稱魴魚。

[3]鮪（wěi）：魚名。即鱘魚。　鯋（shā）：魚名。同"鯊"，因在水中吹沙而行，故名。　鱖（guì）：魚名。又稱石桂魚，體扁口大。

[4]鱨（cháng）：魚名。一名黃頬，形如燕頭魚，江東稱爲黃鱨魚。　鰦（zī）：魚名。大小不一，身長數寸至兩尺不等，形如鯢。　鱔（shàn）：魚名。俗稱黃鱔。

[5]錦爛：鮮艷華美。源出《詩·唐風·葛生》"錦衾爛兮"。參見原文下注。

[6]唼（shà）：魚吃食。

[7]鱸（lú）：魚名。古稱銀鱸、玉花鱸，體扁口大。　鮆（zī）：魚名。即魛魚，又名鱭魚、鮤魚。

[8]鱤（gǎn）：魚名。又名黃頬魚。　鮷（xùn）：魚名。一種生存於溪中石上的魚。

[9]痏（wěi）：一種瘡。

[10]企（xiān）：人在山上。見《説文·人部》。

[11]《字林》：漢字字典名。晋人吕忱撰，多補《説文》遺漏。已佚，今有清代任大椿等人輯本。

[12]錦衾有爛：見《詩·唐風·葛生》。今作"錦衾爛兮"，意即錦緞花被鮮艷。衾，被子。爛，燦爛，有光芒。

鳥則鵾鴻鷾鵠，[1]鶖鷺鴇鶆。[2]雞鵲繡質，鶷鸐綬章。[3]晨鳧朝集，[4]時鵁山梁。[5]海鳥違風，朔禽避涼。[6]黃生歸北，[7]霜降客南。接響雲漢，侶宿江潭。聆清哇以下聽，載王子而上參。[8]薄回涉以弁翰，映明壑而自耽。鵾音昆。鴻音洪。鷾音溢。《左傳》云："六鷾退飛"，[9]字如此。鵠音下竺反。鶖音秋。鷺音路。鴇音保。鶆音相。唐公之馬，[10]與此鳥色同，故謂爲鶆，音相。雞鵲鶷鸐，見張茂先《博物志》。[11]鸐音翟，亦雉之美者，此四鳥並美采質。鳧音符，野鴨也，常待晨而飛。鵁音已消反，長尾雉也。《論語》云："山梁雌雉，時哉時哉！"[12]海鳥爰居，臧文仲不知其鳥，[13]以爲神也。事見《左傳》。朔禽，雁也，寒月轉往衡陽。[14]《禮記》，霜始降，雁來賓。歲莫云，雁北向。[15]政是陽初生時，黃生歸北，霜降客南。山雞映水自翫其羽儀者。

[1]鵾：鳥名。即昆雞。一種似鶴的黃白色鳥。 鴻：鳥名。即大雁。 鷾（yì）：一種水鳥，即鷾。 鵠（hú）：鳥名。即天鵝，似雁而體大頸長，羽毛純白，能高飛。

[2]鶖（qiū）：水鳥名。一名禿鶖。 鷺：水鳥名。又名白鷺、鷺鷀。 鴇：鳥名。似雁而大，無後趾。又名地鵏。 鶆（xiāng）：鳥名。一種顏色似馬的鳥。

[3]鶷（xiá）：鳥名。反舌鳥，又名百舌鳥。 鸐（dí）：鳥名。又稱長尾雉。

[4]鳧（fú）：鳥名。即野鴨。

[5]鵁（jiāo）：鳥名。又稱鵁雉、鵁雞、長尾雉。

[6]朔禽：鳥名。即大雁。以其生活於北方，避寒於南方，故名。參見原文下注。

[7]荑（tí）：本初生的白茅嫩芽，後也泛指草木始生的芽。

[8]王子：即王子喬。傳説中得道成仙者，相傳其乘白鶴升天。

[9]六鶂：《左傳》僖公十六年作"六鷁"，《公羊》《穀梁》作"六鶂"。

[10]唐公：古養馬者。史失其名。張華《博物志》："唐公有騕褭。"

[11]張茂先：人名。即張華。字茂先，西晉范陽方城人。《晉書》卷三六有傳。《博物志》爲其著作，十卷，分類記載異物殊俗等，傳爲仿《山海經》而作。

[12]山梁雌雉，時哉時哉：見《論語·鄉黨》。意即喟嘆山上雌雉得其時而人不得其時。

[13]臧文仲：人名。春秋時魯國執政，臧孫氏，名紇，官司寇。

[14]衡陽：地區名。即衡山之陽，今湖南省中南部一帶。

[15]歲莫云，雁北向：顧紹柏《謝靈運集校注》云："焦本《謝康樂集》脱'云雁'二字。"莫，《百三家集》作"暮"。

　　　山上則猨獋狸玃，[1]犴猭猣猨。[2]山下則熊羆豺虎，羱鹿麔麎。[3]擲飛枝於窮崖，踔空絕於深硎。[4]蹲谷底而長嘯，攀木杪而哀鳴。猨音袁。獋音魂。狸音力之反。玃音火丸反。犴音五懸反。猭音曼，似玃而長，狼之屬，一曰貆。[5]猣音安點反。猨音弋生反，狸之黃黑者，一曰似蚡。[6]豺音在皆反。羱音元，野羊大角。麔音鬼珉反。麎音京，能踔擲。虎長嘯，猨哀鳴，鳴聲可瓵。

[1]獋（huī）：獸名。猿的一種，又名山獋、獋子。　狸：獸名。一種哺乳動物，似狐而小，身肥而短。同"貍"。　玃：獸名。形如家狗而脚短。

[2]犴（án）：獸名。也作“豻”，一種野狗。　獌（màn）：獸名。狼屬，一作“貙”。　猰（yà）：獸名。又作“貐”，一種食人怪獸。　猛（géng）：獸名。一種黑色狸猫。

[3]豲（yuán）：獸名。大角野羊。　麕（jūn）：獸名。即獐。　麖（jīng）：獸名。水鹿，亦稱馬鹿。見《山海經·中山經》。

[4]踔（chuō）空：凌空跳躍。踔，騰躍。　深硎（kēng）：深谷。

[5]貙（chū）：獸名。又稱獌。虎屬，大如狗，形如狸。見《爾雅·釋獸》。

[6]狖：查字書、辭書均無此字。壽考堂藏版《百三家集》誤作“份”。

緡綸不投，[1]置羅不披。[2]磻弋靡用，[3]蹄筌誰施。[4]鑑虎狼之有仁，傷遂欲之無崖。顧弱齡而涉道，悟好生之咸宜。率所由以及物，諒不遠之在斯。撫鷗鮍而悦豫，[5]杜機心於林池。八種皆是魚獵之具。自少不殺，至乎白首，故在山中，而此歡永廢。莊周云，虎狼仁獸，豈不父子相親。世云虎狼暴虐者，政以其如禽獸，而人物不自悟其毒害，而言虎狼可疾之甚，苟其遂欲，豈復崖限。自弱齡奉法，[6]故得免殺生之事。苟此悟萬物好生之理。《易》云：“不遠復，無祇悔。”[7]庶乘此得以入道。莊周云，海人有機心，鷗鳥舞而不下。今無害彼之心，各説豫於林池也。

[1]緡綸：垂釣的工具，指釣絲。緡，釣絲。

[2]置羅：捕捉鳥的網羅。“置”，百衲本、殿本、《廣文選》卷六、焦本《謝康樂集》、《百三家集》均作“罝”，似是。

[3]磻弋：帶著繩子和石鏃的箭，用以射鳥。磻，本指結於箭

身的石塊。弋，用帶著繩子的箭射鳥。

[4]蹄筌（quán）：結絆野獸蹄腿的枷鎖和竹製的捕魚器具，又作"筌蹄"。《莊子·外物》："筌者所以在魚，得魚而忘筌；蹄者所以在兔，得兔而忘蹄。"

[5]鰷（tiáo）：魚名。即小白魚。

[6]奉法：信奉佛法。法，指佛教的法理。

[7]不遠復，無祇悔：見《易·復卦》。意即發現錯誤立即糾正。知錯必改，纔不致後悔。


　　敬承聖誥，恭窺前經。山野昭曠，聚落羶腥。[1]故大慈之弘誓，拯群物之淪傾。豈寓地而空言，必有貸以善成。欽鹿野之華苑，[2]羨靈鷲之名山。[3]企堅固之貞林，[4]希菴羅之芳園。[5]雖綷容之緬邈，[6]謂哀音之恒存。建招提於幽峰，[7]冀振錫之息肩。[8]庶鐙王之贈席，[9]想香積之惠餐。[10]事在微而思通，理匪絕而可温。賈誼《弔屈》云：[11]"恭承嘉惠。"敬承，亦此之流。聚落是墟邑，謂歌哭諍訟，有諸誼譁，不及山野爲僧居止也。經教欲令在山中，皆有成文。老子云："善貸且善成。"[12]此道惠物也。鹿苑，説四真諦處。[13]靈鷲山，説《般若》《法華》處。[14]堅固林，説泥洹處。[15]菴羅園，説不思議處。[16]今旁林蓺園制苑，仿佛在昔，依然託想，雖綷容緬邈，哀音若存也。招提，謂僧不能常住者，可持作坐處也。所謂息肩。鐙王、香積，事出《維摩經》。[17]《論語》云："温故知新。"[18]理既不絕，更宜復温，則可待爲己之日用也。[19]


[1]羶腥：動物的氣味。羶，指羊的氣味，羊臭。腥，指生肉的氣味。後也比喻穢惡的事物。

［2］鹿野之華苑：佛教地名。即鹿野苑。在中天竺波羅國。

［3］靈鷲之名山：即靈鷲山。又稱靈山、鷲峰。在古印度摩揭陀國王舍城東北。梵名耆闍崛，相傳爲釋迦牟尼講經處。

［4］堅固之貞林：即堅固林。娑羅樹別名。因其冬夏不凋，故譯爲堅固。相傳釋迦牟尼曾在林中講經。

［5］菴羅之芳園：即菴羅園。在古天竺毗耶離，也稱奈園。傳爲釋迦牟尼説經處。

［6］綷容：殿本、《廣文選》卷六、《百三家集》作“粹容”，誤。綷容，意同“晬容”，對人面容的敬稱。

［7］招提：梵語拓斫提奢，意爲四方。後省作“拓提”，誤爲“招提”。也指僧人及其住處。

［8］息肩：臨時休息的場所。參見原文下注。

［9］鐙（dēng）王之贈席：指佛教《維摩經》中所載菩薩事。參見《維摩詰經·佛國品》第一。鐙王，即菩薩。

［10］香積之惠餐：指佛教以餐惠人。《維摩詰經·香積品》稱有一個被稱爲衆香的國家，佛號香積，以香氣爲食。參見原文下注。

［11］賈誼《弔屈》：即《吊屈原賦》。見《賈誼集》。

［12］善貸且善成：見《老子》。意即善於施予萬物，而且善於成就萬物。

［13］四真諦：佛經用語。即佛教講的苦諦、滅諦、集諦、道諦四種真諦。解見安世高《四諦經》。

［14］《般若》《法華》：佛學用語。般若，漢譯爲智慧。即達到彼岸的智慧，解見《般若經》。法華，即妙法蓮華。爲佛教中最高大法，解見羅什譯《妙法蓮華經》。

［15］泥洹：佛教經義之一，宣揚人擺脱煩惱、超脱塵世等理論，宣傳這種理論的有《泥洹經》《大般泥洹經》等。參見前注。

［16］不思議：佛教經義之一，也稱不可思議，指事理奧妙神秘，無法使人想到説清。其經典《維摩詰經》中即有有關説教。參

見前注。

[17]《維摩經》：佛教經典之一，也稱《維摩詰經》。参見前注。

[18]温故知新：見《論語・爲政》。意即温習舊業，增加新知。

[19]待：萬曆本《謝康樂集》作"恃"。

　　爰初經略，[1]杖策孤征。[2]入澗水涉，登嶺山行。陵頂不息，窮泉不停。櫛風沐雨，犯露乘星。研其淺思，罄其短規。非龜非筮，擇良選奇。翦榛開逕，尋石覓崖。四山周回，雙流逶迤。面南嶺，建經臺；倚北阜，築講堂。傍危峰，立禪室；臨浚流，列僧房。對百年之高木，[3]納萬代之芬芳。抱終古之泉源，美膏液之清長。謝麗塔於郊郭，殊世間於城傍。欣見素以抱樸，果甘露於道場。[4]云初經略，躬自履行，備諸苦辛也。罄其淺短，無假於龜筮，貧者既不以麗爲美，所以即安茅茨而已。是以謝郊郭而殊城傍。然清虛寂寞，實是得道之所也。

[1]經略：經營，籌劃。
[2]杖策：扶杖而行。策，馬鞭，杖。
[3]高木：萬曆本《謝康樂集》作"喬木"。
[4]道場：宣講佛法或修道頌經的場所。

　　苦節之僧，明發懷抱。事紹人徒，心通世表。[1]是遊是憩，倚石構草。寒暑有移，至業莫矯。觀三世以其夢，[2]撫六度以取道。[3]乘恬知以寂泊，含和理之窈窕。指東山以冥期，[4]實西方之潛兆。
雖一日以千載，猶恨相遇之不早。謂曇隆、法流二法
師也。[5]二公辭恩愛，棄妻子，輕舉入山，外緣都絶，魚肉不
入口，糞掃必在體，物見之絶嘆，而法師處之夷然。詩人西
發不勝造道者，其亦如此。往石門瀑布中路高棲之游，[6]昔告
離之始，期生東山，没存西方。相遇之欣，實以一日爲千載，
猶慨恨不早。

[1]世表：人世之外。

[2]三世：佛教教義之一，以過去、現在、未來爲三世。

[3]六度：佛教用語。即六波羅蜜，也譯作“六到彼岸”。

[4]東山：山名。在今浙江上虞市西南，原爲晉太傅謝安等人
隱居之地，後也代指隱居。　冥期：終老的時期。冥，舊時指人世
之外的另一個世界，即“陰間”。

[5]曇隆：僧人名。本書僅此一見，其事不詳。　法流：僧人
名。本書僅見於此，其事不詳。

[6]石門：地名。約在今浙江嵊州市北部一帶。

　　賤物重己，棄世希靈。駭彼促年，[1]愛是長生。
冀浮丘之誘接，[2]望安期之招迎。[3]甘松桂之苦味，
夷皮褐以頦形。羨蟬蜕之匪日，[4]撫雲蜺其若驚。[5]
陵名山而屢憩，過巖室而披情。雖未階於至道，且
緬絶於世纓。[6]指松菌而興言，良未齊於殤彭。[7]此
一章叙仙學者雖未及佛道之高，然出於世表矣。浮丘公是王
子喬師，[8]安期先生是馬明生師，[9]二事出《列仙傳》。[10]
《洞真經》云：[11]“今學仙者亦明師以自發悟，故不辭苦味
頦形也。”莊周云：“和以天倪。”[12]倪者，崖也。數經歷名
山，遇余巖室，披露其情性，且獲長生。方之松菌殤彭，邈

然有間也。

[1]促年：短壽。促，短暫，急促。

[2]浮丘：人名。即浮丘公。傳説中的得道仙人，曾傳授王子喬得道之法，迎接其上嵩高山成仙。參見《列仙傳》及本段原文下注。

[3]安期：人名。即安期先生。傳説中得道仙人，曾以馬明生爲徒，授之以得道升仙之法。參見《列仙傳》及本段原文下注。

[4]蟬蜕：原指炸蟬所蜕之殼，即蟬衣，道教指有道之人尸解登仙。

[5]雲蜺：指雲和虹，也作“雲霓”。

[6]世纚：世代的纚繼、延續。纚，繞。

[7]殤彭：此句從《莊子·齊物論》中衍化而來。原文爲“莫壽於殤子，而彭祖爲夭”。

[8]王子喬：人名。又稱王子晋，相傳爲周靈王太子，後得道成仙，乘鶴升天。

[9]馬明生：人名。傳爲安期先生之徒，後亦得道仙去。參見《列仙傳》及本段原文下注。

[10]《列仙傳》：書名。舊題漢·劉向撰，二卷，記述傳説中的仙人七十一人，各附贊語。實爲漢末方士僞托之作。

[11]《洞真經》：經書名。全名《大洞真經》，相傳由東晋魏夫人傳接楊羲，共三十九篇，述修真之道，以養氣存神，以期召真辟非，成道升天。

[12]和以天倪：見《莊子·齊物論》。意即協調事物間的區別。天倪，郭象注“自然之分也”，即事物本來的差別。

　　山作水役，不以一牧。資待各徒，隨節競逐。陟嶺刊木，除榛伐竹。抽筍自篁，[1]摘箬于谷。[2]楊勝所拮，[3]秋冬藟獲。[4]野有蔓草，獵涉蘡薁。[5]亦醞山清，介爾景福。苦以术成，[6]甘以櫏熟。[7]慕椹高林，剥茋巖椒。[8]掘蒨陽崖，[9]摘櫏陰摽。[10]晝見搴茅，宵見索綯。[11]茋菰䕮蒲，以薦以茭。既坭既埏，[12]品收不一。其灰其炭，咸各有律。六月採蜜，八月樸栗。[13]備物爲繁，略載靡悉。此一章謂是山作及水役採拾諸事也，然漁獵之事皆不載。楊，楊桃也。山間謂之木子。藟音覆，字出《字林》。《詩》人云："六月食鬱及薁。"[14]獵涉字出《爾雅》。术，术酒，味苦。櫏，櫏酒，味甘。並至美，兼以療病。櫏治癰核，术治痰冷。椹音甚，味似菰菜而勝，刊木而作之，謂之慕。茋音及，採以爲紙。蒨音倩，採以爲渫。[15]櫏音趁，採以爲飲。採蜜撲栗，各隨其月也。

[1]篁（huáng）：竹林。

[2]擿（zhāi）：同"摘"，挑，選取。　箬（ruò）：竹的一種，即箬竹。産於江浙一帶，其葉可以爲茶。

[3]楊：植物名。即楊桃，俗名木子。參見原文下注。

[4]藟（fú）：植物名。一種多年生蔓草，花相連，根色白，可蒸食。

[5]蘡（yīng）薁（yù）：植物名。藤本植物，別名野葡萄。夏季開花，果實可釀酒，根藤實葉皆可入藥。

[6]术：即术酒。味苦。參見原文下注。

[7]櫏（shěn）：即櫏酒。用櫏木汁釀製而成，味甘甜。參見原文下注。

[8]茋（jǐ）：草名。又稱堇草、烏頭。

[9]蒨：草名。即蒨草。可以染絳。

[10]櫏（xiān）：同"鮮"，新鮮味美。　摽（biào）：墜落。

[11]晝見搴（qiān）茅，宵見索綯（táo）：從《詩·豳風·七月》"晝爾于茅，宵爾索綯"句衍化而來。搴茅，采伐茅草。搴，拔取。索綯，絞製繩索。綯，繩。

[12]坭（ní）：同"泥"。埏（yán）：以水和土。

[13]樸：同"撲"，擊。

[14]六月食鬱及薁：見《詩·豳風·七月》。意即六月是食用李子、葡萄等水果的季節。鬱，水果名。即鬱李。果實像李子。

[15]渫（yì）：蔥。


　　若迤南北兩居，水通陸阻。觀風瞻雲，方知厥所。兩居謂南北兩處，各有居止。峰崿阻絕，[1]水道通耳。觀風瞻雲，然後方知其處所。


[1]峰崿（è）：山崖。


　　南山則夾渠二田，周嶺三苑。九泉別澗，五谷異巘。[1]群峰參差出其間，連岫複陸成其坂。眾流溉灌以環近，諸堤擁抑以接遠。遠堤兼陌，近流開湍。凌皋泛波，水往步還。還回往匝，枉渚員巒。[2]呈美表趣，胡可勝單。抗北頂以葺館，瞰南峰以啓軒。[3]羅曾崖於户裏，列鏡瀾於窗前。因丹霞以頹楣，[4]附碧雲以翠椽。視奔星之俯馳，顧□□之未牽。[5]鶤鴻翻翥而莫及，何但鷽雀之翩翾。[6]泬泉傍出，[7]潺湲於東檐；桀壁對跱，[8]硿礲於西霤。[9]脩竹葳蕤以翳薈，灌木森沈以蒙茂。蘿曼延以攀援，花芬薰而媚秀。日月投光於柯間，風露披清於嵼岫。[10]夏涼寒煥，隨時取適。階基回互，橑檽乘隔。[11]此焉卜寢，翫水弄石。邇即回眺，終歲罔斁。[12]傷美物之遂化，怨浮齡之如借。眇遁逸於人群，長寄心於雲霓。南山是開創卜居之處也。[13]從江樓步路，[14]跨越山嶺，綿亙田野，或升或降，當三里許。塗路所經見也，則喬木茂竹，緣畛彌阜，[15]橫波疏石，側道飛流，以爲寓目之美觀。及至所居之處，自西山開道，[16]迄于東山，[17]二里有餘。南悉連嶺疊鄣，青翠相接，雲煙霄路，殆無倪際。從逕入谷，凡有三口。方壁西南石門世□南□池東南，[18]皆別載其事。緣路初入，行於竹逕，半路闊，以竹渠澗。既入東南傍山渠，展轉幽奇，異處同美。路北東西路，因山爲鄣。正北狹處，踐湖爲池。南山相對，皆有崖巖。東北枕壑，下則清川如鏡，傾柯盤石，被隩映渚。[19]西巖帶林，去潭可二十丈許，葺基構宇，在巖林之中，水衛石階，開窗對山，仰眺曾峰，俯鏡濬壑。去巖半嶺，復有一樓。迴望周眺，既得遠趣，還顧西館，望對窗户。緣崖下者，密竹蒙逕，從北直南，悉是竹園。東西百丈，南北百五十五丈。北倚近峰，南眺遠嶺，四山周回，溪澗交過，水石林竹之美，巖岫隈曲之好，[20]備盡之矣。刊翦開築，此焉居處，細趣密翫，非可具記，故較言大勢耳。越山列其表側傍緬□□爲異觀也。[21]


[1]巘（yǎn）：山峰。也指小山。

[2]員巒：四周的山巒。員，同“圓”。

[3]毆：各本並作“殷”，中華本據《類聚》卷六四、萬曆本《謝康樂集》改。

[4]赬（chēng）：赤紅色。

[5]□□：三朝本、北監本、毛本、殿本、局本及《謝康樂集》並闕，一本作“飛埃”。

[6]翾（xuān）：指鳥輕輕展翅飛翔。

[7]氿（guǐ）泉：從側面流出的泉水。

[8]桀壁：峭壁。　跱（zhì）：同"峙"。止，立。

[9]硿礲：巖石隆起。　霤：屋檐下的水槽。《禮記·玉藻》："頤霤，垂拱，視下而聽上，視帶以及袥，聽鄉任左。"孔穎達疏："霤，屋檐。"

[10]嵬（wēi）：高峻。

[11]橑（liáo）欞（líng）：屋椽和窗欞。也指房檐前的橫木。

[12]罔斁（dù）：不腐敗。斁，敗壞。

[13]南山：地名。在謝靈運別墅附近，即今浙江嵊州市江東村一帶。

[14]江樓：地名。約在今浙江嵊州市江東村一帶。

[15]畛（zhěn）：田間的小路。

[16]西山：地名。在謝靈運始寧墅附近，約今浙江嵊州市江東村境内。

[17]東山：山名。約在今浙江嵊州市江東村一帶。

[18]世□南□：三朝本、北監本、毛本、殿本、局本及《謝康樂集》闕二字，一本"世"下有"稱"，"南"下有"有"字。

[19]隩（yù）：水岸内曲處。

[20]隈（wēi）：山水彎曲處。

[21]□□：三朝本、北監本、毛本、殿本、局本及《謝康樂集》並闕，一本作"雲霓"。


因以小湖，鄰於其隈。眾流所湊，萬泉所回。氿濫異形，[1]首毖終肥。[2]別有山水，路邈緬歸。氿濫、肥毖，皆是泉名，事見於《詩》。云此萬泉所湊，各有形勢。

[1]沁濫：泉名。又稱沁泉。參見原文下注。

[2]首愍終肥：泉水名。即肥愍。又稱肥泉，在今河南淇縣境內。

　　求歸其路，迤界北山。[1]棧道傾虧，蹬閣連卷。復有水逕，繚繞回圓。瀰瀰平湖，[2]泓泓澄淵。孤岸竦秀，長洲芊綿。[3]既瞻既眺，曠矣悠然。及其二川合流，異源同口。赴隘入險，俱會山首。瀨排沙以積丘，峰倚渚以起阜。石傾瀾而捎巖，木映波而結藪。逕南漘以橫前，[4]轉北崖而掩後。隱叢灌故悉晨暮，託星宿以知左右。往反經過，自非巖瀾，便是水逕，洲島相對，皆有趣也。

[1]北山：山名。在謝靈運別墅附近，約今浙江嵊州市江東村一帶。

[2]瀰（mí）瀰：水深且滿的樣子。

[3]芊（qiān）綿：草木茂密繁盛。

[4]南漘（chún）：南面的水邊。漘，水邊。

　　山川澗石，州岸草木。既標異於前章，亦列同於後牘。山匪岨而是岵，川有清而無濁。石傍林而插巖，泉協澗而下谷。淵轉渚而散芳，岸靡沙而映竹。草迎冬而結葩，樹凌霜而振綠。向陽則在寒而納煦，面陰則當暑而含雪。連岡則積嶺以隱嶙，舉峰則群竦以巉嶭。[1]浮泉飛流以寫空，[2]沈波潛溢於洞穴。凡此皆異所而咸善，殊節而俱悅。土山載石曰岨，山有林曰岵。此章謂山川眾美，亦不必有，故總叙其最。

居山之後事，亦皆有尋求也。

[1]巇（jié）嶭（niè）：形容山峰高峻。
[2]寫（xiè）空：從空中傾流而下。寫，同"瀉"。

　　春秋有待，朝夕須資。既耕以飯，亦桑貿衣。藝菜當肴，採藥救頹。自外何事，順性靡違。法音晨聽，放生夕歸。研書賞理，敷文奏懷。凡厥意謂，揚較以揮。[1]且列于言，誠特此推。[2]謂寒待綿纊，暑待絺綌，[3]朝夕飡飲，設此諸業以待之。藥以療疾，又在其外，事之相推，自不得不然。至於聽講放生，研書敷文，皆其所好。韓非有《揚較》，[4]班固亦云"揚較古今"，其義一也。左思曰："爲左右揚較而陳之。"

[1]揚較：顯明，使之彰顯。揚，顯。較，明。
[2]誠特：李慈銘《宋書札記》云："誠特疑試待之誤。"
[3]絺（chī）綌（xì）：葛布。絺，指細葛布。綌，指粗葛布。
[4]韓非：人名。戰國時韓國人。《史記》卷六三有傳。著有《韓非子》一書，但今本有《揚權》而無《揚較》篇，至於二者是否一篇内容的誤題，學者之間有不同看法。見梁啟雄《韓子淺解·揚權》題解。

　　北山二園，南山三苑。百果備列，乍近乍遠。羅行布株，迎早候晚。猗蔚溪澗，森疏崖巘。杏壇、榛園，[1]橘林、栗圃。[2]桃李多品，梨棗殊所。[3]枇杷林檎，帶谷映渚。楟梅流芬於回巒，椑柿被實於長浦。[4]莊周云："漁父見孔子杏壇之上。"[5]

《維摩詰經》柰樹園。揚雄《蜀都賦》云橘林。左太沖亦云："户有橘柚之園。"桃李所殖甚多，棗梨事出北河、濟之間，淮、潁諸處，故云殊所也。

[1]杏壇：地名。傳説孔子聚徒講學處，約在今山東曲阜市一帶。　柰（nài）園：果園名。又稱柰樹園，相傳爲釋迦牟尼講經處。參見原文下注。柰，俗名海棠果。

[2]橘林：果園。以種植橘樹見稱。按：此指揚雄《蜀都賦》所記橘林。參見原文下注。

[3]殊所：不同的處所、産地。

[4]椑（bēi）：椑柿。果樹名。汁可做漆，也稱漆柿。

[5]漁夫見孔子杏壇之上：見《莊子·漁父》。

　　畦町所藝，含蘂藉芳，蓼蕺葼薺，[1]葑菲蘇薑。[2]緑葵眷節以懷露，[3]白薤感時而負霜。[4]寒葱摽倩以陵陰，春藿吐苕以近陽。[5]葑菲見《詩·柏舟》中。管子曰：[6]"北伐山戎，得寒葱。"庾闡云，[7]寒葱挺園。灌蔬自供，不待外求者也。

[1]蕺（jí）：草名。即蕺菜。又稱魚腥草，蔓生地面，可入藥。　葼（zōng）：草名。　薺（jì）：菜名。即薺菜。

[2]葑（fēng）：菜名。即蔓菁。　菲：菜名。又名諸葛菜。蘇：草名。即紫蘇。又名桂荏。

[3]緑葵：菜名。又稱冬葵子。

[4]白薤（xiè）：菜名。草本植物，鱗莖名薤白，可食。

[5]春藿吐苕（tiáo）：春天的香草抽葉開花。藿，香草，即藿香。苕，花。

[6]管子：即管仲。春秋時齊國政治家，著有《管子》一書。

《史記》卷六二有傳。

[7]庾闡：人名。晉潁川鄢陵人。《晉書》卷九二有傳。


弱質難恒，頹齡易喪。撫鬢生悲，視顏自傷。承清府之有術，冀在衰之可壯。尋名山之奇藥，越靈波而憩轅。採石上之地黃，[1]摘竹下之天門。撥曾嶺之細辛，[2]拔幽澗之溪蓀。[3]訪鍾乳於洞穴，訊丹陽於紅泉。[4]此皆住年之藥，即近山之所出，有采拾，欲以消病也。


[1]地黃：草藥名。在采集和加工前後又有鮮地、生地、熟地之分。

[2]細辛：草藥名。又名小辛、少辛，可入藥。

[3]溪蓀：草藥名。即水菖蒲。生於溪澗，可入藥。

[4]丹陽：銅的別稱。　紅泉：紅色泉水。《洞冥記》載東方朔泛紅泉采仙草的故事，後遂以紅泉爲仙境之一。


安居二時，[1]冬夏三月。遠僧有來，近衆無闕。法鼓朗響，[2]頌偈清發。[3]散華霏蕤，流香飛越。析曠劫之微言，説像法之遺旨。乘此心之一豪，濟彼生之萬理。啓善趣於南倡，[4]歸清暢於北机。[5]非獨愜於予情，諒僉感於君子。山中兮清寂，群紛兮自絶。周聽兮匪多，得理兮俱悦。寒風兮搔屑，面陽兮常熱。炎光兮隆熾，對陰兮霜雪。愒曾臺兮陟雲根，[6]坐澗下兮越風穴。在兹城而諧賞，傳古今之不滅。衆僧冬夏二時坐，謂之安居，輒九十日。衆遠近聚萃，法鼓、頌偈、華、香四種，是齋講之事。析説是齋講之議。乘此之心，可濟彼之生。南倡者都講，北机者法師。山中靜寂，實是講説之處。兼有林木，可隨寒暑，恒得清和，以爲適也。

[1]安居二時：指佛教僧徒在冬夏二時靜坐以修行。參見原文下注。

[2]法鼓：佛寺所用的大鼓。

[3]頌偈（jì）：念頌佛經中的頌詞。頌，也作"誦"。偈，梵語偈佗的簡稱，多用三言至七言爲句，四句合爲一偈。

[4]南倡：又稱都講，佛家講經時唱經之人。

[5]北机：又稱法師，佛家講經時解釋經義之人。

[6]愒（qì）：休息。《詩・大雅・民勞》："民亦勞止，汔可小愒。"傳："愒，息。" 雲根：深山高遠雲起之處。

　　好生之篤，以我而觀。懼命之盡，吝景之歡。分一往之仁心，拔萬族之險難。招驚魂於殆化，收危形於將闌。漾水性於江流，吸雲物於天端。覩騰翰之頡頏，[1]視鼓鰓之往還。馳騁者儻能狂愈，猜害者或可理攀。云物皆好生，但以我而觀，便可知彼之情。吝景懼命，是好生事也。能放生者，但有一往之仁心，便可拔萬族之險難。水性雲物，各尋其生。老子云："馳騁田獵，令人心發狂。"[2]猜害者恒以忍害爲心，見放生之理，或可得悟也。

[1]頏（háng）頡（xié）：又稱"頡頏"，指鳥上下飛翔。《詩・邶風・燕燕》："燕燕於飛，頡之頏之。"傳："飛而上曰頡，飛而下曰頏。"

[2]馳騁田獵，令人心發狂：見《老子》第十二章。意即狩獵

以傷害生命爲樂，有礙於人的本性。畋，原作"敗"。

哲人不存，懷抱誰質。糟粕猶在，[1]啓縢剖褰。[2]見柱下之經二，[3]覩濠上之篇七。[4]承未散之全樸，救已頹於道術。嗟夫！六蓺以宣聖教，[5]九流以判賢徒。[6]國史以載前紀，家傳以申世模。篇章以陳美刺，論難以覈有無。兵技醫日，[7]龜筴筮夢之法，[8]風角冢宅，[9]算數律曆之書。或平生之所流覽，並於今而棄諸。驗前識之喪道，抱一德而不渝。莊周云，"輪扁語齊桓公，[10]公之所讀書，聖人之糟粕"。縢者，《金縢》之流也。柱下，老子。濠上，莊子。二、七，是篇數也。云此二書，最有理，過此以往，皆是聖人之教，獨往者所棄。

[1]糟粕：酒滓，比喻廢物或惡食。

[2]縢：《尚書》篇名。即《金縢》。記周公爲武王禱疾事。

[3]柱下之經二：指老子及所著書二篇。相傳老子曾爲周柱下史，供監察糾彈之職，所掌及侍立常在殿柱之下，故稱。經二，即《德經》《道經》，合稱《道德經》。

[4]濠上之篇七：指莊子及所著《莊子》一書。《莊子·秋水》記莊子與惠施游於濠梁之上，相與論辯鯈魚知樂與否，後因以濠上指莊子或逍遙閑游之所。篇七，即《莊子》內篇七篇。傳爲莊子所作。

[5]六蓺：即六經。儒家經典《詩》《書》《禮》《樂》《易》《春秋》的代稱。

[6]九流：各種人物。原指戰國時期儒家、道家等九個學派，後也作人物和學派的代稱。

[7]技：百技，工匠。　日：即日者。以觀察日月星辰等天文

現象爲職業並以此判斷人世吉凶禍福的人。

[8]龜筴（cè）筮夢之法：指以卜筮解夢爲職業的人，龜、筴、筮、夢各爲其手段。筴，同"策"，卜筮所撲之蓍。

[9]風角冢宅：指以觀察風水及冢墓住宅定人吉凶禍福的人。風角指通過觀察四角四隅風向以定吉凶，冢宅以所處方位定吉凶。後世俗稱爲風水師。

[10]莊周云：見《莊子·天道》。　輪扁：人名。春秋時齊國著名造車技師。　齊桓公：春秋時齊國國君，名小白，春秋初年五霸之一。事見《史記》卷三二《齊太公世家》。

伊昔齠亂，[1]實愛斯文。援紙握管，[2]會性通神。詩以言志，賦以敷陳。箴銘誄頌，咸各有倫。爰暨山棲，彌歷年紀。幸多暇日，自求諸己。研精靜慮，貞觀厥美。懷秋成章，含笑奏理。謂少好文章，及山棲以來，別緣既闌，[3]尋慮文詠，以盡暇日之適。便可得通神會性，以永終朝。

[1]齠（tiáo）亂（chèn）：垂髫換齒的時候，指童年。齠，又作"髫"，下垂的頭髮。亂，毀齒，即兒童換牙。

[2]握管：手持筆管。管，即筆。

[3]闌（lán）：阻隔。

若迺乘攝持之告，[1]評養達之篇。[2]畏絕迹之不遠，懼行地之多艱。均上皇之自昔，忌下衰之在游。[3]投吾心於高人，落賓名於聖賢。廣滅景於崆峒，[4]許遁音於箕山。[5]愚假駒以表谷，[6]涓隱巖以搴芳。[7]□□□□□□□□□□□□□□□□□□

萊庇蒙以織畚。<sup>[8]</sup>皓棲商而頤志,<sup>[9]</sup>卿寢茂而敷詞。<sup>[10]</sup>□□□□□,<sup>[11]</sup>鄭別谷而永逝。<sup>[12]</sup>梁去霸而之會,<sup>[13]</sup>□□□□□。<sup>[14]</sup>高居唐而胥宇,<sup>[15]</sup>臺依崖而穴堳。<sup>[16]</sup>咸自得以窮年,眇貞思於所遺。老子云:"善攝生者。"莊子云,謂之不善持生。又云,養生有無崖,達生者不務生之所無奈何。絶迹,上皇,下衰,賓名,義亦皆出莊周。廣成子在崆峒之上,黃帝之師也。許由隱於箕山,堯以天下讓而不取。愚公居于駒阜,齊桓公逐鹿入山,見之。涓子隱於宕山,好餌术,告伯陽《琴心》三篇。<sup>[17]</sup>庚桑楚得老子之道,<sup>[18]</sup>居畏壘之山。<sup>[19]</sup>楚狂接輿,<sup>[20]</sup>楚王聞其賢,<sup>[21]</sup>使使者聘之,於是遂游諸名山,在蜀峨眉山上。徐無鬼巖棲,<sup>[22]</sup>魏侯勞之,<sup>[23]</sup>問:"先生苦山林矣,乃肯見寡人。"無鬼問:"君絀嗜欲,屏好惡,則耳目察矣。"常采芋栗。老萊子耕於蒙山之陽,著書十五篇,言道家之事,織畚爲業。四皓避秦亂,入商洛深山,漢祖召不能出。<sup>[24]</sup>司馬長卿高才,而處世不樂預公卿大事,〔病免,家居茂陵。鄭子真耕隱谷口,大將軍王鳳禮聘不屈,〕<sup>[25]</sup>遂與弟子別於山阿,終身不反。梁伯鸞隱霸陵山中,耕織以自娛,後復入會稽山。臺孝威居武安山下,依崖爲土室,采藥自給。高文通居西唐山,從容自娛也。

[1]攝持之告:關於養生處世的告誡。此指注文中所及老、莊之語。詳見原文下注。

[2]養達:關於養生處世的篇章。此指莊子的有關言論。詳見原文下注。

[3]旃(zhān):旗幟名。赤色曲柄的旗。

[4]廣滅景於崆峒:指傳說中黃帝之師廣成子在崆峒山隱居事。廣,即廣成子,一說即老子。崆峒,山名。在今河南汝州市西南。

一説在今寧夏隆德縣東。

[5]許遁音於箕山：指傳説中上古高士許由爲逃避堯讓天下而隱遁於箕山事。許，即許由。事迹亦見《史記》卷六一《伯夷列傳》。箕山爲其隱居之地，在今河南登封市東南。

[6]愚假駒以表谷：指愚公隱居駒阜並被齊桓公發現事。詳見漢·劉向《説苑·政理》及本段靈運自注。愚，愚公。春秋時人，《漢書·古今人表》載其名。駒，駒阜，又稱愚公谷。在今山東青州市西南。

[7]涓隱巖以搴芳：指傳説中高士涓子隱居宕山並傳授伯陽（老子）音樂之法事。詳見漢·劉向《列仙傳》及本段靈運自注。涓，即涓子。事見《列仙傳》。巖，即宕山。芳，指其教授伯陽事。

[8]□……□：此處原缺十八字，三朝本、北監本、毛本、殿本、局本及萬曆本《謝康樂集》並闕，《百三家集》本《謝康樂集》有“庚作壘以葆和，輿涉莪而善狂”十二字，又“萊庇蒙以織畚”下，有“徐韜魏而採芋”六字。所闕前十二字，一本又作“庚依嶼以入道，輿却聘以徜徉”。中華本校勘記謂“疑皆後人據注文補入者，非靈運原文”。 萊庇蒙以織畚：指老萊子在蒙山隱居耕讀並以織畚爲業事。詳見《史記》卷六三《老子韓非列傳》。萊，老萊子，春秋時楚隱士。蒙，即蒙山。今址待考。畚（běn），用草繩或竹編織的盛物器具。

[9]皓棲商而頤志：指秦末四位高士入商洛山避亂事。詳見《史記》卷五五《留侯世家》及本段靈運自注。皓，四位皓首老人，名東園公、綺里季、夏黄公、甪里先生。商，即商洛山。在今陝西商洛市商州區南。

[10]卿寢茂而敷詞：指西漢司馬相如罷官歸隱茂陵事。參見《漢書》卷五七《司馬相如傳》及本段自注。卿，即長卿，司馬相如字。茂，即茂陵。漢武帝陵，後因置縣，在今陝西興平市一帶。

[11]□□□□□□：此缺六字，三朝本、北監本、毛本、殿本、局本並闕，《謝康樂集》連寫，無闕文。錢大昕《諸史拾遺》

卷六七

列傳第二十七

*3671*

云：“一本連寫，不云有闕，然以韻求之，亦不甚叶。”又一本作“籍嗜酒以長嘯”。

[12]鄭別谷而永逝：指西漢末鄭樸耕隱谷口不應辟召事。參見《漢書》卷七二《王吉傳》。鄭，即鄭樸。字子真。谷，地名。即谷口，又稱寒門，在今陝西禮泉縣境内。

[13]梁去霸而之會：指後漢人梁鴻先後在霸陵和會稽山隱居事。參見《後漢書》卷八三《梁鴻傳》。梁，即梁鴻。字伯鸞。霸，即霸陵。漢文帝陵，在今陝西西安市東。會，即會稽。今浙江紹興市一帶。

[14]□□□□□□：此闕六字，三朝本、北監本、毛本、殿本、局本並闕，《謝康樂集》連寫，不云有缺文。錢大昕《諸史拾遺》云：“一本連寫，不云有缺，然以韻求之，亦不甚叶。”

[15]高居唐而胥宇：指後漢人高鳳居西唐山躬耕自娛事。參見《後漢書》卷八三《高鳳傳》。高，即高鳳。字文通。唐，山名。又名西山、青山，即西唐山。在今河南葉縣西南。

[16]臺依崖而穴墀（chí）：指後漢人臺佟在武安山下築室隱居事。參見《後漢書》卷八三《臺佟傳》。臺，即臺佟。字孝威。墀，臺階。

[17]伯陽：即老子。字伯陽。見《史記》卷六三《老子韓非列傳》。　《琴心》：書名。傳爲涓子所著，三篇。

[18]庚桑楚：人名。戰國時楚人，老子弟子。也稱亢桑子。參見《莊子·庚桑楚》。楚，各本作“偏”，中華本據《謝康樂集》改。

[19]嵔（wēi）礨（léi）：山名。又作“畏壘”“碨礧”“嵔礧”，今址不詳。

[20]接輿：人名。相傳爲春秋時楚國隱士，佯狂避世，曾迎孔子車輿而歌，故名接輿。皇甫謐《高士傳》稱其姓陸名通，字接輿，不足取信。

[21]楚王：春秋時楚國國君，即楚昭王。公元前515至前489

年在位。

[22]徐無鬼：人名。戰國時魏隱士，緡山人。事見《莊子·徐
無鬼》。

[23]魏侯：戰國時魏國國君，即魏文侯。公元前445至前396
年在位。

[24]漢祖：即漢高祖劉邦。西漢開國君主。《漢書》卷一
有紀。

[25]"病免"至"王鳳禮聘不屈"：此二十二字，三朝本、北
監本、毛本、殿本、局本並空白，中華本據《謝康樂集》補。又一
本作"嘗著《子虛賦》。阮籍嗜酒，能嘯，聲若鳳音。鄭生好隱
居，入山中"，共二十三字。中華本謂其"蓋後人既妄補正文於前，
又妄補注文於後，皆非靈運原文"。王鳳，人名。漢魏郡元城人。
事見《漢書》卷九八《元后傳》。


暨其窈窕幽深，寂漠虛遠。事與情乖，理與形
反。既耳目之靡端，豈足跡之所踐。薀終古於三
季，[1]俟通明於五眼。[2]權近慮以停筆，抑淺知而絕
簡。謂此既非人跡所求，更待三明五通，[3]然後可踐履耳。
故停筆絕簡，不復多云，冀夫賞音悟夫此旨也。


[1]三季：時代名。夏商周三代末年。《國語·晋語一》："雖
當三季之王，亦不可乎?"注："季，末也。三季王，桀紂幽王也。"

[2]五眼：佛教稱肉眼、天眼、慧眼、法眼、佛眼爲五眼。認
爲肉眼、天眼僅能見事物幻相，慧眼、法眼能見實相，佛眼爲如來
眼，無事不見。

[3]三明：指三位博學通識的人。漢代段潁字紀明，與皇甫威
明、張然明稱涼州三明。晋諸葛恢、荀闓、蔡謨均字道明，人稱中
興三明。參見《後漢書》卷六五《段潁傳》、《晋書》卷七七《諸

葛恢傳》。　　五通：又稱五聖，指五位遠古時期的聖賢、帝王。《淮南子·脩務訓》：“若夫神農堯舜禹湯，可謂聖人乎？……以五聖觀之，則莫得無爲，明矣。”

　　太祖登祚，[1]誅徐羨之等，徵爲秘書監，[2]再召不起，上使光禄大夫范泰與靈運書敦獎之，[3]乃出就職。使整理秘閣書，補足遺闕。[4]又以晋氏一代，自始至終，竟無一家之史，令靈運撰《晋書》，[5]粗立條流。書〔竟不就。尋遷侍中，[6]日夕引見，賞遇甚厚。靈運詩書皆兼獨絕，每文竟，手自寫之，文帝稱爲二寶。既自以名輩，才能應參時政，初被召，便以此自許。既至，文帝唯以文義見接，每侍上宴，談賞而已。王曇首、王華、殷景仁等，[7]名位素不踰之，並〕見任遇，[8]靈運意不平，多稱疾不朝直。穿池植援，種竹樹菫，驅課公役，無復期度。出郭游行，或一日百六七十里，經旬不歸，既無表聞，又不請急。上不欲傷大臣，諷旨令自解。靈運乃上表陳疾，上賜假東歸。將行，上書勸伐河北，曰：

　　[1]太祖：宋文帝劉義隆廟號。

　　[2]秘書監：官名。秘書省長官，掌圖書典籍，考校古今，課試署吏。三品。

　　[3]光禄大夫：官名。屬光禄勳，多爲加官，安置閑退人員，無職掌。三品。　　范泰：人名。順陽舞陰人。本書卷六〇有傳。

　　[4]遺闕：各本作“闕文”，或脱“遺”字，中華本據《元龜》卷六四八補正。

　　[5]靈運撰《晋書》：係未完稿，僅完成三十六卷。見《隋

書·經籍志四》。

〔6〕侍中：官名。門下省官員，掌侍從皇帝左右，顧問應對，出則陪乘。三品。

〔7〕王曇首、王華、殷景仁：皆人名。二王爲琅邪臨沂人，殷爲陳郡長平人。本書卷六三各有傳。

〔8〕“竟不就”至“不踰之，並”：此八十九字，三朝本等本並脱，中華本據殿本、《南史》等補。

自中原喪亂，百有餘年，流離寇戎，湮没殊類。先帝聰明神武，哀濟群生，將欲盪定趙魏，[1]大同文軌，使久凋反於正化，偏俗歸於華風。運謝事乖，理違願絶，仰德抱悲，恨存生盡。況陵塋未幾，凶虜伺隙，預在有識，誰不憤嘆。而景平執事，[2]並非其才，且遘紛京師，豈慮託付。遂使孤城窮陷，莫肯拯赴。[3]忠烈囚朔漠，縣河三千，翻爲寇有。晚遣鎮戍，皆先朝之所開拓，一旦淪亡，此國耻宜雪，被於近事者也。又北境自染逆虜，窮苦備罹，徵調賦斂，靡有止已，所求不獲，輒致誅殞，身禍家破，闔門比屋，此亦仁者所爲傷心者也。

〔1〕趙魏：地區名。原趙國、魏國故地，約相當於今河北、河南二省黄河南北地區。

〔2〕景平：宋少帝劉義符年號（423—424）。是時朝政大權由徐羨之、傅亮等人掌握，即靈運所謂“執政”。參見本書卷四三兩人本傳。

〔3〕拯赴：各本並作“極”，萬曆本《謝康樂集》作“拯”，

《元龜》卷四七七作“拯赴”，中華本因據之以改。

　　咸云西虜舍末，[1]遠師隴外，東虜乘虛，[2]呼可掩襲。西軍既反，得據關中，長圍咸陽，還路已絕。雖遣救援，停住河東，遂乃遠討大城，[3]欲爲首尾。而西寇深山重阻，根本自固，徒棄巢窟，未足相拯。師老於外，國虛於内，時來之會，莫復過此。觀兵耀威，實在兹日。若相持未已，或生事變，忽值新起之衆，則異於今，苟乖其時，難爲經略，雖兵食倍多，則萬全無必矣。又歷觀前代，類以兼弱爲本，古今聖德，未之或殊。豈不以天時人事，理數相得，興亡之度，定期居然。故古人云：“既見天殃，又見人災，乃可以謀。”昔魏氏之強，[4]平定荆、冀，[5]乃乘袁、劉之弱；[6]晋世之盛，拓開吳、蜀，[7]亦因葛、陸之衰。[8]此皆前世成事，著於史策者也。自羌平之後，天下亦謂虜當俱滅，長驅滑臺，[9]席卷下城，奪氣喪魄，指日就盡。但長安違律，潼關失守，用緩天誅，[10]假延歲月，日來至今，[11]十有二載，是謂一紀，曩有前言。況五胡代數齊世，虜期餘命，盡於來年。自相攻伐，兩取其困，卞莊之形，[12]驗之今役。仰望聖澤，有若渴飢，注心南雲，爲日已久。來蘇之冀，實歸聖明，此而弗乘，後則未兆。即日府藏，誠無兼儲，然凡造大事，待國富兵强，不必乘會，於我爲易，貴在得時。器械既充，衆力粗足，方於前後，乃當有優。常議損益，久證冀州口數，百萬有餘，田賦之沃，著自《貢》典，[13]先才經創，基趾猶存，澄流引源，桑麻蔽野，強富之實，昭然可知。爲國長久之計，孰若一往之費邪！

[1]西虜：一種蔑稱。此指西秦鮮卑乞伏氏政權。

[2]東虜：一種蔑稱。此指北魏鮮卑拓跋氏政權。

[3]大城：地名。在今河北文安縣一帶。一説在今内蒙古杭錦旗。

[4]魏氏：即三國時魏國。

[5]平定荆、冀：指魏武帝曹操在東漢末年平定荆州牧劉表、冀州牧袁紹等勢力事。參見《三國志》卷一《魏書·武帝紀》。荆、冀，二州名。治所分别在今湖北荆州市及河北冀州市一帶。

[6]袁、劉：即東漢末年冀州牧袁紹和荆州牧劉表。二人事迹見《三國志》卷六《魏書·袁紹傳》和《劉表傳》。

[7]吳、蜀：國名。即三國時期割據江東的孫吳和割據巴蜀的劉漢。二國與魏國合稱三國。

[8]葛、陸：即諸葛亮、陸遜。分别爲蜀、吳兩國重臣。《三國志》卷三五、五八各有其本傳。

[9]滑臺：地名。在今河南滑縣東，時爲軍事重鎮。

[10]天誅：上天的誅伐，猶天討。

[11]至今：謝靈運上此表時，即宋文帝元嘉五年（428）。參見本書卷五《文帝紀》。

[12]卞莊：人名。春秋時魯國大夫，以勇武知名。

[13]《貢》：書名。即《禹貢》。上古地理著作，相傳爲夏禹所著。其記冀州“厥土惟白壤，厥賦惟上上，錯，厥田惟中中”，爲良田沃土和國家賦税所出重地。有關内容亦轉見《尚書·禹貢》。

或懲關西之敗，[1]而謂河北難守。二境形勢，表裏不同。關西雜居，種類不一，昔在前漢，屯軍霸上，[2]通火甘泉。[3]況乃遠戍之軍，值新故交代之際者乎！河北悉是舊户，差無雜人，連嶺判阻，三關作隘。[4]若遊騎長驅，則沙漠風靡；若嚴兵守塞，則冀方山固。昔隴西傷破，[5]量錯興言；匈奴慢侮，[6]賈誼憤嘆。方於今日，皆爲賒矣。[7]晉武中主耳，[8]值孫晧虐亂，[9]天祚其德，亦由鉅平奉策，[10]荀、賈折謀，[11]故能業崇當年，區宇一統。況今陛下聰明聖哲，天下歸仁，文德與武功並震，霜威共素風俱舉，協以宰輔賢明，諸王美令，岳牧宣烈，虎臣盈朝，而天威遠命，[12]亦何敵不滅，矧伊頑虜，假日而已哉。伏惟深機志務，久定神謨。臣卑賤側陋，竄景巖穴，實仰希太平之道，傾覿岱宗之封，[13]雖乏相如之筆，庶免史談之憤，[14]以此謝病京師，萬無恨矣。久欲上陳，懼在觸冒，[15]蒙賜恩假，暫違禁省，消渴十年，[16]常慮朝露，抱此愚志，昧死以聞。

[1]關西之敗：指晉安帝義熙末年劉裕率軍平定關中後又敗退之事。參見本書卷二《武帝紀中》。

[2]霸上：地名。在今陝西西安市東部一帶。

[3]甘泉：宮殿名。秦漢時的帝王行宮，在今陝西淳化縣西北甘泉宮一帶。

[4]三關：關隘名。即上黨關、壺口關和石陘關，分別在今山西省、河北省境内。

[5]隴西傷破：指西漢文帝時隴西地區因匈奴侵掠而殘破不堪，

太子家令鼂錯上疏安邊事。參見《漢書》卷四九《鼂錯傳》。隴西，地區名。今甘肅中西部一帶。

[6]匈奴慢侮：指匈奴因對吕后發有侮辱性信件，梁國太傅賈誼上疏勸擊匈奴事。參見《漢書》卷四八《賈誼傳》、《新書·匈奴》。

[7]賒：長，久，遥遠。

[8]晋武中主：晋武帝是位才能一般的君主。晋武，即晋武帝司馬炎。西晋開國之君。《晋書》卷三有紀。

[9]孫晧：人名。三國吳末代國君。吳郡富春人。《三國志》卷四八有傳。

[10]鉅平：西晋太傅羊祜封國。後因以鉅平或鉅平侯指羊祜。侯國在今山東泰安市南。羊祜，人名。泰山南城人，《晋書》卷三四有傳。

[11]荀、賈：即荀勖、賈充。西晋伐吳時，二人固諫不可，武帝不從，而吳果滅。參見《晋書》卷三九、四〇兩人本傳。

[12]威：各本作“或”，中華本據《元龜》卷四七七、萬曆本《謝康樂集》改。

[13]岱宗之封：即封禪泰山。爲歷代帝王盛舉。《史記》即有《封禪書》。岱宗，山名。即泰山。在今山東泰安市南。

[14]史談：即司馬談。司馬遷父，西漢武帝時任太史，後也因稱史談。

[15]罝（jū）：各本作“置”，中華本校勘記云：“按‘觸置’無義，當是‘觸罝’之誤。《詩·周南·兔罝》，肅肅兔罝。罝，罘也，網也。蓋借罝罘以喻法網，今改正。”

[16]消渴：本指身體所患的一種慢性病，今稱糖尿病，此處似借指自己被長期罷官閑置。按：靈運於宋建國前即曾因故罷官，其後閑多仕少。至上此疏時爲元嘉五年，在官場幾近十年無所事事，故有此不平之言。

靈運以疾東歸，而遊娛宴集，以夜續晝，復爲御史
中丞傅隆所奏，[1]坐以免官。是歲，元嘉五年。

[1]御史中丞：官名。御史臺長官，掌監察百官，糾彈不法。
三品。　傅隆：人名。北地靈州人。本書卷五五有傳。

靈運既東還，與族弟惠連、東海何長瑜、潁川荀
雍、泰山羊璿之，[1]以文章賞會，共爲山澤之游，時人
謂之四友。惠連幼有才悟，而輕薄不爲父方明所知。[2]
靈運去永嘉還始寧，時方明爲會稽郡。靈運嘗自始寧至
會稽造方明，過視惠連，大相知賞。時長瑜教惠連讀
書，亦在郡內，靈運又以爲絕倫，謂方明曰：“阿連才
悟如此，而尊作常兒遇之。何長瑜當今仲宣，[3]而飴以
下客之食。尊既不能禮賢，宜以長瑜還靈運。”靈運載
之而去。荀雍字道雍，官至員外散騎郎。璿之字曜璠，
臨川內史，[4]爲司空竟陵王誕所遇，[5]誕敗坐誅。長瑜文
才之美，亞於惠連，雍、璿之不及也。臨川王義慶招集
文士，[6]長瑜自國侍郎至平西記室參軍。[7]嘗於江陵寄書
與宗人何勖，[8]以韻語序義慶州府僚佐云：“陸展染鬢
髮，[9]欲以媚側室。青青不解久，星星行復出。”如此者
五六句，而輕薄少年遂演而廣之，凡厥人士，並爲題
目，皆加劇言苦句，[10]其文流行。義慶大怒，白太祖除
爲廣州所統曾城令。[11]及義慶薨，朝士詣第叙哀，何勖
謂袁淑曰：[12]“長瑜便可還也。”淑曰：“國新喪宗英，
未宜便以流人爲念。”廬陵王紹鎮尋陽，[13]以長瑜爲南
中郎行參軍，[14]掌書記之任。[15]行至板橋，[16]遇暴風

溺死。

[1]族弟惠連：據本書卷五三《謝方明傳》，惠連曾祖爲晋永嘉太守鐵，與靈運曾祖奕爲兄弟。同出晋太常裒。　東海：郡名。治所在今山東郯城縣西北。　何長瑜：人名。事迹詳下。　潁川：郡名。治所在今河南許昌市。　荀雍：人名。事迹詳下。　泰山：郡名。治所在今山東泰安市東。　羊璿之：人名。事迹詳下。

[2]方明：人名。即謝方明。本書卷五三有傳。

[3]仲宣：人名。即東漢末年王粲。字仲宣。《三國志》卷二一有傳。

[4]臨川：郡國名。治所在今江西撫州市臨川區。　内史：官名。掌封國行政事務，職比太守。五品。

[5]竟陵王誕：即劉誕。宋文帝子。本書卷七九有傳。竟陵爲其封國，在今湖北鍾祥市。

[6]臨川王義慶：即劉義慶。宋武帝弟長沙王劉道憐子，出繼臨川王劉道規。本書卷五一有附傳。

[7]國侍郎：官名。王國屬官，掌侍從左右，贊相威儀，通傳教令。八品。　平西記室參軍：官名。平西將軍屬官。掌文疏表奏，爲記室曹長官。七品。

[8]江陵：縣名。治所在今湖北荆州市荆州區。　何勗：人名。本書無傳，事迹散見本卷及卷四一、四二、四六、五九、七一、七四等。

[9]陸展：人名。吳郡吳人。事見本書卷九二《陸徽傳》。

[10]劇言苦句：戲言調笑及諷刺挖苦的話。劇，嬉戲。苦，挖苦。

[11]曾城：縣名。治所在今廣東增城市東北。

[12]袁淑：人名。陳郡陽夏人。本書卷七〇有傳。

[13]廬陵王紹：即劉紹。宋文帝第五子，出繼廬陵王劉義真。

其封國在今江西吉水縣北。本書卷六一有附傳。

[14]南中郎行參軍：官名。南中郎將自行辟除的屬官，掌參謀軍務。

[15]書：各本並脱“書”字，中華本據《南史》卷一九，《元龜》卷七二七、八九五補。

[16]板橋：地名。在今江蘇南京市西南。

靈運因父祖之資，生業甚厚。[1]奴僮既衆，[2]義故門生數百，[3]鑿山浚湖，功役無已。尋山陟嶺，必造幽峻，巖嶂千重，莫不備盡。登躡常著木履，[4]上山則去前齒，下山去其後齒。嘗自始寧南山伐木開逕，直至臨海，[5]從者數百人。臨海太守王琇驚駭，[6]謂爲山賊，徐知是靈運乃安。又要琇更進，琇不肯，靈運贈琇詩曰：“邦君難地險，旅客易山行。”在會稽亦多徒衆，驚動縣邑。太守孟顗事佛精懇，[7]而爲靈運所輕，嘗謂顗曰：“得道應須慧業文人，[8]生天當在靈運前，成佛必在靈運後。”顗深恨此言。

[1]生業：生活所依靠的産業。指前述田園、別業等。

[2]奴僮：奴婢、僮僕，地位猶如奴隸的一種依附人口，供生産、僕役等用。

[3]義故門生：東晉南朝時期的一種依附人口，地位在自由民之下、奴僮之上。

[4]履：《南史》卷一九，《元龜》卷八五五，《御覽》卷三八、卷六九八皆作“屐”。中華本校勘記謂作“屐”是。

[5]臨海：郡名。治所在今浙江臨海市東南。

[6]王琇：人名。琅邪臨沂人。《晉書》卷六五有附傳。

[7]孟顗：人名。平昌安丘人。事見本書卷六六《何尚之傳》。

[8]慧業：佛教指人的智慧和業緣。 文人：《御覽》卷六六引同本書，《南史》卷一九，《御覽》卷四九八、六五四作"丈人"。中華本校勘記云："蓋《南史》慧業句絶，丈人以稱孟顗，文義自較宋書爲勝。然慧業文人之語，已多見古人引用，故今因仍不改。"

會稽東郭有回踵湖，[1]靈運求决以爲田，太祖令州郡履行。此湖去郭近，水物所出，百姓惜之，顗堅執不與。靈運既不得回踵，又求始寧岯崲湖爲田，[2]顗又固執。靈運謂顗非存利民，正慮决湖多害生命，言論毀傷之，與顗遂構釁隙。因靈運橫恣，百姓驚擾，乃表其異志，發兵自防，露板上言。[3]靈運馳出京都，[4]詣闕上表曰："臣自抱疾歸山，[5]于今三載，[6]居非郊郭，事乖人間，幽棲窮巖，外緣兩絶，守分養命，庶畢餘年。忽以去月二十八日得會稽太守臣顗二十七日疏云：'比日異論噂嗒，[7]此雖相了，百姓不許寂默，今微爲其防。'披疏駭悗，不解所由，便星言奔馳，歸骨陛下。[8]及經山陰，[9]防衛彰赫，彭排馬槍，[10]斷截衢巷，[11]偵邏縱橫，[12]戈甲竟道。[13]不知微臣罪爲何事。及見顗，雖曰見亮，[14]而裝防如此，唯有罔懼。臣昔忝近侍，豫蒙天恩，若其罪迹炳明，文字有證，非但顯戮司敗，以正國典，普天之下，自無容身之地。今虛聲爲罪，何酷如之。夫自古讒謗，聖賢不免，然致謗之來，要有由趣。或輕死重氣，結黨聚群，或勇冠鄉邦，劍客馳逐。未聞俎豆之學，欲爲逆節之罪；山棲之士，而構陵上之矕。[15]今影迹無端，假謗空設，終古之酷，未之或有。匪咎其生，實悲其痛。誠復内省不疚，而抱理莫申。是以牽曳疾病，束骸歸款。仰憑陛下天鑒曲臨，則死之日，猶生之年也。臣憂怖彌日，羸疾發動，尸存恍惚，不知所陳。"

[1]回踵湖：湖泊名。在今浙江紹興市一帶。

[2]岯（péi）崲（huáng）湖：湖泊名。在今浙江嵊州市北。岯崲，《南史》卷一九作"休崲"。

[3]露板：不緘封的文書，也作"露版"。

[4]京都：即建康。宋朝國都所在，在今江蘇南京市。

[5]歸山：猶"歸田"，即罷官隱居山林。

[6]于今三載：據本傳，靈運於元嘉五年被賜假東歸，此稱"三載"，知其事在元嘉八年（431）。

[7]噂（zǔn）嗒（tà）：議論紛雜。也作"噂沓"。

[8]歸骨：本指安葬尸骸，此意即回到京師向宋文帝陳情。

[9]山陰：縣名。治所在今浙江紹興市。

[10]彭排：即盾牌。古時防禦型兵器。

[11]衢（qú）巷：街道。衢，大路。

[12]偵邏：偵察及巡邏的士兵。

[13]竟道：充滿道路。竟，充滿，自始至終。

[14]見亮：看到了實情。亮，透徹，顯露。

[15]陵上：陵辱皇帝，以下犯上。陵，同"凌"。侵辱。

　　太祖知其見誣，不罪也。不欲使東歸，[1]以爲臨川内史，加秩中二千石。[2]在郡遊放，不異永嘉，爲有司所糾。司徒遣使隨州從事鄭望生收靈運，[3]靈運執録望生，[4]興兵叛逸，遂有逆志。爲詩曰：“韓亡子房奮，[5]秦帝魯連恥。[6]本自江海人，忠義感君子。”追討禽之，送廷尉治罪。[7]廷尉奏靈運率部衆反叛，論正斬刑。上愛其才，欲免官而已。彭城王義康堅執謂不宜恕，[8]乃詔曰：“靈運罪釁累仍，誠合盡法。但謝玄勳參微管，[9]宜宥及後嗣，可降死一等，徙付廣州。”

[1]不欲使東歸：丁福林《校議》據《南史》卷一九《謝靈運傳》考證，此句作“不欲復使東歸”。因前已東歸一次，故加一“復”字，於文義爲長。

[2]加：三朝本空白，北監本、毛本、殿本、局本作“賜”。《元龜》卷一九〇、九三二作“加”。中華本據《元龜》補。

[3]州從事：官名。又稱從事史，州府屬官，多爲長官自辟，地位較低。

[4]執録：拘捕。録，逮捕。

[5]子房：人名。即張良。字子房，秦漢之際人，原韓國諸公子，以韓亡於秦，常懷復國之志。《史記》卷五五有傳。

[6]魯連：人名。即魯仲連。戰國齊人，游於趙。秦攻趙，或請尊秦爲帝，其力言不可。《史記》卷八三有傳。

[7]廷尉：官名。掌管刑獄，爲最高司法長官。三品。

[8]彭城王義康：即劉義康。宋武帝子。本書卷六八有傳。彭城爲其王國，治所在今江蘇徐州市。

[9]勳參微管：功勳像當年的管仲一樣。管，即管仲。

其後，秦郡府將宗齊受至涂口，[1]行達桃墟村，[2]見有七人下路亂語，疑非常人，還告郡縣，遣兵隨齊受掩討，遂共格戰，悉禽付獄。其一人姓趙名欽，山陽縣人，云："同村薛道雙先與謝康樂共事，[3]以去九月初，道雙因同村成國報欽云：[4]'先作臨川郡、犯事徙送廣州謝，給錢令買弓箭刀楯等物，使道雙要合鄉里健兒，[5]於三江口篡取謝。[6]若得者，如意之後，功勞是同。'遂合部黨要謝，不及。既還飢饉，緣路爲劫盜。"有司又奏依法收治，太祖詔於廣州行棄市刑。臨死作詩曰："龔勝無餘生，[7]李業有終盡。[8]嵇公理既迫，[9]霍生命亦殞。[10]悽悽凌霜葉，網網衝風菌。邂逅竟幾何，脩短非所愍。[11]送心自覺前，斯痛久已忍。恨我君子志，不獲巖上泯。"詩所稱龔勝、李業，猶前詩子房、魯連之意也。時元嘉十年，年四十九。所著文章傳於世。[12]子鳳，[13]蚤卒。

[1]秦郡：治所在今江蘇南京市六合區北。　宗齊受：人名。《南史》卷一九作"宋齊受"。本書僅此一見，其事不詳。　涂口：各本作"除口"，中華本據《南史》卷一九改。其校勘記云："按涂口，今江蘇六合縣瓜埠口。"

[2]桃墟村：地名。約在今江蘇南京市六合區瓜埠鎮一帶。

[3]薛道雙：人名。本書僅此一見，其事不詳。

[4]成國：人名。本書僅此一見，其事不詳。

[5]要合：糾集，組織。要，同"邀"。約請。

[6]三江口：地名。約在今江蘇南京市六合區一帶。

[7]龔勝：人名。西漢彭城人，漢末因不滿王莽篡漢而辭官歸家。王莽派人邀他入仕，他以爲恥，不食而死。《漢書》卷七二有傳。

[8]李業：人名。東漢蜀郡梓潼人。公孫述據蜀時持毒酒徵其入仕，意即或入仕或飲酒，必選其一。其飲酒而死。《後漢書》卷

八一有傳。

[9]嵇公：即嵇康。三國魏譙郡人，因不滿司馬氏篡魏，被殺。
《三國志》卷二一有附傳。

[10]霍生：即霍原。西晉燕國廣陽人。王浚於晉末謀稱帝，邀
其入仕，因不從被殺。《晉書》卷九四有傳。

[11]脩短：長短，指生命短促。

[12]傳於世：靈運所著文章多篇，被後人編爲《謝康樂集》
二十卷，於宋代以前亡佚。今傳世者多爲明人或近人所輯。

[13]鳳：人名。即謝鳳。元嘉中隨靈運徙嶺南，早卒。有子超
宗，顯於齊。參見《南齊書》卷三六《謝超宗傳》及《南史》卷
一九《謝超宗傳》。

史臣曰：民稟天地之靈，含五常之德，剛柔迭用，
喜愠分情。夫志動於中，則歌詠外發。六義所因，[1]四
始攸繫，[2]升降謳謠，紛披風什。雖虞夏以前，[3]遺文不
覩，稟氣懷靈，理無或異。然則歌咏所興，宜自生民始
也。[4]周室既衰，風流彌著。[5]屈平、宋玉，[6]導清源於
前；賈誼、相如，振芳塵於後，英辭潤金石，高義薄雲
天。自茲以降，情志愈廣。王褒、劉向、揚、班、崔、
蔡之徒，[7]異軌同奔，遞相師祖。雖清辭麗曲，時發乎
篇，而蕪音累氣，固亦多矣。若夫平子艷發，[8]文以情
變，絕唱高蹤，久無嗣響。至于建安，[9]曹氏基命，二
祖陳王，[10]咸蓄盛藻，甫乃以情緯文，以文被質。自漢
至魏，四百餘年，辭人才子，文體三變。相如巧爲形似
之言，班固長於情理之說，子建、仲宣以氣質爲體，[11]
並標能擅美，獨映當時。是以一世之士，各相慕習，原
其颷流所始，莫不同祖《風》《騷》。[12]徒以賞好異情，

故意製相詭。降及元康，[13]潘、陸特秀，[14]律異班、賈，[15]體變曹、王，縟旨星稠，繁文綺合。綴平臺之逸響，[16]採南皮之高韻，[17]遺風餘烈，事極江右。[18]有晉中興，玄風獨振，爲學窮於柱下，博物止乎七篇，[19]馳騁文辭，義單乎此。自建武暨乎義熙，[20]歷載將百，雖綴響聯辭，波屬雲委，莫不寄言上德，託意玄珠，遒麗之辭，無聞焉爾。仲文始革孫、許之風，[21]叔源大變太元之氣。[22]爰逮宋氏，顏、謝騰聲。[23]靈運之興會標舉，延年之體裁明密，並方軌前秀，垂範後昆。若夫敷衽論心，商榷前藻，工拙之數，如有可言。夫五色相宣，[24]八音協暢，[25]由乎玄黃律呂，[26]各適物宜。欲使宮羽相變，[27]低昂互節，[28]若前有浮聲，則後須切響。一簡之內，音韻盡殊；兩句之中，輕重悉異。妙達此旨，始可言文。至於先士茂製，諷高歷賞，子建函京之作，[29]仲宣霸岸之篇，[30]子荊零雨之章，[31]正長朔風之句，[32]並直舉胸情，非傍詩史，正以音律調韻，取高前式。自《騷》人以來，多歷年代，雖文體稍精，而此秘未覩。[33]至於高言妙句，音韻天成，皆闇與理合，匪由思至。張、蔡、曹、王，[34]曾無先覺；潘、陸、謝、顏，[35]去之彌遠。世之知音者，有以得之，知此言之非謬。如曰不然，請待來哲。

[1]六義：指《詩經》文體。《詩》有六義，即風、雅、頌、賦、比、興。其中風是各國民歌，雅是周朝國都之歌，頌是廟堂祭祀樂章，三者統稱爲詩之制；賦爲鋪敍其事，比是指物譬喻，興是借物起興，三者謂爲詩之法。合爲六義。

〔2〕四始：以《風》《小雅》《大雅》《頌》四者爲王道興衰之所由，故稱四始。

〔3〕虞夏：傳説中時代名。即虞舜、夏禹之時。

〔4〕生民：指人類。《詩·大雅》有"生民之什"章，其《生民》詩記周人始祖后稷誕生成長故事。

〔5〕風流：指詩歌的流行、推廣。風，原爲《詩經》中的一部分，後亦指詩歌。

〔6〕屈平：人名。即屈原。名平。戰國時楚國人。《史記》卷八四有傳。　宋玉：人名。戰國時楚國人。《史記》卷八四有傳。

〔7〕王襃：人名。字子淵，西漢蜀資中人，文學家，善詩賦。《漢書》卷六四下有傳。　劉向：人名。字子政，西漢末年人。事見《漢書》卷三六《楚元王傳》。　揚：即揚雄。字子雲，西漢末蜀郡成都人，長於辭賦，多仿司馬相如。《漢書》卷八七有傳。班：即班固。字孟堅，東漢扶風安陵人，史學家，亦工辭賦。事見《後漢書》卷四〇《班彪傳》。　崔：即崔駰。字亭伯，東漢涿郡安平人，博學善屬文。《後漢書》卷五二有傳。　蔡：即蔡邕。字伯喈，東漢陳留圉人，工於辭賦。《後漢書》卷六〇下有傳。

〔8〕平子：人名。即張衡。字平子，東漢南陽西鄂人，以辭賦知名。《後漢書》卷五九有傳。

〔9〕建安：漢獻帝劉協年號（196—220）。

〔10〕二祖陳王：即三國魏太祖曹操、高祖曹丕和陳思王曹植。俗稱"三曹"，各爲當時政治人物及文學家。《三國志》卷一、二、一九各有紀、傳。二祖，《文選》作"三祖"，謂操、丕和明帝曹叡。

〔11〕子建、仲宣：皆人名。即曹植、王粲。《三國志》卷一九、二一各有傳。

〔12〕《風》《騷》：即《詩經》《楚辭》，先秦時期文學名著的組成部分，又稱《國風》《離騷》。

〔13〕元康：晉惠帝司馬衷年號（291—299）。

[14]潘：即潘岳。字安仁，西晉滎陽中牟人，長於辭賦。《晉書》卷五五有傳。　陸：即陸機、陸雲兄弟。分別字士衡、士龍。西晉吳郡吳人，以辭賦聞名，史稱"二陸"。《晉書》卷五四各有傳。

[15]班、賈：即班固、賈誼。二人均爲兩漢時期文學家。

[16]平臺之逸響：指西漢梁孝王劉武在梁園平臺一帶交結司馬相如、枚乘、鄒陽等文士並因之開創一代文風事。參見《史記》卷五八《梁孝王世家》。平臺，地名。在今河南商丘市東南。

[17]採南皮之高韻：指三國魏文帝曹丕游於南皮，文士應瑒、徐幹著文相和事。參見《三國志》卷二一《魏書·王粲傳》及注。南皮，地名。在今河北南皮縣。

[18]江右：地區名。本指長江下游以西地區，此代指西晉。

[19]博物止乎七篇：指莊子及其所著《莊子·内篇》七篇。六朝人將其與《老子》《周易》並稱"三玄"。

[20]建武：晉元帝司馬睿年號（317—318）。　義熙：晉安帝司馬德宗年號（405—418）。

[21]仲文：人名。即殷仲文。東晉陳郡長平人。《晉書》卷九九有傳。　孫、許：即孫綽、許詢。東晉人。南朝宋·檀道鸞《續晉陽秋》曰："詢及太原孫綽，轉相祖尚，又加以三世之辭，而《詩》《騷》之體盡矣。詢、綽並爲一時文宗，自此作者悉體之。"

[22]叔源：人名。即謝混。字叔源，陳郡陽夏人。《晉書》卷七九有附傳。　太元：晉孝武帝司馬曜年號（376—396）。

[23]顏、謝：即顏延之、謝靈運。顏延之，字延年，琅邪臨沂人。本書卷七三有傳。

[24]五色：指青、黃、赤、白、黑五種顏色，也泛指各種色彩。　相宣：相互渲染、交融。宣，同"渲"。

[25]八音協暢：各種聲音協調、流暢。八音，古代稱金、石、絲、竹、匏、土、革、木八種樂器發出的聲音，其中金爲鐘，石爲磬，琴瑟爲絲，簫管爲竹，笙竽爲匏，塤爲土，鼓爲革，柷敔

爲木。

〔26〕玄黄律吕：即色彩音樂。玄黄，黑色和黄色。律吕，樂律的統稱。

〔27〕宫羽相變：音色有所變化。宫羽，即宫音、羽音。各爲古代五音組成部分，因泛指音樂。

〔28〕低昂互節：《文選》所載作“低昂舛節”。

〔29〕子建函京之作：指曹植《贈丁儀王粲》：“從軍度函谷，驅馬過西京。”函，即函谷關。原在今河南靈寶市，漢時移至今河南新安縣東北。曹植所指乃舊函谷關。京，即西京。西漢長安，在今陝西西安市東南。

〔30〕仲宣霸岸之篇：指東漢人王粲《七哀》：“南登霸陵岸，回首望長安。”霸岸，地名。即霸陵岸。在今陝西西安市東北。

〔31〕子荆零雨之章：指西晉人孫楚《征西官屬送於陟陽侯作詩》：“晨風飄歧路，零雨被秋草。”子荆，孫楚字。太原中都人。《晉書》卷五六有傳。

〔32〕正長朔風之句：指西晉人王讚《雜詩》：“朔風動秋草，邊馬有歸心。”正長，王讚字。晉義陽人，官至散騎侍郎。事見《文選》卷二九注引臧榮緒《晉書》。

〔33〕多歷年代，雖文體稍精，而此秘未覩：各本並闕“多歷年代雖文體稍精而”十字，中華本據《文選》卷五〇補。

〔34〕張、蔡、曹、王：即張衡、蔡邕、曹植、王粲。皆爲漢魏時期著名文學家。詳見此前各注。

〔35〕潘、陸、謝、顔：即潘岳、陸機、陸雲、謝靈運、顔延之。皆爲晉宋時期著名文學家。詳見此前各注。

# 宋書　卷六八

## 列傳第二十八

### 武二王

彭城王義康　南郡王義宣

　　彭城王義康,[1]年十二,宋臺除督豫司雍并四州諸
軍事、冠軍將軍、豫州刺史。[2]時高祖自壽陽被徵入
輔,[3]留義康代鎮壽陽。又領司州刺史,進督徐州之鍾
離、荊州之義陽諸軍事。[4]永初元年,[5]封彭城王,食邑
三千戶,進號右將軍。[6]二年,徙監南豫豫司雍并五州
諸軍事、南豫州刺史,[7]將軍如故。三年,遷使持節、
都督南徐兗二州揚州之晋陵諸軍事、南徐州刺史,[8]將
軍如故。太祖即位,[9]增邑二千戶,進號驃騎將軍,[10]
加散騎常侍,[11]給鼓吹一部。[12]尋加開府儀同三司。[13]
元嘉三年,[14]改授都督荆湘雍梁益寧南北秦八州諸軍

事、荆州刺史，[15]給班劍三十人，[16]持節、常侍、將軍如故。義康少而聰察，及居方任，職事修理。[17]

[1]彭城：王國名。治所在今江蘇徐州市。

[2]宋臺：晋末宋王行臺，具有發號施令、除授官吏的權力，職比朝廷。 督諸軍事：官名。地方最高軍事長官，總理所部軍務，多兼所督州刺史。 豫司雍并四州：豫、司、雍三州治所分別在今安徽壽縣、河南滎陽市西北、湖北襄陽市襄城區西南。時并州僑置，治所不詳。 冠軍將軍：官名。高級武官之一，位在輔國將軍上。三品。

[3]高祖：宋武帝劉裕廟號。 壽陽：地名。在今安徽壽縣。 被徵入輔：本書卷二《武帝紀中》：“元熙元年正月，詔遣大使徵公入輔。”元熙元年，即公元419年。

[4]徐州：治所在今江蘇徐州市。 鍾離：郡名。治所在今安徽鳳陽縣東北。 荆州：治所在今湖北荆州市荆州區。 義陽：郡名。治所在今河南信陽市。

[5]永初：宋武帝劉裕年號（420—422）。

[6]右將軍：官名。多爲軍府名號和他官加官，與前、左、後將軍並稱。三品。查本書卷四九《虞丘進傳》，劉義康在東晋末年已任右將軍，劉裕即帝位後加封義康彭城王，右將軍是維持原職。此處言“進號右將軍”，用詞不當。

[7]南豫州：治所在今安徽當塗縣。

[8]遷：各本並闕，中華本據《元龜》補。 使持節：官名。多爲軍事長官出鎮時的加官，手持皇帝授予的節杖，以示威權，同時可以享有更多的權力。 南徐：州名。治所在今江蘇鎮江市。兗：州名。治所在今山東曲阜市西。 揚州：州名。治所在今江蘇南京市。 晋陵：郡名。治所在今江蘇常州市。

[9]太祖：宋文帝劉義隆廟號。

[10]驃騎將軍：官名。高級武官之一，位居諸名號將軍之首，多爲重臣加官。二品。

[11]散騎常侍：官名。門下省長官，掌侍從左右，諫諍得失，顧問應對。三品。

[12]鼓吹：樂隊。多爲皇帝使用，有時也賜予將領或有功之臣。參見本書《樂志一》。

[13]開府儀同三司：官名。意即與太尉、司徒、司空禮制待遇相同，允許開設府署，自辟僚佐。一品。

[14]元嘉：宋文帝劉義隆年號（424—453）。

[15]湘：州名。治所在今湖南長沙市。　梁：州名。治所在今陝西漢中市。　益：州名。治所在今四川成都市。　寧：州名。治所在今雲南曲靖市。“寧”各本並脱，中華本據《元龜》卷二七八補。　南北秦：二州名。治所分别在今陝西漢中市和甘肅天水市。

[16]班劍：佩有帶花紋木劍的儀仗隊。漢制朝服帶劍，晋以木爲之，飾以花紋，謂之班劍，亦稱象劍，以爲儀仗。

[17]修理：處理事務完美而有條理。修，完美。

六年，司徒王弘表義康宜還入輔，[1]徵侍中、都督揚南徐兖三州諸軍事、司徒、録尚書事，[2]領平北將軍、南徐州刺史，[3]持節如故。二府並置佐領兵，[4]與王弘共輔朝政。弘既多疾，且每事推謙，自是内外衆務，一斷之義康。太子詹事劉湛有經國才，[5]義康昔在豫州，湛爲長史，[6]既素經情款，[7]至是意委特隆，人物雅俗，舉動事宜，莫不咨訪之。故前後在藩，多有善政，爲遠近所稱。九年，弘薨，又領揚州刺史。其年太妃薨，[8]解侍中，辭班劍。十二年，又領太子太傅，[9]復加侍中、班劍。

[1]司徒：官名。三公之一，名義上最高行政長官，多爲元老重臣加官。一品。　　王弘：人名。琅邪臨沂人。本書卷四二有傳。

[2]侍中：官名。掌侍從左右，顧問應對，諫諍糾察，傳諭御旨。三品。　　録尚書事：官名。尚書省最高行政長官，總録尚書省事務，職比宰相。一品。

[3]平北將軍：官名。高級將領之一，與平東、南、西三將軍並稱四平。三品。

[4]二府：指劉義康所統領的彭城王府和司徒府。　　置佐領兵：設置佐吏，配置衛隊，以幫助處理日常事務和安全保衛，同時也是府主身份地位的象徵。

[5]太子詹事：官名。太子府屬官，綜理府中事務，職比尚書令。三品。　　劉湛：人名。南陽涅陽人。本書卷六九有傳。

[6]長史：官名。州郡長官屬吏，爲官署掾屬之長，總領事務，兼備參謀咨詢。品秩隨府主高低不等。

[7]素經情款：已經有過的感情歸屬。素，本來的。情款，情意誠摯融洽。

[8]太妃：即宋武帝妃嬪王修容。劉義康生母，又稱彭城太妃。

[9]領：官制用語。指以本官暫領暫代他官他職，而不居其位，不任其官，有暫攝之意。　　太子太傅：官名。太子府屬官，掌輔導太子及東宮事務，與太子少傅並稱二傅。三品。

　　義康性好吏職，鋭意文案，糾剔是非，莫不精盡。既專總朝權，事決自己，生殺大事，以録命斷之。[1]凡所陳奏，入無不可，方伯以下，[2]並委義康授用，由是朝野輻湊，勢傾天下。義康亦自强不息，無有懈倦。府門每旦常有數百乘車，雖復位卑人微，皆被引接。又聰識過人，一聞必記，常所暫遇，終生不忘，稠人廣席，每標所憶以示聰明，人物益以此推服之。愛惜官爵，未嘗以階級私人，[3]凡朝士有才用者，皆引入己府，無施及忤旨，[4]即度爲臺官。[5]自下樂爲竭力，不敢欺負。太祖有虛勞疾，寢頓積年，每意有所想，[6]便覺心中痛裂，屬纊者相係。[7]義康入侍醫藥，[8]盡心衛奉，湯藥飲食，非口所嘗不進；或連夕不寐，彌日不解衣；内外衆事，皆專決施行。十六年，進位大將軍，[9]領司徒，辟召掾屬。

[1]録命：以録尚書事身份所發布的命令。宋制，録尚書職無不總，凡重號將軍刺史，皆得命曹授用，唯不得施除及加節。

[2]方伯：統領一方的地方長官。此處指刺史。按宋制規定，凡總録尚書者，皆有除授將軍刺史之權。

[3]階級：官吏的品階級别。

[4]無施：指沒有擔任職務的清閑官吏。施，施展，發揮能力。
忤旨：指因違忤上司意圖而獲罪之人。旨，意思，目的。

[5]度：引度，轉移，由此到彼。　臺官：尚書臺官吏。

[6]有：各本並脱，中華本據《元龜》卷二八五補。

[7]屬纊（kuàng）者相係：像被綿絮拴結一樣。屬，連接。纊，綿絮。

[8]入侍：各本並脱，中華本據《南史》卷一三《彭城王義康傳》、《元龜》卷二八五補。

[9]大將軍：官名。宋時爲最高軍事長官，職比太尉或大司馬，位在三司上。爲非常之官。


義康素無術學，[1]闇於大體，[2]自謂兄弟至親，不復存君臣形迹，率心逕行，曾無猜防。私置僮部六千餘人，[3]不以言臺。[4]四方獻饋，皆以上品薦義康，而以次者供御。上嘗冬月噉甘,[5]嘆其形味並劣,義康在坐曰:"今年甘殊有佳者。"遣人還東府取甘,[6]大供御者三寸。[7]尚書僕射殷景仁爲太祖所寵,[8]與太子詹事劉湛素善,而意好晚衰。[9]湛常欲因宰輔之權以傾之,景仁爲太祖所保持,[10]義康屢言不見用,湛愈憤。[11]南陽劉斌,[12]湛之宗也,有涉俗才用,[13]爲義康所知,自司徒右長史擢爲左長史。[14]從事中郎琅邪王履、主簿沛郡劉敬文、祭酒魯郡孔胤秀,[15]並以傾側自入,[16]見太祖疾篤,皆謂宜立長君。上疾嘗危殆,使義康具顧命詔。[17]義康還省,[18]流涕以告湛及殷景仁。湛曰:"天下艱難,詎是幼主所御?"[19]義康、景仁並不答,而胤秀等輒就尚書儀曹索晉咸康末立康帝舊事,[20]義康不知也。及太祖疾豫,[21]微聞之。而斌等既爲義康所寵,又威權盡在宰相,常欲傾移朝廷,使神器有歸。[22]遂結爲朋黨,伺察省禁,若有盡忠奉國,不與己同志者,[23]必構造愆釁,[24]加以罪黜。每採拾景仁短長,或虛造異同以告湛。自是主相之勢分,內外之難結矣。

[1]術學:學術,學識。

[2]闇於大體:對原則大事不明白。指不懂君臣大禮。

[3]僮部:私人武裝。僮,舊時指受人役使的人。部,部曲,由私人支配的軍隊。

[4]臺:朝廷禁省及中樞機構的代稱。

[5]甘:同"柑",即柑橘。一種水果。

[6]東府:地名。即東府城。爲宰相府衙所在。在今江蘇南京市內。

[7]供御：供應皇帝御用的物品。御，舊時指與皇帝有關的東西。

[8]尚書僕射：官名。尚書省官員之一，協助録、令處理省臺庶務。三品。　殷景仁：人名。陳郡長平人。本書卷六三有傳。

[9]晚衰：減退。晚，後來，晚期。

[10]保持：保護和維持，袒護。

[11]憤：因情緒不滿而激動。

[12]南陽：郡名。治所在今河南南陽市。　劉斌：人名。本書無傳，事迹散見卷三〇、三四、五八、六三、六六、七七等。

[13]涉俗：關涉世俗事務，意即有吏能才幹。

[14]司徒右長史：官名。司徒府屬官，掌府中事務，爲僚佐之長，位在左長史下。六品。　左長史：官名。與右長史同爲司徒府屬官，職掌相同，唯地位高於右長史。六品。

[15]從事中郎：官名。即司徒從事中郎。司徒府屬官，掌謀議機密等事。六品。　琅邪：郡名。治所在今山東臨沂市西北。　王履：人名。尚書僕射王球兄子。本書無傳，事迹散見本卷及本書卷五八《王球傳》。　主簿：官名。司徒府屬官，典領文書簿籍，經辦事務。六品。　沛郡：治所在今江蘇沛縣北。　劉敬文：人名。本書無傳，事迹散見本卷及本書卷六九《劉湛傳》。　祭酒：官名。即司徒祭酒。掌府中禮儀祭祀等。六品。　魯郡：治所在今山東曲阜市。　孔胤秀：人名。本書無傳，事迹散見本卷及本書《王球傳》。

[16]傾側：傾心，一心嚮往。

[17]具顧命詔：準備安排後事的詔書。具，備，準備。顧命，臨終遺命。

[18]還省：回到尚書省。省，即尚書省。時由劉義康綜理事務。

[19]詎：何，豈。

[20]儀曹：官名。尚書省衆曹之一，負責禮儀慶典等事務。各

本及《通鑑》並作“議曹”，中華本據《南史》卷一三改。　晋咸康末立康帝舊事：即東晋成帝末年權臣庾冰等人謀立康帝之事。事見《晋書》卷七《康帝紀》。咸康，晋成帝司馬衍年號（335—342）。康帝，即司馬岳。晋成帝同母弟。《晋書》卷七有紀。

［21］疾豫：病好。豫，同“愈”。

［22］神器：帝位。

［23］同志：志趣相同，同謀。

［24］構造愆（qiān）釁：搬弄是非。構，結成，捏造。愆釁，平白無故生出的事端。愆，罪過，過失。

　　義康欲以斌爲丹陽尹，[1]言次啓太祖，陳其家貧。上覺其旨，義康言未卒，上曰：“以爲吴郡。”[2]後會稽太守羊玄保求還，[3]義康又欲以斌代之，又啓太祖曰：“羊玄保欲還，不審以誰爲會稽？”上時未有所擬，[4]倉卒曰：“我已用王鴻。”[5]自十六年秋，不復幸東府。上以嫌隙既成，將致大禍。十七年十月，乃收劉湛付廷尉，伏誅。又誅斌及大將軍録事參軍劉敬文、賊曹參軍孔邵秀、中兵參軍邢懷明、主簿孔胤秀、丹陽丞孔文秀、司空從事中郎司馬亮、烏程令盛曇泰等。[6]徙尚書庫部郎何默子、餘姚令韓景之、永興令顔遥之、湛弟黄門侍郎素、斌弟給事中温於廣州，[7]王履廢於家。胤秀始以書記見任，[8]漸預機密，文秀、邵秀，皆其兄也。司馬亮，孔氏中表，[9]並由胤秀而進。懷明、曇泰爲義康所遇。默子、景之、遥之，劉湛黨也。

　　［1］丹陽尹：官名。京師丹陽最高行政長官，職比郡守。五品。丹陽，郡名。治所在今江蘇南京市東南。

[2]吴郡：治所在今江蘇蘇州市。

[3]會稽：郡名。治所在今浙江紹興市。　羊玄保：人名。太山南城人。本書卷五四有傳。

[4]擬：三朝本、北監本、毛本並脱，殿本、局本作“屬”字。中華本據《南史》《通鑑》改。

[5]王鴻：人名。琅邪臨沂人。事見本書卷六三《王華傳》。

[6]大將軍録事參軍：官名。大將軍府屬官，掌録事曹事務。六品。　賊曹參軍：官名。大將軍府賊曹長官，綜理該曹事務。六品。　孔邵秀：人名。又作“孔劭秀”。其事不詳。　中兵參軍：官名。大將軍府中兵曹長官，掌該曹事務。六品。　邢懷明：人名。本書無傳，事迹散見本卷及本書卷七六《朱脩之傳》。　司空從事中郎：官名。司空府屬官，掌謀議機密等。六品。　司馬亮：人名。本書僅此一見，其事不詳。　烏程：縣名。治所在今浙江湖州市吳興區。　盛曇泰：人名。本書無傳，事迹散見本卷及本書卷九九《始興王濬傳》。

[7]尚書庫部郎：官名。尚書省庫部曹長官，掌兵器收藏保管，又稱郎中。六品。　何默子：人名。本書僅此一見，其事不詳。餘姚：縣名。治所在今浙江餘姚市。　韓景之：人名。本書僅此一見，其事不詳。　永興：縣名。治所在今浙江杭州市蕭山區。　顔遥之：人名。本書僅此一見，其事不詳。　黄門侍郎：官名。又稱黄門郎，掌侍從皇帝，顧問應對。四品。　素：人名。即劉素。本書無傳，事迹散見本卷及下卷。　給事中：官名。集書省官員，給事宫中，平尚書奏事。多爲朝臣加官，無定員。位在散騎常侍下，給事黄門侍郎上。五品。　温：人名。即劉温。本書無傳，事迹散見本卷及本書《禮志二》。

[8]書記：在官署中擔任文書記録、處理文案的人。

[9]中表：中表親。指父親姊妹或母親兄弟姊妹的兒女。

其日刺義康入宿，[1]留止中書省，[2]其夕分收湛等。青州刺史杜驥勒兵殿內，[3]以備非常。遣人宣旨告以湛等罪釁，義康上表遜位曰：“臣幼荷國靈，[4]爵遇踰等。陛下推恩睦親，[5]以隆棠棣，[6]愛忘其鄙，寵授遂崇，任總內外，位兼台輔。不能正身率下，以肅庶僚，暱近失所，漸不自覺，致令毀譽違實，賞罰謬加，由臣才弱任重，以及傾撓。今雖罪人即戮，王猷載靜，[7]養釁貽垢，實由於臣。鞠躬慄悚，[8]若墮谿壑，有何心顏，而安斯寵，輒解所職，待罪私第。”改授都督江州諸軍事、江州刺史，持節、侍中、將軍如故，[9]出鎮豫章。[10]停省十餘日，[11]桂陽侯義融、新喻侯義宗、秘書監徐湛之往來慰視。[12]於省奉辭，便下渚。[13]上唯對之慟哭，餘無所言。上又遣沙門釋慧琳視之，[14]義康曰：“弟子有還理不？”慧琳曰：“恨公不讀數百卷書。”征虜司馬蕭斌，[15]昔爲義康所暱，劉斌等害其寵，讒斥之。乃以斌爲諮議參軍，[16]領豫章太守，事無大小，皆以委之。司徒主簿謝綜，[17]素爲義康所狎，以爲記室參軍。[18]左右愛念者，並聽隨從至豫章。辭州，見許，增督廣、交二州湘州之始興諸軍事。[19]資奉優厚，信賜相係，[20]朝廷大事，皆報示之。義康未敗，東府聽事前井水忽涌溢，野雉江鷗並飛入所住齋前。

[1]刺：孫彪《考論》云：“刺字疑是敕字。”

[2]中書省：官署名。任總機要，與尚書、門下並稱三省。其長官稱監、令，向被認爲有宰相之權。

[3]青州：治所在今山東青州市。　杜驥：人名。京兆杜陵人。

本書卷六五有傳。

　〔4〕國靈：國家和皇帝的恩德。

　〔5〕推恩：推廣恩德，以示恩寵。

　〔6〕棠棣：原爲《詩·小雅》篇名，爲召公宴兄弟所作，後因指兄弟情誼。

　〔7〕王猷：王道，法則。猷，法則。

　〔8〕慄慄：因恐懼而發抖。

　〔9〕江州：治所在今湖北黄梅縣。

　〔10〕豫章：郡名。治所在今江西南昌市。

　〔11〕省：官署名。即中書省。劉義康獲罪後所留止的官署。參見上文。

　〔12〕桂陽侯義融：即劉義融。宋武帝弟長沙王劉道憐第三子。本書卷五一有附傳。桂陽爲其封邑，治所在今湖南郴州市。　新喻侯義宗：即劉義宗。劉義融弟。本書卷五一有附傳。新喻爲其封邑，治所在今江西新餘市西南。　秘書監：官名。秘書省長官，綜理所部事務，掌文書圖籍，考校舊文。三品。　徐湛之：人名。東海郯人。本書卷七一有傳。

　〔13〕下渚：登船啓程。渚，水中陸地。

　〔14〕沙門：信仰佛教的僧侶，俗稱和尚。　釋慧琳：僧人名。又稱慧琳、慧琳道人，秦郡秦縣人，俗姓劉。本書卷九七有附傳。釋，僧人通姓。

　〔15〕征虜司馬：官名。征虜將軍屬官，掌參軍務，管理府内武職，位次長史。　蕭斌：人名。南蘭陵人。本書卷七八有附傳。

　〔16〕諮議參軍：官名。多爲王公將軍府屬官，掌顧問諫議，位在列曹參軍上。

　〔17〕司徒主簿：官名。司徒府屬官，典領文書簿籍，經辦事務。　謝綜：人名。陳郡陽夏人。事見本書卷五二《謝景仁傳》。

　〔18〕記室參軍：官名。王公都督府記室曹長官，掌文書簿籍，兼備參謀咨詢。

[19]廣、交：二州名。治所分別在今廣東廣州市、越南河内市東北。 始興：郡名。治所在今廣東韶關市東南蓮花嶺下。

[20]信賜相係：傳達朝廷旨意的信使和賞賜的物品連續不斷。信，消息，函件。

龍驤參軍巴東扶令育詣闕上表曰：[1]

蓋聞哲王不逆切旨之諫，[2]以博聞爲道；人臣不忌殲夷之罰，[3]以盡言爲忠。是故周昌極諫，[4]馮唐面折，[5]孝惠所以克固儲嗣，[6]魏尚所以復任雲中。[7]彼二臣豈好逆主干時、犯顏違色者哉！又爰盎之諫孝文曰：[8]“淮南王若道遇疾死，[9]則陛下有殺弟之名，奈何？”文帝不用，追悔無及。臣草莽微臣，竊不自揆，敢抱葵藿傾陽之心，[10]仰慕《周易》匪躬之志，[11]故不遠六千里，[12]願言命侶，[13]謹貢丹愚，[14]希垂察納。

[1]龍驤參軍：官名。龍驤將軍屬官，掌參謀軍務。 巴東扶令育：《南史》作“巴東令扶育”。《通鑑》胡三省注：“扶，姓也。”嚴可均云：“巴東郡無巴東縣，亦無扶縣。《廣韻》，扶，又姓，知姓扶，名令育也。”巴東，郡名。治所在今重慶奉節縣東。

[2]切旨之諫：合乎帝王旨意的建議。多指直言極諫。切，極力。

[3]殲夷之罰：殺身之類的懲罰。夷，誅殺。

[4]周昌：人名。西漢沛人。《史記》卷九六、《漢書》卷四二有傳。傳稱其爲人强力，敢直言。高帝將廢太子，其廷爭之，曰“臣期期不奉詔”，帝遂罷。後也多以其名爲直臣代稱。

[5]馮唐面折：指西漢人馮唐當面勸諫文帝事。《漢書》卷五

○《馮唐傳》稱，文帝慕廉頗、李牧爲人，曰"吾獨不得廉頗、李牧爲將，豈憂匈奴哉"？馮唐聞而面折之，謂"陛下雖有廉頗、李牧，不能用也"，即以雲中郡守魏尚事勸諫之，使魏尚得以復職。馮唐，人名。安陵人。《漢書》卷五○有傳。

[6]孝惠：即漢惠帝劉盈。《漢書》卷二有紀。　克固儲嗣：能够保住皇太子的地位。此指上文所言周昌極諫而導致的結果。

[7]魏尚：人名。西漢槐里人，文帝時任雲中郡守，防禦匈奴，爲名將。事見《漢書》卷五○《馮唐傳》。　雲中：郡名。治所在今内蒙古托克托縣東北。

[8]爰盎之諫孝文：指西漢爰盎勸諫文帝饒恕淮南王劉長事。見《漢書》卷四九《爰盎傳》。爰盎，人名。又作"袁盎"，安陵人。《漢書》卷四九有傳。孝文，即漢文帝劉恒。《漢書》卷四有紀。

[9]淮南王：王爵名。即劉長。漢高帝少子。《漢書》卷四四有傳。　疾：各本並脱，中華本據《元龜》卷五四一補。

[10]葵藿傾陽之心：指像葵藿追逐陽光一樣，喻臣下對君主傾心趨向。

[11]《周易》匪躬之志：指《周易》所顯示的人臣對君主盡忠而不顧自身安危之論。《易·蹇卦》："王臣蹇蹇，匪躬之故。"疏："盡忠於君，匪以私身之故而不往濟君，故曰'匪躬之故'。"

[12]不遠六千里：指巴東郡至京師建康遙遠的路程。本書《州郡志三》"荆州巴東公國"稱，巴東至州治江陵水路一千三百，江陵至京都水路四千六百八十，知巴東至建康水路爲五千九百八十里。此言六千，當爲水路距離的約數。

[13]命侣：天命和與之相隨的道理。命，命運，道。

[14]丹愚：自謙之詞，喻赤誠的忠心。

伏惟陛下躬執大象，[1]首出萬物，王化咸通，三才必理，[2] 闢天人之路，[3] 開大道之門，搜殊逸于巖穴，[4] 招奇英於側陋，[5] 窮谷無白駒之倡，[6] 喬岳無遺寶之嗟，[7] 豈特羅飛翮于垂天，[8] 網沈鱗於溟海。[9] 況於彭城王義康，先朝之愛子，[10] 陛下之次弟哉！一旦黜削，遠送南垂，[11] 恩絕于內，形隔於遠，躬離明主，身放聖世，草萊黔首，[12] 皆爲陛下痛之。臣追惟景平、元嘉之釁，[13] 幾於危殆，三公託以興廢之宜，[14] 密懷不臣之計，台輔伺隙於京甸，[15] 強楚窺衙於上流，[16] 或苞惡而窺國，[17] 或顯逆而陵主，[18] 有生之所惴恐，神祇之所忿忌也。賴宗社靈長，[19] 廟算流遠，[20] 灑滌塵埃，殲鹹醜類，[21] 氛霧時靖，四門載清。當爾之時，義康豈不預參皇謀，均此休否哉？[22] 且陛下舊楚形勝，[23] 非親勿居，[24] 遂以驃騎之號，任以藩夏之重，撫政南郢，[25] 綏民遏寇，播皇宋之澤，以洽幽荒。陛下之潤，被之九有，[26] 豈直南荊之民沾渥而已焉。[27] 遂召之以宰輔，又寄之以和味，既居三事，[28] 又牧徐、揚，所以幽顯齊歡，[29] 人神同抃。[30] 莫不言陛下授之爲得、義康受之爲是也。今如何信疑似之嫌、闕兄弟之恩乎？[31] 若有迷謬之愆，可責之罪，正可數之以善惡，導之以義方。且廬陵王往事，[32] 足以知今，此乃陛下前車之殷鑒，[33] 後乘之靈龜也。[34] 夫曾子之不殺，[35] 忠臣之篤譬；二告而猶織，[36] 仁王之令範。故《詩》云 “無信人之言，人實不信”。[37] 又云兄弟雖鬩，不廢親也。[38]《尚書》

曰：[39]“克明俊德，以親九族。”[40]九族既睦，可以親百姓，兄弟安可棄乎！

[1]躬執大象：親自執掌國家的權柄。大象，源於《老子》“執大象，天下往”句，後借指帝王的一統天下。

[2]三才必理：天地萬物都得到治理。三才，指天、地、人。

[3]天人：各本作“大人”，中華本據《元龜》卷五四一改。

[4]搜殊逸于巖穴：從民間或山野之中選拔有特殊才能的人。逸，隱逸之人。

[5]奇英：出類拔萃的人才。 側陋：偏僻簡陋的民間。

[6]窮谷無白駒之倡：使天下賢才各盡其能。白駒之倡，指《詩·小雅·白駒》所諷刺周宣王不能任用賢才事。

[7]喬岳無遺寶之嗟：使民間不因某些人才沒有被重用而發議論。喬岳，高山。

[8]垂天：蒼天。

[9]溟海：神話中的海，相傳爲東王公所居，海水深而發黑，後因指大深海。

[10]先朝：前一個朝廷。指宋武帝劉裕。

[11]南垂：南方的偏遠地區。垂，即“陲”。

[12]草萊黔首：平民百姓。草萊，雜草叢生的田野，也指沒有出任官職的人。黔首，平民。秦時規定平民百姓要以黑巾裹頭，故稱。

[13]景平、元嘉之釁：指宋少帝末年和宋文帝初年宰相徐羨之、傅亮等人私行廢立事。參見本書二帝紀及徐、傅二人傳。景平，宋少帝劉義符年號（423—424）。

[14]三公：指徐羨之、傅亮等人。時分別任司空、中書監，行使三公威權。

[15]台輔：在朝廷輔佐政務的人。指徐羨之、傅亮二人分別任

尚書臺和中書省首輔，職比宰相，權傾内外。參見本書卷四三其二人傳。　京甸：京師内外。甸，古時稱都城郊外的地方。

[16]強楚窺窬於上流：指荆州刺史謝晦與徐羨之等勾結在長江中下游擅作威權、有不臣之心事。參見本書卷四四《謝晦傳》。窺窬，非分的希望或企圖。上流，長江流域的中部一帶，在京師建康以上。

[17]或苞惡而窺國：各本並脱，中華本據《元龜》卷五四一補。苞惡，苞藏禍心。苞，同"包"。包裹。窺國，對國家政權存有非分之想。窺，竊視。

[18]顯逆：公然作亂。　陵主：凌駕於人主之上。

[19]宗社靈長：國家宗廟的神靈長久，祖宗庇佑。靈，神靈，古人所認爲的一種超現實的信仰。

[20]廟算：由朝廷確定的克敵謀略。

[21]殲馘（guó）：消滅。馘，原指戰爭中割取敵人的左耳以計算戰功，後也指擊敗敵人。

[22]休否：善惡，吉凶。休，美善，喜慶。否，惡。

[23]舊楚形勝：原是楚地的强藩。指宋文帝入京即位以前在荆州一帶任職事。參見本書卷五《文帝紀》。

[24]非親勿居：不是宗室近親不能在此擔任官職。此爲宋武帝劉裕遺制。本卷《南郡王義宣傳》稱："初，高祖以荆州上流形勝，地廣兵强，遺詔諸子次第居之。"

[25]南郢：地區名。即今湖北中西部一帶，古爲郢楚之地。

[26]九有：九州。也泛指全國。

[27]南荆之民：長江中游荆州一帶的人民。南荆，今湖北中西部一帶，原爲荆楚之地。

[28]三事：三公。古時稱三公爲三事大夫。《詩·小雅·雨無正》："三事大夫，莫肯夙夜。"《正義》："三事大夫爲三公耳。"

[29]幽顯：陰間和人間。幽，舊指地下、陰間，爲鬼神活動的場所。

［30］同抃（biàn）：共享歡樂。抃，同"拚"。鼓掌。

［31］疑似之嫌：各本作"疑貌之似"，中華本據《通鑑》宋元嘉十八年改。

［32］盧陵王往事：指盧陵王劉義真被權臣徐羡之等人廢殺事。參見本書卷六一《盧陵孝獻王義真傳》及卷四三《徐羡之傳》。盧陵王，即宋武帝次子劉義真。其王國在今江西吉水縣北。

［33］殷鑒：可以作爲鑒戒的前事。殷，即商朝。

［34］靈龜：有靈應的龜兆。《易·頤卦》："舍爾靈龜，觀我朵頤。"疏："靈龜，謂神靈明鑒之龜兆。"

［35］曾子之不殺：指春秋時費人誣告曾參殺人事。《戰國策·秦策二》稱，費邑有與曾子同名者而殺人，人告曾母，母不信而紡績自若。再告，仍不信。三告，母懼而逾牆走。後以此喻流言可畏。曾子，即曾參。春秋時魯國南武城人，孔子弟子。事迹散見《論語》及《史記》卷六七《仲尼弟子列傳》。

［36］二告而猶織：指春秋時曾參母起初不相信流言事。參見上注。

［37］無信人之言，人實不信：見《詩·鄭風·揚之水》。意即人言雖可畏，但也不要聽信讒言。

［38］兄弟雖鬩（xì），不廢親也：見《詩·小雅·常棣》。原作"兄弟鬩于牆，外禦其務"。鬩，爭吵。

［39］《尚書》曰：見該書《堯典》。

［40］克明俊德，以親九族：意即任用賢士，敦親睦族。《尚書》原注："能明俊德之士任用之，以睦高祖玄孫之親。"九族，自高祖至玄孫間九代人。

　　臣伏願陛下上尋往代黜廢之禍，下惟近者讒言之釁。盧陵王既申冤魂於后土，[1]彭城王亦弭疑愆於宋京，[2]豈徒皇代當今之計，蓋乃良史萬代之美也。且諂諛難辨，是非易黷，福始禍先，[3] 古人所畏。故愛身之士，自爲己計，莫不結舌杜口，[4] 孰肯冒忌干主哉！[5] 臣以頑昧，獨獻微管，[6] 所以勤勤懇懇、必訴丹誠者，實恐義康年窮命盡，奄忽于南，遂令陛下有棄弟之責。臣雖微賤，竊爲陛下羞之。況書言記事，史豈能屈典謨而諱哉。脱如臣慮，陛下恨之何益。揚子雲曰：[7] “獲福之大，莫先於和穆；遭禍之深，莫過於内難。”每服斯言，以爲警戒。矧今覯王室大事，[8] 豈得韜筆默爾而已哉。[9] 臣將恐天下風靡，離間是懼，遂令宇内遷觀，民庶革心，欲致康哉，實爲難也。陛下徒云惡枝之宜伐，豈悟伐柯之傷樹，[10] 乃往古之所悲，當今所宜改也。陛下若蕩以平聽，屏此猜情，垂訊芻蕘之謀，[11] 曲察狂瞽之計，[12] 一發非意之詔，逮訪博古之士，速召義康返于京甸，兄弟協和，君臣緝穆，息宇内之譏，絶多言之路，如是則四海之望塞，讒説之道消矣。何必司徒公、揚州牧，[13] 然後可以安彭城王哉！若臣所啓違憲，於國爲非，請即伏誅，以謝陛下。雖復分形赴鑊，[14] 煮體烹屍，始願所甘，豈不幸甚！

表奏，即收付建康獄，[15] 賜死。

[1] 廬陵王既申冤魂於后土：指廬陵王劉義真在被徐羨之等人枉殺後又於宋文帝時被昭雪事。參見本書卷六一《廬陵孝獻王義真傳》。后土，古時指地神或土神，此意即告慰神靈。

[2] 弭疑愆（qiān）：消除猜嫌疑慮。　宋京：指京師建康，時

爲宋都城。

[3]福始禍先：福先禍後，福在禍前。

[4]結舌杜口：不敢説話，閉口不言。

[5]干主：冒犯皇帝。干，干犯，抵觸。

[6]微管：微小得不值一提的意見。此爲自謙之詞。管，管見，意識狹小。

[7]揚子雲：人名。即揚雄，漢蜀郡成都人。《漢書》卷八七有傳。

[8]矧（shěn）：况，况且。

[9]韜筆：把筆擱置起來不再寫作。

[10]伐柯之傷樹：砍伐樹木的斧子對樹木有損害。此典源出《詩·豳風·伐柯》：“伐柯如何？匪斧不克。”柯，斧柄。

[11]芻蕘之謀：來自民間的建議。芻蕘，割草和打柴，也指割草打柴之人。

[12]狂瞽之計：悖理不明的計謀、議論。此爲自謙之詞。

[13]司徒公、揚州牧：劉義康獲罪以前所居官職，皆爲人臣最高官，此有官復原職之義。

[14]分形赴鑊（huò）：遭受割裂肢體或煮體烹屍的懲罰。鑊，大鍋，古時常以爲刑具。

[15]建康獄：關押大臣的監獄。在今江蘇南京市内。


會稽長公主，[1]於兄弟爲長，太祖至所親敬。義康南上後，久之，上嘗就主宴集甚歡，主起再拜稽顙，[2]悲不自勝。上不曉其意，自起扶之。主曰：“車子歲暮，[3]必不爲陛下所容，今特請其生命。”因慟哭。上流涕，舉手指蔣山曰：[4]“必無此慮。若違今誓，便是負初寧陵。”[5]即封所飲酒賜義康，幷書曰：“會稽姊飲宴憶弟，所餘酒今封送。”車子，義康小字也。

　　[1]會稽長公主：名興弟，宋武帝長女，武敬臧皇后所生，適東海徐逵之。又稱永興公主、會稽公主、會稽宣長公主。參見本書卷四一《武敬臧皇后傳》。會稽爲其封邑，在今浙江紹興市。

　　[2]稽顙：叩頭行禮，以額觸地，表示極度恭敬。

　　[3]車子：劉義康俗名。詳下。

　　[4]蔣山：山名。又名鍾山、紫金山，在今江蘇南京市東北。

　　[5]是：各本並脱，中華本據《南史》卷一三、《通鑑》宋元嘉十七年、《御覽》卷三四四補。　　初寧陵：宋武帝劉裕墳墓。在今江蘇南京市麒麟門外麒麟鋪。

　　二十二年，太子詹事范曄等謀反，[1]事逮義康，事在《曄傳》。有司上曰：“義康昔擅國權，恣心凌上，結朋樹黨，苞納凶邪。重釁彰著，事合明罰。特遭陛下仁愛深至，敦惜周親，[2]封社不削，[3]爵寵無貶。四海之心，朝野之議，咸謂皇德雖厚，實撓典刑。[4]而義康曾不思此大造之德，[5]自出南服，詭飾情貌，外示知懼，内實不悛。窮好極欲，干請無度。聖慈含弘，每不折舊，矜釋屢加，恩疇已往。而陰敦行李，[6]方啓交通之謀，[7]潛資左右，以要死士之命。崎嶇伺隙，不忘窺窬。時猶隱忍，罰止僕侍。[8]狂疾之性，永不懲革，兇心遂成，悖謀仍構。遠投群醜，[9]千里相結，再議宗社，重闚鼎祚。賴陛下至誠感神，宋曆方永，[10]故姦事昭露，罪人斯得。周公上聖，不辭同氣之刑；[11]漢文仁明，[12]無隱從兄之惡。[13]況義康釁深二叔，[14]謀過淮南，[15]背親反道，自棄天地。臣等參議，請下有司削義康王爵，收付廷尉法獄治罪。”詔特宥大辟。於是免義康及子泉陵侯允、女始寧豐城益陽興平四縣主爲庶人，[16]絕屬籍，[17]徙付安成郡。[18]以寧朔將軍沈邵爲安成公相，[19]領兵防守。義康在安成讀書，見淮南厲王長事，[20]廢書嘆曰："前代乃有此，我得罪爲宜也。"

[1]范曄：人名。順陽人。本書卷六九有傳。

[2]周親：最親近的人。

[3]封社：被分封的國家、社稷。社，古時指土地神或對之祭祀之處，後也指地方基層組織，相當於"里"。

[4]典刑：常規、舊法。《詩·大雅·蕩》："尚有典刑。"箋云："猶有常事故法，可案用也。"

[5]大造之德：極大的恩德。大造，大關懷，成全，大功，大成就。《左傳》成公十三年："秦師克還無害，則是我有大造于西也。"杜預注："造，成也。言晋有成功于秦。"

[6]陰敦行李：私下派遣傳遞消息的人。敦，督促，逼迫。行李，使者。《左傳》僖公三十年："行李之往來。"杜預注："行李，使人。"

[7]交通：交往、勾結。

[8]罰止僕侍：僅僅懲罰身邊的侍從謀臣。指前述劉湛、孔邵秀等人。

[9]遠投群醜：被流放到邊遠地區的罪臣逆子。指前述何默子、韓景之等人。

[10]宋曆方永：大宋的國運正處在興盛時期。曆，年代、壽命。永，長遠。

[11]同氣：同胞兄弟。指管叔鮮、蔡叔度等人，皆周文王之子。氣，氣息。

[12]漢文仁明：漢文帝是講究仁義的明君。

[13]從兄：叔伯兄弟。指吳王劉濞。漢高祖兄劉仲之子，於文

帝爲從兄。

[14]二叔：二位兄弟，指管叔鮮、蔡叔度等，於周公皆爲兄弟。

[15]淮南：即漢淮南王劉長。漢高帝子，文帝時因作亂被廢而謫死。詳見《漢書》卷四四本傳。淮南爲其封國，在今安徽壽縣。

[16]泉陵侯允：即劉允。封泉陵侯，事迹詳下。泉陵，侯國名。在今湖南永州市零陵區。　始寧豐城益陽興平四縣主：皆封君名。本書僅見於此，事皆不詳。封邑分別在今浙江上虞市西南、江西豐城市西南、湖南益陽市、江西永豐縣東北。

[17]絶屬籍：斷絶宗族户籍。

[18]安成郡：治所在今江西安福縣東南。

[19]寧朔將軍：官名。掌邊遠民族地區軍政事務，多爲加官。四品。　沈邵：人名。吴興武康人。本書卷一〇〇有傳。　安成公相：官名。安成公封國屬官，綜理國内政務。五品。

[20]厲：謚號。按《謚法》：“殺戮無辜曰厲。”


二十四年，豫章胡誕世、前吴平令袁惲等謀反，[1]襲殺豫章太守桓隆、南昌令諸葛智之，[2]聚衆據郡，復欲奉戴義康。太尉録尚書江夏王義恭等奏曰：[3]“投畀之言，[4]義著《雅》篇，[5]流殛之教，[6]事在《書》典。[7]庶人義康負釁深重，罪不容戮。聖仁不忍，屢加遲回，宥其大辟，[8]賜遷近甸，斯乃至愛發天，超邈終古。曾不遇愆甘引，[9]而讒言同衆，很悖徼幸，[10]每形辭色，内宣家人，外動民聽，不逞之族，因以生心。胡誕世假竊名號，搆成凶逆。杜漸除微，古今所務，況禍機驟發，庸可忽乎！臣等參議，宜徙廣州遠郡，放之邊表，庶有防絶。”奏可，仍以安成公相沈邵爲廣州事。

未行，值邵病卒，索虜來寇瓜步，[11]天下擾動。上慮異志者或奉義康爲亂，世祖時鎮彭城，[12]累啓宜爲之所，太子及尚書左僕射何尚之並以爲言。[13]二十八年正月，遣中書舍人嚴龍齎藥賜死。[14]義康不肯服藥，曰："佛教自殺不復得人身，便隨宜見處分。"乃以被掩殺之，時年四十三，以侯禮葬安成。

[1]胡誕世：人名。豫章南昌人。事見本書卷五〇《胡藩傳》。吳平：縣名。治所在今江西新餘市東北。　袁惲：人名。本書僅此一見，其事不詳。

[2]桓隆：人名。無傳，其事迹另見本書《胡藩傳》。中華本稱本書卷五《文帝紀》作"桓隆之"。　南昌：縣名。治所在今江西南昌市。　諸葛智之：人名。本書《胡藩傳》作"諸葛和之"。無傳，本書僅上述兩見。

[3]江夏王義恭：即劉義恭。宋武帝子，封江夏王。本書卷六一有傳。江夏，王國名。治所在今湖北武漢市武昌區。

[4]投畀（bì）：給予，投棄。

[5]義著《雅》篇：見《詩·小雅·蒼伯》："取彼譖人，投畀豺虎。豺虎不食，投畀有北。有北不受，投畀有昊。"

[6]流殛（jí）：流放，殺戮。

[7]事在《書》典：見《尚書·舜典》："殛鯀于羽山。"

[8]宥（yòu）其大辟：饒恕他的殺頭之罪。宥，寬容，原諒。大辟，古代刑罰之一。即殺頭，爲刑中最重的一種。

[9]甘引：主動反省過錯，引咎自省。甘，情願，樂意。引，正。

[10]很（hěn）：狠，殘忍。《國語·晉語九》："宣子曰：'宵也很。'"韋昭注："很，很戾，不從人也。"

[11]索虜：又稱索頭虜。指北魏。因其統治者出自鮮卑族，頭

上有辮髮如繩索，故稱。本書卷九五有傳。　瓜步：地名。即今江蘇南京市六合區東南瓜埠。

[12]世祖：宋孝武帝劉駿廟號。　彭城：郡名。治所在今江蘇徐州市。

[13]太子：即劉劭。宋文帝長子。於文帝末年作亂被殺。本書卷九九有傳。　尚書左僕射：官名。尚書省長官之一，位在録、令下，協助録、令處理省臺事務。三品。　何尚之：人名。廬江灊人。本書卷六六有傳。

[14]中書舍人：官名。中書省屬官，掌文書及起草詔令等，多以寒人充任，品秩較低。　嚴龍：人名。《南史》卷一三作“嚴麘”。事見本書卷八〇《松滋侯子房傳》。

　　六子：允、肱、珣、昭、方、曇辯。[1]允初封泉陵縣侯，食邑七百户。昭、方並早夭。允等留安成，元凶得志，[2]遣殺之。

[1]肱、珣、昭、方、曇辯：皆人名。本書僅此一見，事皆不詳。

[2]元凶：作亂的首領。即劉劭。

　　世祖大明四年，[1]義康女玉秀等露板辭曰：[2]“父凶滅無狀，孤負天明，[3]存荷優養，没蒙加禮，明罰羽山，[4]未足刺法。烏鳥微心，昧死上訴，乞反葬舊塋，糜骨鄉壤。”[5]詔聽，并加資給。前廢帝永光元年，[6]太宰江夏王義恭表曰：“臣聞忝祖遠支，[7]猶或慮親，降霍省序，[8]義重令戚。故嚴道疾終，[9]嗣啓方宇，阜陵愆屏，[10]身遷晚恩。[11]竊惟故庶人劉義康昔昧姦回，自貽非命，沈魂漏籍，垂誡來典。運革三朝，[12]歲盈三紀，[13]天地改朔，日月再升，陶形賦氣，咸蒙更始。義康妻息漂没，早違盛化，衆女孤弱，永淪黔首。即情原釁，本非己招，感事哀煢，[14]俯增傷咽。敢緣陛下聖化融泰，春澤覃被，慈育群生，仁被泉草。實希洗宥，還齒帝宗，[15]則施及陳荄，[16]榮施朽壤。臣特憑國私，冒以誠表，塵觸靈威，伏紙悲悸。"詔曰："太宰表如此，公緣情追遠，覽以憎慨。昔淮、楚推恩，[17]胙流支胤，[18]抑法弘親，古今成準。使以公表付外，[19]依旨奉行。故泉陵侯允橫罹凶虐，可特爲置後。"太宗泰始四年，[20]復絶屬籍，還爲庶人。

[1]大明：宋孝武帝劉駿年號（457—464）。

[2]玉秀：人名。即劉玉秀。本書僅此一見，其事不詳。　露板：不封口的文書，也作"露版"。

[3]天明：天亮的時候。此指等待爲劉義康昭雪之日。

[4]羽山：地名。相傳爲虞舜流放和殺死鯀的地方，其地約在今江蘇贛榆縣境內。

[5]糜骨：使遺骨破碎、糜爛。

[6]前廢帝：即劉子業。宋孝武帝子。本書卷七有紀。　永光：宋前廢帝劉子業年號（465）。

[7]遠支：家族中血緣關係較遠的支系。

[8]降霍省序：指周初"三監之亂"時周公對管、蔡、霍三叔區別對待並對霍叔從輕處置事。霍，即霍叔。周武王弟，名處，封於霍。事見《史記》卷三五《管蔡世家》。

[9]嚴道：地名。在今四川滎經縣嚴道鎮。史稱秦始皇滅楚後徙嚴（莊）王子弟於此，故稱嚴道。

[10]阜陵：地名。在今安徽全椒縣東南。漢封淮南王劉長子劉安於此，以繼其後，稱阜陵侯。

[11]遻（è）：同"遌"。意外相遇。

[12]運革三朝：時代已過三個朝廷。三朝，指宋文帝、孝武帝、前廢帝三個時期。

[13]歲盈三紀：歲月超過三代人。紀，古時稱一世爲一紀。《文選》班固《幽通賦》："皇十紀而鴻漸兮。"注："紀，世也……言先人至漢十世。"按：自宋文帝至前廢帝亦爲三世。參見上注。

[14]哀煢（qióng）：使人憐憫的遺孤、後代。煢，孤獨。

[15]還齒帝宗：讓其名籍回到帝王的宗譜中。齒，次列。帝宗，皇家宗族譜牒。

[16]陳荄（gāi）：年深日久的草根。荄，草根。《爾雅·釋草》："荄，根。"疏："凡草根一名荄。"

[17]淮、楚推恩：指前述漢封淮南王劉長之子劉安爲阜陵侯，秦徙楚莊王之後於嚴道事。淮、楚，地名。

[18]胙流支胤：祭祀的香火得以在其後代中傳續。胙，古代祭祀時供神的肉。支胤，後代。

[19]使：張元濟、張森楷《校勘記》云："使當作便。"

[20]太宗：宋明帝劉彧廟號。　泰始：宋明帝劉彧年號（465—471）。


南郡王義宣，[1]生而舌短，澀於言論。元嘉元年，年十二，封竟陵王，[2]食邑五千戶。仍拜左將軍，[3]鎮石頭。[4]七年，遷使持節、都督徐兗青冀幽五州諸軍事、徐州刺史，[5]將軍如故，猶戍石頭。八年，又改都督南兗、兗州刺史，[6]當鎮山陽，[7]未行。明年，遷中書監，進號中軍將軍，[8]加散騎常侍，給鼓吹一部。時竟陵群蠻充斥，役刻民散，改封南譙王，[9]又領石頭戍事。十三年，出都督江州豫州之西陽晉熙新蔡三郡諸軍事、鎮南將軍、江州刺史。[10]

[1]南郡：王爵名。王國在今湖北荆州市荆州區。

[2]竟陵：王爵名。封國在今湖北鍾祥市。

[3]左將軍：官名。高級武官之一。三品。北監本、毛本、殿本、局本均作"右將軍"，三朝本作"左將軍"，中華本校勘記認爲應以左將軍爲是。

[4]石頭：城名。建康諸城之一，在今江蘇南京市西清凉山一帶，時爲軍事要地。

[5]徐兗青冀幽：皆州名。徐、兗二州治所分別在今江蘇徐州市、山東兗州市。時青、冀二州合治今山東青州市，幽州治所不詳。

[6]南兗：州名。治所在今江蘇淮安市。　兗州刺史：丁福林《校議》據本書卷五《文帝紀》、《州郡志一》考證，時劉義宣任南兗州刺史，而非兗州刺史，"兗州"之前應佚一"南"字。

[7]山陽：地名。在今江蘇淮安市一帶，時爲南兗州治所。

[8]中軍將軍：官名。高級武官之一，掌宮禁宿衛。三品。

[9]南譙王：王爵名。王國在今安徽巢湖市居巢區東南。

[10]西陽：僑置郡名。治所在今湖北黃岡市黃州區東南。各本並作"西陵"，中華本據錢大昕《考異》改。　晉熙新蔡：二郡名。治所分別在今安徽潛山縣、河南新蔡縣。　鎮南將軍：官名。高級武官之一，與鎮東、西、北將軍並稱四鎮將軍。三品。

初，高祖以荆州上流形勝，地廣兵强，遺詔諸子次第居之。謝晦平後，[1]以授彭城王義康。義康入相，次江夏王義恭。又以臨川王義慶宗室令望，[2]且臨川武烈王有大功於社稷，[3]義慶又居之。其後應在義宣。上以義宣人才素短，不堪居上流。十六年，以衡陽王義季代義慶，[4]而以義宣代義季爲南徐州刺史，[5]都督南徐州軍事、征北將軍，持節如故。[6]加散騎常侍。而會稽公主每以爲言，上遲回久之。[7]二十一年，乃以義宣都督荆雍益梁寧南北秦七州諸軍事、車騎將軍、荆州刺史，持節、常侍如故。[8]先賜中詔曰：[9]"師護以在西久，比表求還，出內左右，自是經國常理，亦何必其應於一往。今欲聽許，以汝代之。師護雖無殊績，[10]潔己節用，通懷期物，不恣群下。[11]此信未易，[12]非唯聲著西土，朝野以爲美談。在彼已有次第，[13]爲士庶所安，論者乃謂未議遷之，今之回換，更在欲爲汝耳。汝與師護年時一輩，[14]各有其美，物議亦互有少劣。若今向事脫一減之者，[15]既於西夏交有巨礙，[16]遷代之譏，必歸責於吾矣。復當爲師護怨，[17]非但一誚而已也。如此則公私俱損，爲不可不先共善詳。此事亦易勉耳，無爲使人動生評論也。"師護，義季小字也。

[1]謝晦平後：事在宋文帝元嘉三年（426）。謝晦，人名。陳郡陽夏人，曾任荆州刺史。本書卷四四有傳。

[2]臨川王義慶：即劉義慶。宋武帝弟長沙王劉道憐子，出繼臨川王劉道規，襲爵。本書卷五一有附傳。臨川，王國名。治所在今江西撫州市臨川區。

[3]臨川武烈王：即劉道規。宋武帝少弟。本書卷五一有傳。武烈，本書《臨川烈武王道規傳》作"烈武"。爲其諡號，按《諡法》："克定禍亂曰武。""有功安民曰烈。" 社稷：本指土神和穀神，後引申爲國家或國家政權的標志。

[4]衡陽王義季：即劉義季。宋武帝子，封衡陽王。本書卷六

一有傳。衡陽，郡名。治所在今湖南衡山縣東北。

[5]南徐州：治所在今江蘇鎮江市。

[6]征北將軍：官名。高級武官之一，統方面之軍以掌征伐，與征南、東、西將軍並稱四征。三品。

[7]遲回：猶豫不決，遲疑，徘徊。

[8]車騎將軍：官名。位次驃騎將軍，在諸名號將軍上，多爲加官。二品。

[9]中詔：帝王手詔，不經主管官吏而直接頒行。

[10]師護：各本並脫“師”，中華本據《通鑑》宋元嘉二十一年補。

[11]不恣群下：對屬官和親近的人不放縱。恣，聽任、放縱。

[12]此信未易：這些都是確信無疑，不容改易。信，信任，不欺騙。

[13]次第：秩序、頭緒。

[14]師：各本並脫，中華本據《通鑑》宋元嘉二十一年、《元龜》卷一九六補。

[15]向事：以前的事情。向，舊時，往昔。　脫一：倘或，或許。

[16]西夏：西土，泛指荆州及長江中上游一帶。夏，即夏水。長江支流之一，在今湖北荆州市一帶，也指今湖北仙桃市至武漢市一段漢水，因夏水注入而得名。

[17]師：各本並脫，中華本據《元龜》《通鑑》補。詳見上注。


　　義宣至鎮，勤自課厲，政事修理。[1]白皙，美鬚眉，長七尺五寸，腰帶十圍，多畜嬪媵，後房千餘，尼媼數百，[2]男女三十人。崇飾綺麗，費用殷廣。進位司空，改侍中，領南蠻校尉。[3]二十七年，索虜南侵，義宣慮寇至，欲奔上明。[4]及虜退，太祖詔之曰："善脩民務，不須營潛逃計也。"

[1]修理：美善有條理。

[2]尼媪：乳母。尼，同"嬭"。

[3]南蠻校尉：官名。在荆、雍等州負責民族或軍事事務的官吏，多爲加官。四品。

[4]上明：縣名。治所在今湖北松滋市一帶。

三十年，遷司徒、中軍將軍、揚州刺史，[1]侍中如故。未及就徵，值元凶弒立，以義宣爲中書監、太尉，領司徒、侍中如故。義宣聞之，即時起兵，徵聚甲卒，傳檄近遠。會世祖入討，義宣遣參軍徐遺寶率衆三千，[2]助爲前鋒。世祖即位，以義宣爲中書監，都督揚豫二州、〔丞相，錄尚書六條事，[3]揚州〕刺史，[4]加羽葆、鼓吹，[5]給班劍四十人，持節、侍中如故。改封南郡王，食邑萬户。進謚義宣所生爲獻太妃，[6]封次子宜陽侯愷爲南譙王，[7]食邑千户。義宣固辭内任，及愷王爵。於是改授都督荆湘雍益梁寧南北秦八州諸軍事、荆湘二州刺史，持節、侍中、丞相如故。降愷爲宜陽縣王。義宣將佐以下，並加賞秩。長史張暢，[8]事在本傳。諮議參軍蔡超專掌書記并參謀，[9]除尚書吏部郎，[10]仍爲丞相諮議參軍、南郡内史，[11]封汝南縣侯，[12]食邑千户。司馬竺超民爲黄門侍郎，[13]仍除丞相司馬、南平内史。[14]其餘各有差。

［1］中軍將軍：官名。重號將軍之一，位比四鎮。三品。

［2］參軍：官名。王府或將軍府屬官，掌參謀軍務，品秩不等。徐遺寶：人名。高平金鄉人。事迹見本卷附傳。

［3］録尚書六條事：官名。也作"録尚書事"。六條，六種主要職事。

［4］丞相，録尚書六條事，揚州：此十字各本並脱，《南史》卷一三有"丞相録六條事揚州"八字，中華本據《元龜》卷二六八、二七六、二七八、二九四補。

［5］羽葆：儀仗，以鳥羽爲飾，多授以諸王或大臣有功者。《禮記·雜記下》"匠人執羽葆御柩"疏："羽葆者，以鳥羽注於柄頭，如蓋，謂之羽葆。葆，謂蓋也。"

［6］獻太妃：即宋武帝妃嬪孫美人。本書無傳，事迹散見本卷及卷六一、七二。獻，謚號。按《謚法》："聰明叡哲曰獻。""智質有聖曰獻。"太妃，對皇帝父親遺留下來的妃嬪的稱呼，後也爲諸王母的封號。

［7］宜陽侯愷：即劉愷。事迹詳下。宜陽，縣名。治所在今江西宜春市。

［8］張暢：人名。吴郡吴人。本書卷四六有附傳。

［9］蔡超：人名。濟陽考城人。事迹詳下。

［10］尚書吏部郎：官名。尚書省吏部曹長官，掌官吏銓選及考核事宜。六品。

［11］内史：官名。綜理王國行政事務，職比太守。五品。

［12］汝南：縣名。僑置，治所在今湖北武漢市武昌區東。

［13］竺超民：人名。東莞人。事迹詳下。

［14］南平：郡國名。治所在今湖北公安縣西南。


義宣在鎮十年，兵强財富，既首創大義，威名著天下，凡所求欲，無不必從。朝廷所下制度，意所不同者，一不遵承。嘗獻世祖酒，先自酌飲，封送所餘，其不識大體如此。初，臧質陰有異志，[1] 以義宣凡弱，易可傾移，欲假手爲亂，以成其姦。自襄陽往江陵見義宣，[2] 便盡禮，事在《質傳》。及至江州，每密信說義宣，以爲「有大才，負大功，挾震主之威，自古尠有全者，宜在人前，[3] 盍有處分。且萬姓莫不係心於公，整衆入朝，内外孰不欣戴。不爾，一旦受禍，悔無所及」。義宣陰納質言。而世祖閨庭無禮，與義宣諸女淫亂，義宣因此發怒，密治舟甲，克孝建元年秋冬舉兵。[4] 報豫州刺史魯爽、兗州刺史徐遺寶使同。[5] 爽狂酒失旨，其年正月便反。遣府户曹送版，[6] 以義宣補天子，并送天子羽儀；[7] 遺寶亦勒兵向彭城。義宣及質狼狽起兵。二月二十六日，加都督中外諸軍事，[8] 置左右長史、司馬，使僚佐悉稱名。遣傳奉表曰：

[1] 臧質：人名。東莞莒人。本書卷七四有傳。

[2] 襄陽：郡名。治所在今湖北襄陽市襄城區。

[3] 人前：趕在別人的前面。此指應先發制人，以争取主動，避免被動。

[4] 孝建：宋孝武帝劉駿年號（454—456）。

[5] 魯爽：人名。扶風郿人。本書卷七四有傳。

[6] 户曹：官名。王公將軍府屬官，掌户籍等事務，綜理曹事，品秩不等。　版：板牘，用以寫字的簡。

[7] 羽儀：儀仗中以羽毛裝飾的旌旗之類。《易·漸卦》：「鴻漸于陸，其羽可用爲儀。」朱熹注：「儀，羽旄旌纛之飾也。其羽毛可用以爲儀飾。」

[8] 都督中外諸軍事：官名。全國最高軍事統帥，總統禁軍和

地方等内外諸軍。一品。

　　臣聞博陸毗漢，[1]獲疑宣后；[2]昌國翼燕，[3]見
猜惠王。[4]常謂異姓震主，嫌隙易構；葭莩淳戚，[5]
昭亮可期，臣雖庸懦，少希忠謹。值巨逆滔天，[6]
忘家殉國，雖曆算有歸，微績不樹，竭誠盡愚，貫
之幽顯。而微疑莫監，積毀日聞；投杼之聲，[7]紛
紜溢聽。諒緣姦臣交亂，成是貝錦。[8]夫澆俗之季，
少貞節之臣；[9]冰霜競至，靡後彫之木。[10]並寢處
凶世，甘榮僞朝，皆縲絏之所棄，[11]投畀之所取。
至乃位超昔寵，任參大政，惡直醜勳，妄生邪説，
疑惑明主，誣罔視聽。又南從郡僚，[12]勞不足紀，
橫叨天功，以爲己力，同弊相扇，圖傾宗社。[13]臧
質去歲忠節，勳高古賢，魯爽協同大義，志契金
石，此等猜毀，必欲禍陷。昔汲黯尚存，劉安寢
志；[14]孔父既逝，華督縱逆。[15]臣雖不武，績著艱
難，復肆讒狡，規見誘召。宗祀之危，綴旒
非所。[16]

[1]博陸：縣名。西漢昭宣時期名臣霍光封邑，治所在今河北
蠡縣南。此以博陸指霍光。

[2]宣后：即漢宣帝劉詢。《漢書》卷八有紀。后，古時稱君
王，如夏后氏等。

[3]昌國翼燕：指戰國時燕國名臣樂毅輔佐昭、惠王事。昌國
爲樂毅封邑，治所在今山東淄博市東北。樂毅，《史記》卷八〇
有傳。

[4]惠王：即燕惠王。事迹詳見《史記》卷三四《燕召公世

家》。此及《史記·樂毅列傳》稱樂毅既大破齊，齊行反間，故惠王與之有隙，樂毅被迫亡走於趙。此處所謂“見猜惠王”所指即此。

[5]葭莩淳戚：有血緣關係的親屬。葭莩，蘆葦中的薄膜，比喻關係疏遠淡薄，也指戚屬。

[6]巨逆：大的叛逆行爲。指宋文帝太子劉劭等人擁兵作亂事。參見本書卷九九《劉劭傳》。

[7]投杼：放下織布的機杼。指傳說中曾參母最終聽信別人的誣告逾墻而逃事。比喻傳聞可以動搖原來的信心，人言可畏。參見本卷“曾子之不殺”和“二告而猶織”注。杼，織具。

[8]貝錦：編成貝形花紋的錦緞。《詩·小雅·巷伯》：“萋兮斐兮，成是貝錦。彼譖人者，亦已大甚。”箋云：“喻讒人集作己過以成於罪，猶女工之集采色以成錦文。”後也以此比喻故意編造的讒言。

[9]澆俗之季，少貞節之臣：意即風俗浮薄的末世，百官不肯爲皇帝效力。澆，浮薄，多指社會風氣。

[10]冰霜競至，靡後彫之木：意即世風日下之時，社會上缺少忠貞官吏。彫，萎謝。

[11]纓冕：冠飾和冠戴，借指使用纓冕的官僚貴族。

[12]南從郡僚：指跟隨宋孝武帝起兵南下的原幕府官吏。

[13]宗社：宗廟和社稷，泛指國家政權。

[14]汲黯尚存，劉安寢志：指漢淮南王劉安憚於汲黯正直而不敢冒然舉兵作亂事。汲黯，人名。西漢濮陽人，武帝時官至淮南太守。《史記》卷一二〇、《漢書》卷五〇有傳。劉安，人名。漢淮南王劉長子，襲爵。《漢書》卷四四有傳。

[15]孔父既逝，華督縱逆：指春秋宋國權臣華督殺害孔父嘉並舉兵作亂事。《史記》卷三八《宋微子世家》稱，殤公時，太宰華督路遇大司馬孔父嘉妻，悅而好之，乃使人宣言國中曰：“殤公即位十年耳，而十一戰，民苦不堪，皆孔父爲之，我且殺孔父以寧

民。"後遂殺孔父而取其妻。殤公怒，華督又殺之而立莊公。華督，人名。又稱華父督，宋戴公之孫。孔父，人名。即孔父嘉。宋湣公五世孫。二人事迹散見《左傳》桓公元年、桓公二年，《史記》卷三八《宋微子世家》，《孔子家語·本姓解》等。

[16]綴旒：也作"贅旒"，指君主爲臣下挾持，大權旁落。《後漢書》卷五九《張衡傳》："夫戰國交争，戎車競驅，君若贅旒，人無所麗。"注："《公羊傳》曰：'君若贅旒然。'旒，旌旒也，言爲下所執持西東也。"

　　　　臣託體皇基，[1]連暉日月，王室顛墜，咎在微躬，敢忘抵鼠之忌，[2]甘受犯墉之責。[3]輒徵召甲卒，分命衆藩，使忠勤申憤，義夫效力，戮此凶醜，謝愆闕廷，[4]則進不負七廟之靈，[5]退無愧二朝之遇。[6]臨表感愧，辭不自宣。

[1]託體皇基：出身皇族，與皇室連爲一體。託體，即附體。

[2]抵鼠之忌：亦作"投鼠之忌""投鼠忌器"，比喻欲除惡而有所顧忌。

[3]犯墉（yōng）：侵犯皇帝居住的地方。墉，城牆，也指神仙或皇帝所居之地。

[4]謝愆闕廷：向朝廷謝罪。闕廷，宮闕和朝廷，皇帝居住之地。

[5]七廟：帝王所設供奉七代祖先的宗廟。

[6]二朝：指宋武、文二帝之朝。按：劉義宣生於晋末，仕歷宋武、文二帝，故有此言。

上詔答曰：

　　　　皇帝敬問。朕以不天，[1]招罹屯難，[2]家國阽危，[3]剪焉將及。所以身先八百，[4]雪清冤耻，遠憑高算，共濟艱難。遂登寡闇，[5]嗣奉洪祀，[6]尊戚酬勳，實表心事，粃政闕職，[7]所願匡拯。而嘉言蔑聞，末德先著，勤王之績未終，[8]毀冕之圖已及。[9]臧質嶮躁無行，[10]見棄人倫，以此不識，志在問鼎，凶意將逞，先借附從，扇誘欺燼，成此亂階。如使群逆並濟，衆邪競逐，將恐瞻烏之命，[11]未識所止，搆怨連禍，孰知其極。公明有不照，背本崇姦，迷昵讒醜，還謀社稷，雖履霜有日，誼議糾紛。朕以至道無私，杜遏疑議，信理推誠，暴於遐邇。不虞物變難籌，醜言遂驗，是用悼心失圖，[12]忽忘寢食。

[1]不天：不爲天所保佑。

[2]屯（zhūn）難：時運艱難，災害禍亂。典出《易·屯卦·彖》："屯，剛柔始交而難生。"

[3]阽（diàn）危：面臨危險。《漢書·食貨志上》"安有爲天下阽危者若是而上不驚者"注："阽危，欲墜之意也。"阽，面臨，臨近。

[4]身先八百：在別人之前。八百，即八百諸侯。相傳周武王起兵伐紂，天下八百諸侯群起響應。宋孝武帝於此自比武王。參見《史記》卷四《周本紀》。

[5]寡闇：寡少和暗弱，此指皇位。寡，古時皇帝或王侯自謙之詞。

[6]洪祀：隆盛的國運、奉祀。洪，大。

[7]粃政：不良的弊政。

[8]勤王：爲王事盡力。後也指出兵救援王朝、皇帝。

[9]毀冕：毀壞冠冕。比喻失去皇位。冕，官帽，亦專指帝王的禮帽。

[10]嶮（xiǎn）躁無行：狡嶮狂躁，輕薄無德行。嶮，同“險”。

[11]瞻烏：注視飛鳥停留的地方。《詩·小雅·正月》：“瞻烏爰止，于誰之屋。”疏：“此視烏於所止，當止於誰之屋乎？以興視我民人所歸，亦當歸於誰之君乎？”後因以此指流離失所的民人。

[12]悼心失圖：因爲悲痛而失去主張。悼心，傷心。

今便親御六師，廣命群牧，[1]告靈誓衆，[2]直造柴桑，[3]梟轘元惡，以謝天下。然後警蹕清江，[4]鳴鑾郢路，[5]投戈襲袞，面稟規勗。有宋不造，[6]家禍仍纏，昔歲事寧，[7]方承遠訓，冀以虛薄，[8]永弭厥艱。豈謂曾未朞稔，復覩斯釁，二祖之業，將墜于淵，仰瞻鴻基，但深感慟。

[1]群牧：各地的官員。牧，官名。《禮記·曲禮下》：“九州之長，入天子之國，曰牧。”後也稱州刺史爲牧。

[2]告靈誓衆：告知神靈，宣示部衆。誓，立誓，發誓。《禮記·曲禮下》：“約信曰誓。”

[3]柴桑：地名。在今江西九江市西南。

[4]警蹕：古時帝王出入時所實行的警戒。警指左右侍衛，蹕爲止人清道，以戒止行人。晋·崔豹《古今注·輿服》：“警蹕，所以戒行徒也。”

[5]鳴鑾：皇帝或貴族出行。鑾，繫在馬勒或車前橫木上的鈴。

[6]不造：不幸。造，幸運。

[7]昔歲事寧：指宋孝武帝在元嘉三十年（453）起兵平定太子劉劭叛亂事。

[8]冀以虚薄：希望以謙虚恬淡的態度。

太傅江夏王義恭又與義宣書曰：

頃聞之道路云，二魯背叛，致之有由，謂不然
之言，絶於智者之耳。忽見來表，將興晉陽之
甲，[1]驚愕駭悗，未譬所由。若主幼臣强，政移冢
宰，或時昏下縱，在上畏逼，然後賢藩忠構，覩難
赴機。未聞聖主御世，百辟順軌，[2]稱兵於言興之
初，扶危於既安之日。以此取濟，竊爲大弟憂之。
昔歲二凶構逆，[3]四海同奮。弟協宣忠孝，奉戴明
主，元功盛德，既已昭著，皇朝欽嘉，又亦優
渥。[4]丞相位極人臣，江左罕授，一門兩王，舉世
希有。表倍推誠，彰於見事，出納之宜，唯意所
欲。衰升進益，方省後命，一旦棄之，可謂運也。
吾等荷先帝慈育，得及人群，思報厚恩，昊天罔
極，[5]竭力盡誠，猶懼無補，奈何妄聽邪説，輕造
禍難。國靡流言，遽歸愆於二叔；[6]世無量錯，仍
襲轍於七藩。[7]棄漢蒼之令範，[8]遵齊冏之敗跡。[9]

[1]晉陽之甲：指春秋時晉國權臣趙鞅在晉陽起兵驅逐荀寅、
士吉射以清君側事。後也泛指地方長官因不滿朝廷而舉兵的行爲。

[2]百辟：天下官吏，百僚。《文選》張衡《東京賦》“然後百
辟乃入”注：“百辟，諸侯也。”

[3]二凶：二位作亂首領。指宋文帝太子劉劭、次子劉濬，被
稱爲“二凶”。本書卷九九有《二凶傳》。

[4]優渥：本指雨水充足，後亦泛指人享用生活的豐厚優裕。

《文選》班彪《北征賦》“彼何生之優渥”吕向注：“優，樂；渥，厚也。”

[5]昊天罔極：君父養育恩德深廣。語出《詩·小雅·蓼莪》：“欲報之德，昊天罔極。”

[6]國靡流言，遽歸愆於二叔：指西周初年周武王弟管叔、蔡叔在周武王去世後散布没有根據的流言事。見《尚書·金縢》。二叔，即管叔鮮、蔡叔度。周武王弟，在武王去世後因作亂被殺或流放。參見《史記》卷三五《管蔡世家》。

[7]世無鼂錯，仍襲轍於七藩：指西漢時期吴、楚等七諸侯國以討伐鼂錯爲名興兵作亂事。鼂錯，人名。西漢潁川人，景帝時任御史大夫，請削諸侯封地以尊京師，遂爲吴楚七國作亂口實，被殺。《漢書》卷四九有傳。七藩，即漢景帝時舉兵作亂的吴、楚、趙、膠西、濟南、菑川、膠東七個諸侯國。參見《漢書》卷五《景帝紀》、《史記》卷一〇一《袁盎鼂錯列傳》。

[8]漢蒼：即東漢東平獻王劉蒼。光武帝子，明、章二帝時數以皇室至親自求損抑，得以壽終，被史家譽爲“富而好禮者”。詳見《後漢書》卷四二本傳。

[9]齊冏：即西晉齊王司馬冏。晉武帝子，惠帝時因擁兵作亂被殺。詳見《晉書》卷五九本傳。

往時仲堪假兵靈寶，旋害其族；[1]孝伯授之劉牢，忠誠逝踵。[2]皆曩代之成事、當今之殷鑒也。臧質少無美行，弟所具悉，憑恃末戚，[3]並有微勤，承乏推遷，遂超倫伍，藉西楚强力，圖濟其私。凶謀若果，恐非復池中物。[4]魯宗父子，[5]世爲國冤，[6]太祖方弘遐略，故爽等均雍齒之封。[7]令據有五州，[8]虎兕出於匣，[9]是須爲劉淵耳。[10]徐遺寶是垣護之婦弟，[11]前因護之歸於吾，苦求北出，不樂遠西。近磐桓湖陸，<sup>[12]</sup>示遣劉雍，<sup>[13]</sup>其意見可。雍是徐沖舅，<sup>[14]</sup>適有密信，誓倒戈。自虜侵境以來，<sup>[15]</sup>公私彫弊，安以撫之，庶可寧靜，弟復隨而擾亂，吾恐邊鄙皆爲禾黍。宜遠尋高祖創業艱難，近念家國比者禍釁，時息兵戈，共安社稷。責躬謝過，誅除險佞，追保前勳，傳美竹帛。昔梁孝悔罪，景帝垂恩，<sup>[16]</sup>阜、質改過，肅宗降澤。<sup>[17]</sup>忠焉之誨，聊希往言；禍福之機，明者是察。

[1]仲堪假兵靈寶，旋害其族：指東晉權臣殷仲堪初有功於桓玄而終受其害事。仲堪，人名。即殷仲堪。陳郡人，晉孝武帝時任荊州刺史，因擁兵作亂被殺。《晉書》卷八四有傳。靈寶，人名。桓玄別名。《晉書》卷九九有傳。

[2]孝伯授之劉牢，忠誠逝踵：指東晉權臣王恭初獎掖劉牢之而終爲其攻滅事。孝伯，人名。即王恭。《晉書》卷八四有傳。劉牢，即劉牢之。傳與王恭同卷。

[3]末戚：疏遠的戚屬。按：臧質父熹爲宋武帝皇后臧氏弟，皇后於質爲姑母，故臧質實爲宋室外戚。參見本書卷七四《臧質傳》、卷四一《武敬臧皇后傳》。

[4]非復池中物：不是池中養殖的魚類。

[5]魯宗父子：即魯爽祖魯宗之、父魯軌。事見本書卷七四《魯爽傳》。

[6]世爲國冤：指魯宗之、魯軌父子自南朝出奔北魏而心念南朝事。詳見本書《魯爽傳》。國冤，國家的冤仇。按：宗之父子皆亡於北魏，未受宋官爵。

[7]均雍齒之封：像雍齒那樣獲得封賞。雍齒，人名。秦末沛人，與劉邦有故怨，後雖隨劉邦起兵且立戰功，終使劉邦不快。及漢建國，將封功臣，諸將爭功多有議論。劉邦用張良計先封雍齒，

議論乃消。參見《史記》卷五五《留侯世家》。

　　［8］五州：即司、豫、雍、秦、并五州。參見本書卷七四《魯
爽傳》。

　　［9］兕（sì）：獸名。

　　［10］劉淵：人名。字元海，西晉匈奴人，曾於西晉末率匈奴反
晉，建漢國。《晉書》卷一○一有載記。

　　［11］垣護之：人名。略陽桓道人。本書卷五○有傳。

　　［12］磐桓：猶豫不進，徘徊。　湖陸：地名。在今山東魚臺縣
東南。

　　［13］劉雍：人名。僅見本卷及本書卷五三《庾炳之傳》，其事
不詳。

　　［14］徐沖：人名。本書僅此一見，其事不詳。

　　［15］自虜侵境以來：指北魏在宋元嘉二十七年（450）大舉南
伐事。參見本書卷三《文帝紀》。

　　［16］梁孝悔罪，景帝垂恩：指西漢梁孝王劉武因改過自新而獲
得景帝諒解事。參見《史記》卷五八《梁孝王世家》、《漢書》卷
四七《梁孝王傳》。

　　［17］阜、質改過，肅宗降澤：指東漢阜陵質王劉延初因罪被貶
後得以復封事。《後漢書》卷四二本傳稱，延爲光武帝子，初封淮
南王，明帝永平年間因祝詛罪徙封阜陵王，章帝再貶爲侯，章帝末
年始復王爵。阜，即阜陵。劉延封國。質，劉延謚號。按《謚法》：
"名實不爽曰質。"

　　　主上神武英斷，群策如林，忠臣發憤，虎士投
袂，[1] 雄騎布野，舳艫蓋川。吾以不才，忝權節
鉞，[2] 總督群帥，首戒戎先，指晨電舉，式清南服。
所以積行緩期，冀弟不遠而悟。如其遂溺姦説者，
天實爲之。臨書慨懣，不次識第。

　　[1]投袂：揮袖，甩袖，表示立即行動。袂，衣袖。

　　[2]節鉞：節杖和斧鉞，多爲權臣都督中外軍隊時使用，是權力的象徵。

　　義宣移檄諸州郡，加進號位。遣參軍劉諶之、尹周之等率軍下就臧質。[1]雍州刺史朱脩之起兵奉順。[2]義宣二月十一日率衆十萬發自江津，[3]舳艫數百里。是日大風，船垂覆没，僅得入中夏口。[4]以第八子愷爲輔國將軍，[5]留鎮江陵。遣魯秀、朱曇韶萬餘人北討朱脩之。[6]秀初至江陵，見義宣，既出，拊膺曰：[7]“阿兄誤人事，乃與痴人共作賊，今年敗矣。”義宣至尋陽，[8]與質俱下，質爲前鋒。至鵲頭，[9]聞徐遺寶敗，魯爽於小峴授首，[10]相視失色。世祖使鎮北大將軍沈慶之送爽首示義宣，[11]并與書：“僕荷任一方，而釁生所統。近聊率輕師，指往剪撲，軍鋒裁交，賊爽授首。公情契異常，或欲相見，及其可識，指送相呈。”義宣、質並駭懼。

　　[1]劉諶之：人名。本書無傳，事迹散見本卷及本書卷七四、七六、八八。　尹周之：人名。本書無傳，事迹散見本卷及本書卷七四《臧質傳》。

　　[2]朱脩之：人名。義陽平氏人。本書卷七六有傳。　奉順：敬奉朝廷，不從逆亂。

　　[3]江津：戍名。一名奉城。在今湖北荆州市沙市區東南。

　　[4]中夏口：地名。約在今湖北荆州市沙市區一帶，爲夏水分長江水東出之口。

　　[5]輔國將軍：官名。位在龍驤將軍上。三品。

[6]魯秀：人名。魯爽弟。事見本書卷七四《魯爽傳》。　朱
曇韶：人名。僅見本卷及本書卷九七《夷蠻傳》，其事不詳。

[7]拊膺：拍胸。多表示憤怒、悲傷。

[8]尋陽：地名。在今江西九江市西南。

[9]鵲頭：地名。在今安徽銅陵市北。

[10]小峴：地名。在今安徽含山縣西北。

[11]鎮北大將軍：官名。督方面之軍以掌征伐。一品。　沈慶
之：人名。吳興武康人。本書卷七七有傳。

　　上先遣豫州刺史王玄謨舟師頓梁山洲内，[1]東西兩
岸爲却月城，[2]營栅甚固。義宣屢與玄謨書，要令降。
玄謨書報曰：

[1]王玄謨：人名。太原祁人。本書卷七六有傳。　梁山洲：
地名。在今安徽當塗縣西南。

[2]却月城：彎曲如半月形狀的防禦工事。却，同「闕」。

　　頻奉二誨，伏對戰駭。先在彭、泗，[1]聞諸將
皆云必有今日之事，以鄙意量，謂無此理。去年九
月，故遣參軍先僧瑗脩書表心，[2]并密陳入相之計，
欲使周旦之美，[3]復見於今。豈意理數難推，果至
於此。昔因幸會，蒙國士之顧，[4]思報厚德，甘起
泉壤，豈謂一旦事與願違。公崇長姦回，[5]自放西
服，[6]信邪細之説，忘大節之重，溺流狡之志，[7]滅
君親之恩，狎玩極寵，越希非覬，祖宗世祀，自圖
顛覆，瞑目行事，未有如斯之甚者也。乃復枉覃書
檄，遠示見招。此則丹心微款，未亮於高鑑，赤誠

幽志，[8]虛感於平日，環念周回，始悟知己之爲難也。公但念提職在昔，不思善教有本，徒見徐、魯去就，[9]未知仗義有人，豈不惜哉！有臣則欲其忠，誘人而導諸逆，君子忠恕，其如是乎？苟不忠恕，則擇木之翰，有所不集矣。[10]夫挑妾者愛其易，求妻則敬其難。若承命如響，將焉用之。原轂存興，無禮必及，竊恐荆郢之士，已當潛貳其懷，非皇都陋臣，秉義不徙。公雖心迷迹往，猶願勉建良圖。柳撫軍忠壯慷慨，[11]亮誠有素，新亭之勳，[12]莫與爲等，而妄信姦虛，坐相貶謗，不亦惑哉！

[1]彭、泗：地區名。即彭城及泗水流域一帶，王玄謨此前任職之地。約相當於今江蘇徐州市及附近地區。

[2]先僧瑗：人名。本書僅此一見，其事不詳。

[3]周旦：人名。即周公旦。西周初年輔佐武王建國及成王中興的名臣。參見《史記》卷三三《魯周公世家》。

[4]國士：國中才能出衆的人。

[5]姦回：邪惡。

[6]西服：國家的西部地區，指劉義宣任職的荆州一帶。服，古時指王畿以外的地方。

[7]流狄：放縱猛獸或凶暴、狂戾之人。

[8]誠：各本並作“城”，中華本據張元濟《校勘記》、孫彪《考論》改。

[9]徐、魯去就：指兗州刺史徐遺寶、豫州刺史魯爽隨義宣舉兵事。

[10]擇木之翰，有所不集：意即禽鳥雖擇木而落，但也有不落在某些樹上的時候，謂人對主人也同樣有選擇。

[11]柳：各本作“抑”，張森楷《校勘記》、孫彪《考論》並云當作“柳”。因柳元景時任撫軍將軍，“柳撫軍”亦當指此。中華本據改。

[12]新亭之勳：在新亭一帶所立功勳。指柳元景隨孝武帝起兵討伐劉劭之亂時在新亭所立大功。詳見本書卷七七《柳元景傳》。新亭，地名。在今江蘇南京市西南。

　　幸承人乏，夙誠前驅，精甲已次近路；鎮軍駱驛繼發，[1] 太傅、驃騎嗣董元戎；[2] 乘輿親御六師，[3] 威靈遐振。人百其氣，[4] 慕義如林，舟騎雲回，赫弈千里。輒屬韇秉銳，[5] 與執事周旋，[6] 授命當仁，理無所讓。夫君道既盡，民禮亦絕，執筆裁答，感慨交懷。

[1]鎮軍：指鎮軍將軍沈慶之。本書卷七七有傳。

[2]太傅：指劉義恭。時任太傅。本書卷六一有傳。　驃騎：指驃騎將軍劉誕。本書卷七九有傳。

[3]乘輿：皇帝、諸侯乘坐的車子。此指宋孝武帝。　六師：亦稱“六軍”。此泛指軍隊。

[4]人百其氣：戰士鬥志倍增。百，百倍，形容衆多。

[5]屬韇秉銳：身攜弓箭，手執兵器，參加戰鬥。屬，連接。韇，盛弓的袋。

[6]執事：百官或各專職人員。

　　撫軍柳元景據姑孰爲大統，[1] 偏帥鄭琨、武念戍南浦，[2] 質迻入梁山，去玄謨一里許結營，義宣屯蕪湖。[3] 五月十九日，[4] 西南風猛，質乘風順流攻玄謨西壘，冗從僕射胡子友等戰失利，[5]棄壘渡就玄謨。質又遣將龐法起數千兵從洲外趨南浦，[6]仍使自後掩玄謨。與琨、念相遇，法起戰大敗，赴水死略盡。二十一日，義宣至梁山，質上出軍東岸攻玄謨。玄謨分遣游擊將軍垣護之、竟陵太守薛安都等出壘奮擊，[7]大敗質軍，軍人一時投水。護之等因風縱火，焚其舟乘，風勢猛盛，烟燼覆江。義宣時屯西岸，延火燒營殆盡。諸將乘風火之勢，縱兵攻之，眾一時奔潰。

[1]撫軍：官名。即撫軍將軍，位在鎮軍將軍下，職比四鎮。三品。　柳元景：人名。河東解人。本書卷七七有傳。　姑孰：地名。在今安徽當塗縣。

[2]鄭琨：人名。本書無傳，事迹散見本卷及本書卷五《文帝紀》、卷五〇《垣護之傳》、卷九五《索虜傳》。　武念：人名。南陽新野人。事見本書卷八三《宗越傳》。　南浦：地名。在今安徽和縣一帶。

[3]蕪湖：地名。即今安徽蕪湖市。

[4]五月十九日：《通鑑考異》謂此日期有誤。《考異》云按《長曆》是月丁酉朔，十八日甲寅。《宋略》謂於甲寅前攻破梁山西壘，則此必在十九日前，或應爲十五日辛亥之誤。

[5]冗從僕射：官名。負責宮禁侍衛，多用軍功之人。五品。胡子友：人名。僅見本卷及本書卷七四《臧質傳》、八八《薛安都傳》，其事不詳。《臧質傳》《薛安都傳》作"胡子反"。

[6]龐法起：人名。其事不詳。

[7]游擊將軍：官名。禁軍將領之一，掌宿衛。四品。　竟陵：郡名。治所在今湖北鍾祥市。　薛安都：人名。河東汾陰人。本書卷八八有傳。

義宣與質相失，各單舸迸走，東人士庶並歸順，西人與義宣相隨者，船舸猶有百餘。女先適臧質子，過尋陽，入城取女，載以西奔。至江夏，聞巴陵有軍，[1]被抄斷，回入逕口，[2]步向江陵。眾散且盡，左右唯十許人，脚痛不復能行，就民僦露車自載。[3]無復食，緣道求告。至江陵郭外，遣人報竺超民，超民具羽儀兵眾迎之。時外猶自如舊，帶甲尚萬餘人。義宣既入城，仍出聽事見客，左右翟靈寶誡使撫慰眾賓，[4]以"臧質違指授之宜，用致失利，今治兵繕甲，更爲後圖。昔漢高百敗，[5]終成大業"。而義宣忘靈寶之言，誤云"項羽千敗"，[6]眾咸掩口而笑。魯秀、竺超民等猶爲之爪牙，欲收合餘燼，更圖一決，而義宣惛塾無復神守，[7]入內不復出。左右腹心，相率奔叛。魯秀北走，義宣不復自立，欲隨秀去。乃於內戎服，膡囊盛糧，[8]帶佩刀，攜息愔及所愛妾五人，皆著男子服相隨。城內擾亂，白刃交橫，義宣大懼落馬，仍便步進，[9]超民送城外，更以馬與之，超民因還守城。義宣冀及秀，望諸將送北入虜。即失秀所在，未出郭，將士逃散盡，唯餘愔及五妾兩黃門而已。[10]夜還向城，入南郡空廨，無牀，席地至旦。遣黃門報超民，超民遣故車一乘，載送刺姦。[11]義宣送止獄戶，坐地嘆曰："臧質老奴誤我。"始與五妾俱入獄，五妾尋被遣出，義宣號泣語獄吏曰："常日非苦，今日分別始是苦。"

[1]巴陵：郡名。治所在今湖南岳陽市。
[2]逕口：地名。約在今湖北武漢市一帶。

　　[3]露車：沒有帷蓋的車。《通鑑》漢中平六年注：“露車者，上無巾蓋，四旁無帷裳，蓋民家以載物者耳。”

　　[4]翟靈寶：人名。僅見本卷及本書卷五九《張暢傳》，其事不詳。

　　[5]漢高：即漢高祖劉邦。西漢開國皇帝。史稱其創業維艱，屢戰屢敗，後終成大業。詳見《史記》卷八、《漢書》卷一本紀。

　　[6]項羽：人名。名籍，秦漢之際下相人，秦末率義軍爲反秦首領。《史記》卷七有紀，《漢書》卷三一有傳。

　　[7]惛（hūn）墊無復神守：神智不清。

　　[8]縢（téng）囊：也作“滕囊”。布袋，行囊。

　　[9]仍：同“乃”，於是。　進：各本並作“地”，中華本據《通鑑》宋孝建元年改。

　　[10]黃門：官名。指宦官。因舊有中黃門、小黃門、黃門令之稱，因以爲宦官代稱。

　　[11]刺姦：官名。多設於王公府中，爲其僚佐，掌監察執法。


　　大司馬江夏王義恭諸公王八座與荊州刺史朱脩之書曰：[1]“義宣反道叛恩，自陷極逆。大義滅親，古今同准。無將之誅，猶或因殺，況醜文悖志，宣灼遐邇，鋒指絳闕，[2]兵纏近郊，釁逼憂深，臣主旰食。[3]賴朝略震明，祖宗靈慶，罪人斯得，七廟弗墜。司刑定罰，典辟攸在。而皇慈逮下，愍其愚迷，抑法申情，屢奏不省，人神悚遑，省心震惕。義宣自絕於天，理無容受。社稷之慮，臣子責深。便宜專行大戮，以紓國難。但加諸斧鉞，有傷聖仁，示以弘恩，使自爲所，上全天德，下一洪憲。臨書悲慨，不復多云。”書未達，脩之至江陵，已於獄盡焉。時年四十。世祖聽還葬。

[1]八座：朝廷中高級官員。東漢以六曹尚書、令、僕射爲八座，魏晋南朝以五尚書、二僕射、一令爲八座。參見本書《百官志》。座，坐而理事的官員。

[2]絳闕：宮殿的門闕。

[3]旰（gàn）食：晚食，指因事忙而不能按時吃飯。旰，晚，遲。

義宣子悰、愷、恢、憬、恢、悷、惇、慆、伯實、業、悉達、法導、僧喜、慧正、慧知、明彌虜、妙覺、寶明凡十八人，[1]愷、恢、悷、惇並於江寧墓所賜死，[2]悷、悉達早卒，餘並與義宣俱爲朱脩之所殺。蔡超及諮議參軍顏樂之、徐壽之等諸同惡，[3]並伏誅。超，濟陽考城人。[4]父茂之，[5]侍廬陵王義真讀書，官至彭城王義康驃騎從事中郎，[6]始興太守。超少有才學，初爲兗州主簿，時令百官舉才，超與前始寧令同郡江淳之、前征南參軍會稽賀道養並爲興安侯義賓所表薦。[7]竺超民，青州刺史竺夔子也。[8]

[1]“義宣子”至“凡十八人”：按劉義宣各子的排名順序約具有隨意性，並非嚴格按照長幼先後。殿本《考證》云：“下文稱恢爲嫡長，又云劭收恢及弟愷、恢、悰、憬、悷繫於外，是悰、愷皆恢之弟也。《南史》亦云長子恢。此傳敘恢於悰、愷之後，恐誤。”又丁福林《校議》據本書卷六《孝武帝紀》、《南史》卷一三《宋宗室及諸王傳上》、《通鑑》卷一二七考證，“愷爲義宣次子。此叙愷於悰後，又誤”。

[2]江寧：地名。在今江蘇南京市江寧區西南。

　　[3]顔樂之：人名。僅見本卷及本書卷七四《臧質傳》，其事
不詳。　徐壽之：人名。僅見本卷及本書卷五三《謝方明傳》，其
事不詳。

　　[4]濟陽：郡名。治所在今河南蘭考縣。　考城：縣名。治所
在今河南民權縣東北。

　　[5]茂之：人名。即蔡茂之。僅見本卷及本書卷六一《廬陵孝
獻王義真傳》，其事不詳。

　　[6]驃騎從事中郎：官名。驃騎將軍屬官，掌謀議、機密。
六品。

　　[7]江淳之：人名。本書僅此一見，其事不詳。　征南參軍：
官名。征南將軍屬官，掌參謀軍務，爲諸曹之長。六品。　賀道
養：人名。僅見本卷及本書卷五五《傅隆傳》，其事不詳。　興安
侯義賓：人名。即劉義賓。宋武帝弟長沙王劉道憐子，封興安侯。
本書卷五一有附傳。興安，縣名。治所在今廣西賀州市八步區
東北。

　　[8]竺夔：人名。東莞人。事見本書卷九五《索虜傳》。


　　恢字景度，既嫡長，[1]少而辯慧，義宣甚愛重之。
年十一，拜南譙王世子，[2]除給事中。義宣爲荆州，常
停都邑。太祖欲令還西，乃以爲河東太守，[3]加寧朔將
軍。頃之，徵爲黃門侍郎。元凶弑立，恢爲侍中。義宣
起義，劭收恢及弟愷、愒、憬、愄繫于外，散騎郎
沈煥防守之。[4]煥密有歸順意，謂恢等曰：“禍福與諸郎
同之，願勿憂。”及臧質自白下上趨廣莫門，[5]劭令煥殺
恢等。煥乃解其桎梏，率所領數十人與恢等向廣莫門欲
出。門者拒之，煥曰：“臧公已至，凶人走矣。此司空
諸郎，並能爲諸君得富貴，非徒免禍而已，勿相留。”

亦值質至，因以得出。恢至新亭，即除侍中。俄遷侍中、散騎常侍、西中郎將、湘州刺史。[6]義宣并領湘州，轉恢侍中，領衛尉。[7]晉氏過江，不置城門校尉及衛尉官，[8]世祖欲重城禁，[9]故復置衛尉卿。衛尉之置，自恢始也。轉右衛將軍，[10]侍中如故。義宣舉兵反，恢與兄弟姊妹一時逃亡。恢藏江寧民陳銑家，有告之者，錄付廷尉。恢子善藏，與恢俱死。

[1]嫡長：正妻所生的長子。嫡，正妻。

[2]世子：諸侯所生的嫡長子或有權繼承王位的人。

[3]河東：僑郡名。治所在今湖北松滋市西北。

[4]散騎郎：官名。也稱散騎侍郎，散騎省屬官，掌顧問應對，侍從左右。五品。　沈煥：人名。吳興武康人。本書卷一〇〇有傳。

[5]廣莫門：城門名。建康城北門之一，在今江蘇南京市內。

[6]西中郎將：官名。掌率師征伐或鎮守，兼任他官，多以宗室諸王出任。三品。

[7]衛尉：官名。掌宮禁及京城防衛。三品。

[8]城門校尉：官名。掌京城諸門警衛，領城門屯兵。四品。

[9]世祖：各本並作“孝武”，中華本據《類聚》卷四九改，本書體例也多稱皇帝廟號而不稱諡號。

[10]右衛將軍：官名。雜號將軍之一，掌宿衛皇帝宮廷，與領軍、護軍、左衛、游擊、驍騎將軍並稱六軍。四品。

愷字景穆，生而養於宮內，寵均皇子。十歲，封宜陽縣侯。仍為建威將軍、南彭城沛二郡太守。[1]遷步兵校尉，[2]轉黃門侍郎，太子中庶子，[3]領長水校尉。[4]元凶以愷爲散騎常侍。世祖以爲秘書監。未拜，遷輔國將軍、南彭城下邳二郡太守。[5]其年，轉五兵尚書，[6]進爵爲王。義宣反問至，愷於尚書寺內，[7]著婦人衣，乘問訊車，[8]投臨汝公孟訒。[9]訒於妻室內爲地窟藏之。事覺，收付廷尉，並訒伏誅。[10]俟封臨武縣侯，[11]年十八卒，謐曰悼侯。[12]悰封湘南縣侯。[13]憬封祁陽縣侯。[14]

[1]建威將軍：官名。與廣威、振威、奮威、揚威將軍並稱五威將軍。四品。　南彭城：郡名。治所在今江蘇鎮江市。　沛：郡名。治所在今安徽天長市西北。

[2]步兵校尉：官名。侍衛武官之一，隸中領軍。四品。

[3]太子中庶子：官名。太子府屬官，掌侍從、奏事、諫議，屬太子少傅。五品。

[4]長水校尉：官名。侍衛武官之一，隸領軍將軍，不領兵，多以安置勳舊武臣。四品。

[5]下邳：郡名。治所在今江蘇睢寧縣古邳鎮東。

[6]五兵尚書：官名。尚書省五兵曹長官，掌軍事樞務，領中兵、外兵、馬曹。三品。

[7]尚書寺：官署名。尚書省辦事機構，又稱尚書臺。

[8]問訊車：車乘名。多爲婦人乘用的一種禮儀車。

[9]臨汝公：公爵名。公國在今江西撫州市臨川區西。　孟訒：人名。各本並作“蓋訒”，中華本據《南史》卷一三、《元龜》卷八〇三改。

[10]並：各本並脫，中華本據《南史》卷一三補。

[11]俟：各本並作“恢”，中華本據孫虨《考論》改。　臨武縣侯：侯爵名。侯國在今湖南臨武縣東南。

[12]悼：謐號。按《謐法》：“年中早夭曰悼。”

[13]湘南縣侯：侯爵名。侯國在今湖南湘潭市東南。

[14]祁陽縣侯：侯爵名。侯國在今湖南祁東縣東南。

　　徐遺寶，字石儁，高平金鄉人。[1]初以新亭戰功，爲輔國將軍、衛軍司馬、河東太守，不之官。遷兗州刺史，將軍如故，戍湖陸。封益陽縣侯，食邑二千五百戶。[2]義宣既叛，遣使以遺寶爲征虜將軍、徐州刺史，率軍出瓜步。遺寶遣長史劉雍之襲彭城，[3]寧朔司馬明胤擊破之。[4]更遣高平太守王玄楷與雍之復逼彭城。[5]時徐州刺史蕭思話未之鎮，[6]因詔安北司馬夏侯祖權率五百人馳往助胤。[7]既至，擊玄楷斬之，雍之還湖陸。遺寶復遣土人檀休祖應玄楷，[8]聞敗，亦潰散。遺寶棄城奔魯爽，爽敗。逃東海郡界，[9]土人斬送之，傳首京邑。

[1]高平：郡名。治所在今山東金鄉縣東北。　　金鄉：縣名。今山東金鄉縣北。

[2]食邑二千五百戶：丁福林《校議》據本書卷七七《沈慶之傳》、卷七六《宗愨傳》考證“二千五百戶”應爲“一千五百戶”之誤。

[3]劉雍之：人名。僅見本卷及本書卷七七《顏師伯傳》，其事不詳。

[4]明胤：人名。又稱“明僧胤”，平原鬲人。本書無傳，事迹見本卷及《南史》卷五〇《明僧紹傳》。

[5]王玄楷：人名。本書僅此一見，其事不詳。

[6]蕭思話：人名。蘭陵人。本書卷七八有傳。

[7]安北司馬：官名。安北將軍屬官，掌參贊軍務，位次長史。六品。　　夏侯祖權：人名。譙人。事迹詳下。

[8]土人：三朝本作“土人”，北監本、毛本、殿本、局本作

"使人"，中華本謂應爲"土人"之訛，據改。　檀休祖：人名。
本書僅此一見，其事不詳。

[9]東海：郡名。治所在今山東蒼山縣南。

夏侯祖權，譙人也。以功封祁陽縣子，食邑四百
戶。大明中，爲建武將軍、兗州刺史，卒官。謚曰
烈子。

史臣曰：襄陽龐公謂劉表曰：[1] "若使周公與管、
蔡處茅屋之下，食藜藿之羹，[2] 豈有若斯之難。"夫天倫
由子，[3] 共氣分形，寵愛之分雖同，富貴之情則異也。
追味尚長之言，[4] 以爲太息。

[1]龐公：即龐德公。東漢南郡襄陽人。《後漢書》卷八三有
傳。　劉表：人名。東漢山陽高平人。《三國志》卷六有傳。
[2]藜藿之羹：野菜湯，貧者所食的粗劣食物。藜藿，野菜名。
《史記》卷一三〇《太史公自序》："糲粱之食，藜藿之羹。"正義：
"藜，似藿而表赤。藿，豆葉也。"
[3]天倫：天然倫次，指兄弟。《春秋穀梁傳》隱公元年："兄
弟，天倫也。"後也泛指父子、兄弟等。
[4]尚長：人名。字子平，東漢河内人，隱居不仕，爲子女嫁
娶畢，敕家事斷之，"勿復相關，當如我死矣"。尚長之言即指此。
參見《高士傳》。《後漢書》卷八三《逸民傳》"尚長"作"向
長"。